JN074676

初心者から達人まで

チャレンジ！
移転価格税制

ローカルファイル、IGS、
海外子会社への出向・出張に係る税務を網羅

国際税務クリニック院長
山田 晴美 著

税務研究会出版局

は　し　が　き

　2016年4月に月刊国際税務で「チャレンジ！移転価格税制」の連載を始めてから4年以上が経過しました。その間、課税で問題になりがちな論点を中心に、内容は本格的ながら、初心者の方でも理解しやすいように、法令などもかみ砕いて説明するよう心掛けてきました。

　本書は、いつも支えてくださっている企業の税務担当者の方々から、まとめていつでも見れるようにしたいというご要望をいただいていたため、「チャレンジ！移転価格税制」に加えて移転価格税制の基本的な部分についての解説などを加筆、修正し、まとめたものです。

　また、本書では移転価格だけでなく、企業の皆様からリクエストの多かった「出向・出張に係る税務」などの論点についても扱っており、グローバル展開する企業の税務担当者の方々にとって、かゆいところに手が届くような内容となっています。

　日本企業の税務担当者を応援したいという「国際税務クリニック」の理念に基づき、今後も税務の課題全般について、様々な媒体を通じて発信していきたいと思っています。

　ここまで執筆を続けてこられたのは、常日頃応援してくださる企業の税務担当者の皆様、税務研究会の大江様、四方様、中村様、永田様、山本様、長崎様、加藤様、薮下様他多くのご担当者様、執筆に際してお世話になりました税理士の木村先生など、本当に多くの皆様のお陰だと思っております。

　この場をお借りして、御礼を申し上げます。

2021年初春

国際税務クリニック院長　　山田晴美

第**3**章

IGS (Intra Group Service: グループ内役務提供) とは

第**4**章

海外子会社への出張・出向及び論点になりやすい諸問題

第5章
無形資産の考え方のセンスを身につけよう

第6章
ロイヤルティ料率の検証方法

第**7**章
その他の論点

凡例

本書において使用した法令・通達等の主な略語は下記の通りです。

措法…租税特別措置法
措令…租税特別措置法施行令
措規…租税特別措置法施行規則
措通…租税特別措置法（法人税関係）通達

日米租税条約…所得に対する租税に関する二重課税の回避及び脱税の防止
　　　　　　　のための日本国政府とアメリカ合衆国政府との間の条約
OECD モデル条約…所得と財産に対する租税についてのモデル条約」
　　　　　　　　（Model Tax Convention on Income and on Capital）

事務運営指針…移転価格事務運営要領の制定について（事務運営指針）
事例集………………別冊　移転価格税制の適用に当たっての参考事例集

（省略例）租税特別措置法第 66 条の 4 第 2 項第 1 号
　　　→措法 66 の 4 ②一

（注）本書は、原則として令和 2 年 8 月 1 日現在の法令・通達等によっています。
　　なお、資料等については校了時点のものを収録している場合があります。

 **Tax Café**

（税務担当者が悩んだ時に訪れるカフェの登場人物）

田楠　杏さん
Café の店長。
若いが税務の知識はベテラン級。

部長
上場部品メーカーの税務部長。
経理畑 25 年。

新二
今年から税務部に転属になった新人。
慣れないこともあり悩みは尽きない。

第 1 章

移転価格税制とは

移転価格税制とは、グローバルに事業を展開している企業（以下、「多国籍企業」といいます。）が、関係会社間の取引価格を操作し、利益を海外に移転することを防止するために整備されてきた制度です。年々、移転価格税制に悩む企業が増加していますが、その理由は、国内外を問わず移転価格課税事例が頻発しており、多国籍企業の税務担当者にとっては、避けて通れない問題となっているからです。移転価格の問題は、数学のように正解がひとつではなく、なかなかはっきりした答えが出せないことが多いため、調査でも論点が多岐に渡り、調査期間も通常の調査に比べて何倍も長くなります。また、最終的な否認金額もかなり巨額になるなど、企業の負担は膨大なものとなります。それだけに、事前に移転価格に関する検討をしておくことは大変重要であると言えます。

移転価格税制の概要については、Tax Café ①（P10）で具体的に説明していますので、そちらをご覧いただくとして、まずは移転価格がどのように重要性を増してきたのかをみていきたいと思います。

1-1 なぜ今、移転価格なのか

平成の半ばまでは、いわゆる大企業が何百億円単位で移転価格課税され、新聞等をにぎわせていたものの、その他の企業にとって移転価格は、あまり身近なものではありませんでした。

2012 年頃、グーグル、アマゾン、アップル、スターバックス等が各国の税制や国際課税ルールとの間のずれ、更には低税率国やタックスヘイブン[注1]を利用して、合法的に租税回避をしていることが明らかになりました。これらの課税逃れ問題（BEPS[注2]）に対処するため、経済協力開発機構（OECD）が BEPS プロジェクトを立ち上げ、ここから移転価格が大きくクローズアップされることになりました。

注1 税率がゼロまたは、限りなくゼロに近い国

注 2　Base Erosion and Profit Shifting の略で、税源浸食と利益移転と訳されて
　　　いる。

1-2　BEPS プロジェクトの影響

　BEPS プロジェクトでは、15 項目の「BEPS 行動計画」に沿って、各
国が協調して BEPS に対処していくための議論が行われ、平成 27 年 9
月に「最終報告書」がとりまとめられました。この 15 項目のうち、13
番目の行動計画 13 は「多国籍企業の企業情報の文書化」に関するもの
で、後述する 3 つの文書の作成を提言しており、これはプロジェクト参
加国の法令に反映されることになりました。日本でも、この提言をその
まま受け入れ、法改正したことから、日本企業にも、これらの文書を作
成する義務が生じました（図 1-1）。
　以前は、「大企業だけが意識すればいい」という印象があった移転価
格も、こうして海外に事業を展開する企業に等しく、のしかかってくる
問題となりました。

1-3　移転価格文書化の概要

　日本企業に最も影響を及ぼすことになった 3 文書とは、（図 1-2）の
とおり、CbC レポート、マスターファイル、ローカルファイルとなり
ます。各国当局は、マスターファイルから会社の事業概要や移転価格ポ
リシーを把握し、CbC レポートから機能分析と実際の利益や納税額、
人数等の係数情報を把握することによって、ハイレベルな移転価格リス
クの評価や BEPS の有無の判断を行うとされています。ローカルファ
イルについては第 2 章で詳しく触れますので、ここでは残りの 2 文書の
概要について、簡単にご説明します。

(1) CbC レポートとは

　CbC レポートは、Country by Country Report のことで、日本法令上では**国別報告事項**と呼ばれています。国別の収入金額、納税額などの情報を報告するもので、グループの究極の親会社である内国法人が作成し、所轄税務署に提出する必要があります（措法 66 の 4 の 4 ①）。各国企業から税務当局へ提出された CbC レポートは、租税条約等の情報交換規定に基づいて、OECD が開発した共通送受信システム（CTS: Common Transmission System）という箱のようなものの中に搭載され、この自動的情報交換の参加国（図 1-3）がこれを引き出すことができるようになります。2018 年末では、日本当局が引き出した情報は 29 か国、約 560 法人である一方、日本企業の情報を引き出した国は 39 か国で、法人数は 600 超となっています。この CbC レポート情報は、「移転価格リスク評価、その他の BEPS に関連するリスク評価及び統計に使用する」とされており、これに基づいて課税されることはないと解されています（調査官の立場からするとこれだけの情報では課税のしようがないので、当然のことだとは思いますが…）。

　CbC レポートの構成は、表 1 ～ 3（図 1-4）となっており、表 1 は、自社グループ会社の国別の収入金額、税前利益等を記載します。表 2 は、関係各社ごとの機能を記載することになっており、例えば研究開発をしている会社であれば、そこにチェックを入れるようになっています。複数の機能がある場合に、すべてにチェックを入れるべきか迷われる方も多いのですが、個人的な見解としては、主要な機能にチェックすれば足りると考えています。主要でない部分については影響も小さいため、チェックを入れる必要はありませんし、主要な機能ではないものの、影響が大きいと思われる場合にはあえてチェックを入れておくなど、戦略的に判断されればいいと思います。表 3 は、何か特記すべきことがあれば記載するようになっていますが、何か言い訳を書いた方がい

いのか、書くとやぶ蛇になってしまうのかなどを、表2と同様に戦略的
に判断し、記載の有無を決定されればいいと思います。

　その他、提出期限などの情報については、（図1-5）にまとめてあり
ますので、そちらをご覧ください。

（図1-1）

国際課税（移転価格）をめぐる近年の動き

2012年　グーグル、アマゾン、アップル、スターバックス等の租税回避が政治問題化	アイルランドやオランダ、タックスヘイブンを利用して合法的に租税回避。実効税率は2％のところも！
2015年　経済協力開発機構（OECD）がこうした課税逃れ問題（BEPS）に対する対抗策（BEPSプロジェクト）を公表	OECD加盟国以外にもBEPSプロジェクトに参加しており、全部で80か国超
BEPSプロジェクトで企業の透明性を高めるために3文書を作成し、一部を各国で交換することを決定	

各国がBEPSプロジェクトの決定に基づいて法令改正を行い、企業は3文書を作成する必要が生じた

（図1-2）

国際課税（移転価格）をめぐる近年の動き

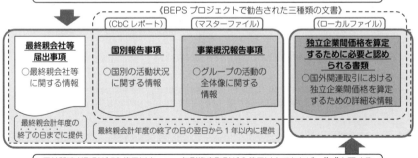

直前会計年度の連結総収入金額1,000億円以上の多国籍企業グループが**提出**を要する

《BEPSプロジェクトで勧告された三種類の文書》

（CbCレポート）　（マスターファイル）　　　　　　　（ローカルファイル）

最終親会社等届出事項
○最終親会社等に関する情報

国別報告事項
○国別の活動状況に関する情報

事業概況報告事項
○グループの活動の全体像に関する情報

独立企業間価格を算定するために必要と認められる書類
○国外関連取引における独立企業間価格を算定するための詳細な情報

最終親会計年度の終了の日までに提供

最終親会計年度の終了の日の翌日から1年以内に提供

国外関連者取引が50億円以上　or　無形資産取引が3億円以上であれば、**作成**を要する

＊国税庁の「移転価格税制に係る文書化制度に関する改正のあらまし」を基に編集

(図 1-3)

日本との間における国別報告書の自動的情報交換の実施対象国・地域

(令和 2 年（2020 年）10 月 1 日現在）

1. アイスランド	14. オーストラリア	27. コスタリカ (*)	40. タークス・カイコス諸島 (*) [2022. 6. 30]	53. バミューダ (*)	66. マルタ
2. アイルランド	15. オーストリア	28. コロンビア	41. 台湾 (****)	54. ハンガリー	67. マレーシア
3. アラブ首長国連邦 (*) [2021. 6. 30]	16. オマーン (*) [2023. 6. 30]	29. サウジアラビア	42. チェコ	55. フィンランド	68. マン島
4. アルゼンチン	17. オランダ	30. サンマリノ [2021. 3. 31]	43. 中国	56. ブラジル	69. 南アフリカ
5. アンギラ (*) [2021. 6. 30]	18. ガーンジー	31. ジブラルタル [2022. 3. 31]	44. チリ (**)	57. フランス	70. メキシコ
6. アンドラ	19. カタール (*)	32. ジャージー	45. デンマーク	58. ブルガリア (*****)	71. モーリシャス
7. イタリア	20. カナダ	33. シンガポール	46. ドイツ	59. 米国	72. モナコ
8. インド	21. 韓国	34. スイス	47. ナイジェリア (*)	60. ベリーズ (*) [2021. 6. 30]	73. ラトビア
9. インドネシア	22. キプロス (**)	35. スウェーデン	48. ニュージーランド	61. ペルー (*)	74. リトアニア
10. ウルグアイ	23. キュラソー (*)	36. スペイン	49. ノルウェー	62. ベルギー	75. リヒテンシュタイン
11. 英国	24. ギリシャ	37. スロバキア	50. パキスタン	63. ポーランド	76. ルーマニア(*)
12. 英領バージン諸島 (*)	25. クロアチア	38. スロベニア	51. パナマ (**)	64. ポルトガル	77. ルクセンブルク
13. エストニア	26. ケイマン諸島(*)	39. セーシェル (***) [2021. 3. 31]	52. バハマ (*) [2022. 11. 30]	65. 香港	78. ロシア

下線が付された国・地域は、前回掲載分（令和 2 年 7 月 1 日時点版）から情報の変更又は追加があった国・地域
[ ] 内の日付は、日本からの国別報告書の初回の提供期限（現時点で未到来のもの）（(*) の相手国・地域については、その国・地域からの初回の提供期限）
(*) 日本から国別報告書の提供を行わない相手国・地域（日本が受領するのみ）
(**) OECD による審査において、国別報告書の適切使用の基準を満たしていないとされていることから、日本からの提供を現在のところ停止している国・地域
(***) 日本から提供するためには、初回の提供期限までに国別報告書の適切使用の基準を満たす必要がある国・地域
(****) 台湾については、公益財団法人日本台湾交流協会（日本側）と台湾日本関係協会（台湾側）との間の民間租税取決め及びその内容を日本国内で実現するための法令によって、全体として租税条約に相当する枠組みが構築され、これに基づき日本は国別報告事項を提供し、また、台湾からは国別報告事項に相当する情報が提供される。
(*****) 自動的情報交換を行うための守秘及び情報保護について、OECD による審査が継続していることから、日本からの提供及び受領を停止している国・地域

出典：国税庁 HP 「国別報告事項（CbCR）の自動的情報交換等に関する情報」

（図 1-4）

表 1　居住地国等における収入金額、納付税額等の配分及び事業活動の概要
Table 1. Overview of allocation of income, taxes and business activities by tax jurisdiction

| 多国籍企業グループ名　Name of the MNE group　： |
| 対象事業年度　Fiscal year concerned　： |
| 使用通貨　Currency used　： |

居住地国等 Tax Jurisdiction	収入金額 Revenues			税引前当期利益(損失)の額 Profit (Loss) before Income Tax	納付税額 Income Tax Paid (on Cash Basis)	発生税額 Income Tax Accrued – Current Year	資本金の額 Stated Capital	利益剰余金の額 Accumulated Earnings	従業員の数 Number of Employees	有形資産(現金及び現金同等物を除く)の額 Tangible Asset sother than Cash and Cash Equivalents
	非関連者 Unrelated Party	関連者 Related Party	合計 Total							

表 2　居住地国等における多国籍企業グループの構成会社等一覧
Table 2. List of all the Constituent Entities of the MNE group included in each aggregation per tax jurisdiction

| 多国籍企業グループ名　Name of the MNE group　： |
| 対象事業年度　Fiscal year concerned　： |

居住地国等 Tax Jurisdiction	居住地国等に所在する構成会社等 Constituent Entities Resident in the Tax Jurisdiction	居住地国等が構成会社等の所在地と異なる場合の居住地国等 Tax Jurisdiction of Organisation or Incorporation if Different from Tax Jurisdiction of Residence	主要な事業活動　Main business activity (ies)														
			研究開発 Research and Development	知的財産の保有又は管理 Holding or Managing Intellectual Property	購買又は調達 Purchasing or Procurement	製造又は生産 Manufacturing or Production	販売、マーケティング又は物流 Sales, Marketing or Distribution	管理、運営又はサポート・サービス Administrative, Management or Support Services	非関連者への役務提供 Provision of Services to Unrelated Parties	グループ内金融 Internal Group Finance	規制金融サービス Regulated Financial Services	保険 Insurance	株式・その他の持分の保有 Holding Shares or Other Equity Instruments	休眠会社 Dormant	その他 Other1
	1.														
	2.														
	3.														
	1.														
	2.														
	3.														

表3　追加情報
Table 3. Additional Information

多国籍企業グループ名　Name of the MNE group	：	
対象事業年度　Fiscal year concerned	：	

（必要と考えられる追加の情報や国別報告事項に記載された情報への理解を円滑にする説明等を英語で記載してください。）
Please include any further breif information or explanation you consider necessary or that would facilitate the understanding of the compulsory information provided in the Country-by-Country Report.

出典：国税庁平成 30 年 10 月「CbCR の自動的情報交換の開始について」

（図1-5）

国別報告事項の概要	
提出義務者	前期の連結総収入金額が 1,000 億円以上の多国籍企業グループの最終親会社
提出期限	最終親会社の会計年度終了の翌日から 1 年以内
提出方法	e-Tax により提出（XML または CSV 形式に限る）
使用言語	英語

(2) マスターファイルとは

　マスターファイルは、日本の法令上では**事業概況報告事項**と呼ばれており、そのグループの組織構造、事業概要、財務状況などの情報を報告するもので、原則として、前期の連結総収入金額が 1,000 億円以上の多国籍企業グループの構成会社全てが作成し、所轄税務署に提出する必要があります（措法 66 の 4 の 5 ①）。ただし、特例として、構成会社のいずれか 1 社が提出すれば、残りの会社は提出する必要がなくなります（措法 66 の 4 の 5 ②）。ほとんどの会社は、この特例を適用して、CbC レポートと同じ究極の親会社がマスターファイルを提出している状況です。マスターファイルの記載事項は（図1-6）のとおりで、これは税務

当局が移転価格調査の際に焦点を当てるべき重要な取引を選定するために使用されます。

　その他、提出期限などの情報については 図1-7 にまとめてありますので、そちらをご覧ください。

図1-6

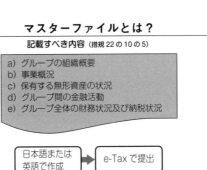

マスターファイルとは？

記載すべき内容（措規22の10の5）

a）グループの組織概要
b）事業概況
c）保有する無形資産の状況
d）グループ間の金融活動
e）グループ全体の財務状況及び納税状況

日本語または
英語で作成 → e-Tax で提出

図1-7

事業概況報告事項の概要	
提出義務者	前期の連結総収入金額が 1,000 億円以上の多国籍企業グループの構成会社
提出期限	最終親会社の会計年度終了の翌日から 1 年以内（CbC レポートと同じ）
提出方法	e-Tax により提出
使用言語	日本語または英語（英語の場合は日本語への翻訳を要求される場合もある）

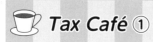 *Tax Café* ①

海外子会社との取引価格の決め方にルールはあるの？

新二：部長！ 今日の会議で「グループ会社との取引価格は勝手に決められない」と発言されていましたが、それってどういう意味なんですか？

部長：海外の子会社と取引する場合の価格は、同じグループ内の話だし、こっちが本社なんだから本当だったら好きに決められそうだよね。でも、それじゃダメなんだよ。

新二：ダメって、どうしてなんですか？

部長：それはだね。そういう決まりだからだよ。この移転価格文書（定義については「第2章　ローカルファイルとは」を参照）を見てごらん。当社が、どれくらいの価格で子会社と取引すればいいのかを、ちゃんと専門家が書いてくれているんだよ。

新二：でも、ここには利益率とは書いてありますが、取引価格なんて書いていないですよ。

部長：説明するのは難しいんだよね。ともかく、ここに書いてある利益率の幅（レンジ）2.5% から 5.5% の間に子会社の売上高営業利益率が入るように取引価格を調整しなさい、と言われているんだよ。

新二：そういえば、先日 Tax Café で会った他の企業の税務担当の方が、「自社の海外子会社と似たような事業を行う第三者の会社 10 社を選んで、その利益率でレンジを作った。」というような話をしていましたが、このことを言っていたのでしょうか。

部長：恐らくそうだろうね。

新二：でも、その人が「税務調査で、この利益率レンジを否定されて痛い目に合った。」とも言っていましたけれど、うちは大丈夫なんで

しょうか。

部長：えっ、課税されたの？　ちゃんと移転価格文書を作成していたのに？　そんなことを聞いたら、ものすごく不安になってきちゃったよ。何か見直しをしないといけないのかもしれないけど、何をどうしたらいいのかさっぱり分からないな。実を言うと、この移転価格文書は5年前に作ってもらったきりで更新もしていないし、利益率以外の部分は見たこともないんだからね。弱ったなー。

新二：そうだ、Tax Café の杏さんに相談してみませんか？

・・・・・・・・・・・・・・・・・・・・・・・・・・・・・・・・・・・・・・

杏：新二君、部長、こんにちは。あらっ、何かお悩みの様子ですね。

新二：そうなんです。今日は杏さんに教えていただきたいことがあって、部長と一緒に来ました。

杏：私でお役に立てることであれば、喜んでお答えしますよ。

部長：実は、当社では移転価格文書を5年前に作成したんだけど、中身については、きちんと理解できていないんだよ。

新二：子会社との取引についても、この移転価格文書に基づいて子会社の利益率を決めてきたということなんですが、それでいいのかどうかも良く分からなくて。

杏：分かりました。では、順番にご説明していきたいと思いますが、その前に、そもそもどうしてこういう文書が必要なのかについては、ご存じですか？

部長：グループ会社との取引価格は勝手に決めてはいけないからでしょ。

杏：そのとおりです！　分かりやすくするために、ひとつ簡単な例で考えてみたいと思いますのでこちらをご覧ください（図1-8）。

(図 1-8)

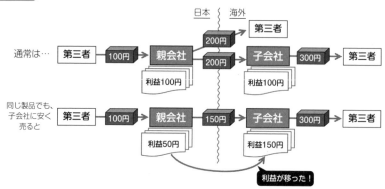

　例えば、日本の親会社が海外へ製品を 200 円で売るとします。子会社にも海外の第三者にも同じ 200 円で売る場合には、何も問題がありません。ところが、いろいろな事情から子会社へ販売する価格を 150 円にした場合、日本の親会社は利益が 50 円少なくなりますが、子会社は仕入価格が安くなったのに外へ売る価格は変わらないので、50 円利益が増えることになりますよね。

新二：確かにそうですね。

杏：これを税額の面から見てみましょう（図 1-9）。

(図 1-9)

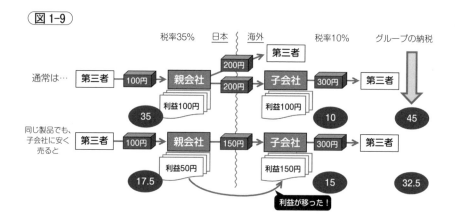

　日本の法人税率を仮に 35％、子会社の国の法人税率を 10％とした場合、子会社へ 200 円で販売するとグループの納税額は 45 円となります。ところが、子会社へ 150 円で販売することにした場合には、グループの納税額は 32.5 円となります。グループ全体として見れば 12.5 円の節税になりますが、日本という国から見れば、17.5 円分の税収を失うことになってしまいます。そこで関係会社間で、勝手に価格を上げたり下げたりできないように、何らかのルールを決めようということになったわけです。もちろん、これは日本だけの話ではなく、世界中どこの国でも同じことです。

部長：なるほど。

杏：では、どんなルールかというと、第三者との取引価格が市場での公正な価格と言えますので、関係会社間の取引がこの価格で行われている場合には、それを正しいものとして認めようというルールです。この第三者同士の取引価格のことを**独立企業間価格（Arm's Length Price: ALP）**、そしてこのルールのことを**移転価格（Transfer Pricing: TP）税制**と言います。

新二：ということは、その ALP に取引価格を合わせていけばいいのですね。

杏：そうです。もし、先ほどの例で挙げたように、ALP より 50 円低い価格で子会社に販売している場合には、日本の課税当局に「海外に売った実際の価格との差額 50 円を課税される」可能性が高くなります。このように課税されてしまうと、その後どうなるか分かりますか？

部長：日本で 50 円分の利益に対する税金 17.5 円を新たに支払うことになるわけだけど、その分は海外で減らしてもらえるのかな。

杏：日本の課税に合わせて海外当局が減額してくれる可能性は少ないと思います。

新二：それだと、グループ全体として 17.5 円分を損してしまうことに

なりませんか？

杏：そのとおりです！ つまり、新たに日本で50円分の利益に課税されましたが、その50円は元々海外でも課税されていますよね。この状態を**二重課税**といって、会社にとっては大問題になります（図1-10）。

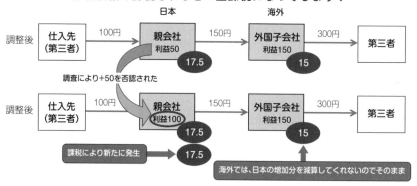

図1-10

移転価格で課税されると二重課税になってしまう！

利益50が日本でも海外でも課税されていることになる＝二重課税

部長：もちろん、二重に課税されるなんて大問題、すごいリスクだよ。

新二：そうか！ だからそうならないためにも、当社と子会社との取引価格が、第三者との取引価格と比べておかしくはないよということをきっちり証明する必要があるんですね。

部長：でも、考え方はシンプルだから証明するのは簡単そうだね。

杏：いいえ、考え方がシンプルでも、このALPを求めるのがとても大変なんですよ。実際にどうやってALPを求めていったらいいのかについては2章のローカルファイルのところで詳しくご説明しますね。

❖ ══════════════ 解　説 ══════════════ ❖

1. 移転価格税制の概要

　移転価格税制は、わが国の法令等では租税特別措置法、租税特別措置法施行令、租税特別措置法施行規則、租税特別措置法関係通達（法人税法編）、移転価格事務運営要領の制定について（事務運営指針）などに定められており、租税特別措置法第66条の4第1項では「法人が国外関連者から支払を受ける対価の額が独立企業間価格に満たないとき、又は国外関連者に支払う対価の額が独立企業間価格を超えるときは、当該国外関連取引が、独立企業間価格で行われたものとみなす。」としています。また、同条第4項では、「国外関連取引の対価の額と当該国外関連取引に係る同項に規定する独立企業間価格との差額は、法人の各事業年度の所得の金額の計算上、損金の額に算入しない。」としています。

　これは、Tax Café ①でも解説しているとおり、**「関係会社間における取引価格が第三者同士の取引価格、つまり独立企業間価格（ALP）から乖離している場合には、この取引が ALP で行われたとみなし、その差額については課税する」**ということを意味しています。これによって、国税当局は利益移転によって失われた税を取り戻すことができます。

　前述した租税特別措置法第66条の4第1項を見ても分かるとおり、移転価格税制が適用されるのは**国外関連者との取引、つまり国外関連取引についてのみ**です。したがって、まず最初に注意しなければいけない点は、取引の相手先が国外関連者であるかどうかということになります。この本の Tax Café の中では、国外関連取引について、分かりやすいように親会社と子会社間の取引として記載していますが、移転価格税制においては、親子間取引だけでなく、グループ会社間（国外関連者間）の取引も対象となります。この国外関連者になるかどうかの判定は、移転価格税制が適用されるか否かの分かれ目になる大変重要な事項となりますので、次で詳しく説明していきます。

2. 国外関連者かどうかの判定基準

　国外関連者になる典型的な例は、日本の親会社に50％以上の株式を保有されている海外子会社などが該当しますが、その他にも（図1-11）に記載のすべてが国外関連者となります。

❖形式基準

　国外関連者の判定基準のうち、形式基準とは株式保有関係で判定するものとなります。（図1-11）にもあるように、株式の50％以上を直接・

（図1-11）

国外関連者とは			
以下のいずれかに該当する場合は 外国法人は日本法人の国外関連者となります			関係法令
形式基準	親子	日本法人が海外法人の株式を50％以上保有している場合	措令39の12①一、直接保有
	孫	日本法人が海外法人の株式を50％以上保有しかつ　この海外法人が別の海外法人の株式を50％以上保有している場合	措令39の12①一、間接保有
	兄弟	日本法人と海外法人の間に直接の株式保有はないが、両社が同一の法人（または個人）に50％以上株式を保有されている場合	措令39の12①二
実質基準	役員依存	外国法人の役員の1／2以上又は代表者を日本法人から派遣している	措令39の12①三イ
		外国法人の役員の1／2以上又は代表者を日本法人が実質的に決定している	措通66の4(1)-3(2)
	取引依存	外国法人の事業活動の相当部分を日本法人に依存している	措令39の12①三ロ
	資金依存	外国法人の資金繰りの相当部分を日本法人に依存している	措令39の12①三ハ
	無形資産依存	外国法人が日本法人から提供される事業活動の基本となる著作権（出版権及び著作隣接権等）、工業所有権（特許権、実用新案権、意匠権及び商標権）、ノウハウ等に依存してその事業活動を行っている	措通66の4(1)-3(1)

の接に保有している場合や、直接の株式保有関係はないものの、日本法人と外国法人が同一の法人又は個人に 50％以上を保有されている場合に、外国法人は日本法人の国外関連者に該当します。

◈実質基準

　例えば、株式の保有割合が 49％だったとしても、海外法人の代表者や役員の過半数が日本から派遣されている場合のように、海外法人が実質的に日本法人の支配下にある場合には、取引価格や事業方針の決定に日本法人の意向が反映されるなど、移転価格上の問題が出てくるため、この基準が設けられています。

　日本法人に取引・資金・無形資産を依存して事業活動を行っている外国法人の場合も同様で、①日本法人から使用許諾を受けている技術を使用しないと製造すること自体ができない場合や、②日本法人から供給されている部品がないと製品が完成できない場合、③日本法人から資金をストップされたら事業が継続できないなどの場合には、日本法人が実質的に支配しているとみなすことができるため、その外国法人を国外関連者として取扱うことになります。

◈保有割合の計算

　50％以上であるかの判定は、直接保有と間接保有を合計することにより判断します。例えば、（図 1-12）の No. 4 にあるように、日本法人 X が外国法人 B の株式を直接 40％保有している一方、日本法人 X が 50％保有している別の外国法人 A が、外国法人 B の株式を 10％を保有している場合、日本法人は外国法人 B の株式を直接 40％＋間接 10％の合計 50％保有していることになり、外国法人 B は日本法人の国外関連者に該当することになります。

図 1-12

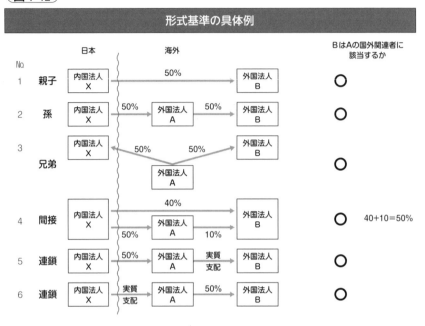

		形式基準の具体例	

※**外国法人が合弁会社である場合**

　外国法人が、日本法人が50％、現地法人が50％出資する合弁会社である場合、日本法人の国外関連者に該当しますが、実際には合弁であることから取引価格等の決定において、日本法人の意向が通らないということも多々あります。合弁先の現地法人と価格交渉が必要になるということは、資本関係のない第三者と価格を決めていると同じことなので、国外関連者として扱わなくてもいいのではないかという疑問が生じます。そこで、事務運営指針3-2(3)ロでは、「国外関連者が複数の者の共同出資により設立されたものである場合には、国外関連取引に係る取引条件等の交渉や、当該交渉において独立企業原則を考慮した交渉が行われる場合があることを考慮して移転価格調査を行う」旨が定められています。つまり、外国法人が半々の出資で設立された合弁会社である場合には、杓子定規に国外関連者になるというのではなく、実態を見極めて

国外関連者に該当しないと判断してもらえる余地があるということです。

　一方、同指針の注では「厳しい価格交渉をして取引価格が決定された」「当事者以外の者が取引条件等の交渉の当事者となっている」「契約の当事者に日本法人及び国外関連者以外の者が含まれている」というような事実のみでは、国外関連者に該当しない根拠にはならないとも記載されています。

　したがって、国外関連者が合弁会社で、日本法人が取引価格の交渉を主導できていなかった場合、国外関連者ではないと認めてもらえる可能性はありますが、そのハードルはかなり高いもののように思います。

◈保有割合の基準は万国共通ではない

　50％以上の株式保有で国外関連者に該当するか否かを判断するという基準は、日本の法令における規定であり、国によっては25％を採用していたり、明確な基準がないケースもあります。日本から見て国外関連者に該当しなくても、外国から見ると日本法人が国外関連者に該当することがありますので、注意が必要です。

◈形式基準（株式保有）と実質基準（支配関係）が連鎖している場合

　国外関連者に該当する判断基準は（図1-11）で示したとおりですが、この他に株式保有と支配関係が連鎖しているケースがあります。例えば、（図1-12）の№5にあるとおり、日本法人Xが外国法人Aの株式を50％以上保有しており、外国法人Aが外国法人Bを実質的に支配している場合には、外国法人Aは内国法人Xの国外関連者に該当することになります。

◈国外関連者に該当するかの判定時期

　それぞれの取引が行われた時点の状況で判断します。

◈株式保有割合に関する外国子会社合算税制との違い

株式保有割合について、外国子会社合算税制では間接保有関係は掛け算方式で計算しますが、移転価格税制では掛け算方式では計算しません。（図1-12）のNo.2の孫会社の例をとると、移転価格税制では日本法人Xが外国法人Aの株式を50％保有し、この外国法人Aが外国法人Bの株式の50％を保有している場合には、外国法人Bは内国法人Xの国外関連者に該当します。

しかしながら、外国子会社合算税制では、外国法人Bの株式保有割合は、日本法人Xが外国法人Aを50％保有しているうちの、外国法人Bの保有分を計算するので50％×50％＝25％となり、外国法人Bは国外関連者に該当しないという結果になります。

また、移転価格税制では50％以上で判断しますが、外国子会社合算税制では50％超なので混同しないように気を付けてください。

◈みなし国外関連取引

前述したとおり、移転価格税制の対象となるのは国外関連者との取引、つまり国外関連取引です。ただ、一見、国外関連者との取引でないように見えるものでも、国外関連取引となるものがあるので、ここでご紹介しておきます。

租税特別措置法第66条の4第5項では、親会社が子会社との取引を、非関連者を通じて行う一定の場合、この取引を国外関連取引とみなす旨の規定があります。一定の場合とは、（図1-13）に示すとおりで、これは租税特別措置法施行令39条の12第9項に定められています。

このように、親会社から販売する先が第三者であったとしても、その先が子会社である場合には、国外関連取引として移転価格の検討が必要になる場合もありますので注意してください。

図 1-13

みなし国外関連取引に該当するケース

1	親会社から第三者に販売する時点ですでに海外子会社に転売されることが定まっており、かつ、その価格も親会社と子会社の間で実質的に決められている場合
2	海外子会社から第三者に販売する時点ですでに親会社に転売されることが定まっており、かつ、その価格も親会社と子会社の間で実質的に決められている場合

＊販売だけでなく、譲渡、貸付けその他の方法によって移転又は提供されるケースも同様です。

22

●本日のデザート●

この章に関しての詳細情報は、以下の国税庁の HP を参照してください。

国税庁の HP　https://www.nta.go.jp/taxes/shiraberu/kokusai/index.htm

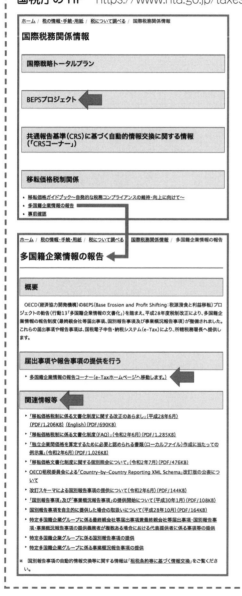

第2章
ローカルファイルとは

　第1章で述べた BEPS プロジェクトの流れに伴い、日本で作成が必要になった3文書のうち、課税に直結する文書がローカルファイルとなります。企業の税務担当者の関心が一番高い項目でもありますので、ローカルファイルについては、この章で詳しく見ていきたいと思います。

　ローカルファイルは日本の法令上、**「独立企業間価格を算定するために必要と認められる書類」**と呼ばれており、1章で述べたとおり租税特別措置法等で定められています。これは平成 28 年度税制改正により法制化されたもので、国外関連者取引が 50 億円以上又は無形資産取引が3億円以上である法人にはローカルファイルを確定申告期限までに作成（海外子会社等からの取得も含みます。）し、国内事業所で保有する義務が生じました。ただ、それ以前から、Tax Café ①で部長が言ような「5年前に作成した移転価格文書」を作成している企業もあり、今回のローカルファイル作成義務化が突然降って湧いたものではないことが分かると思います。また、ローカルファイル作成基準を下回っている企業でも調査の際にローカルファイルに相当する書類（独立企業間価格を算定するために重要と認められる書類）を要求されることがあります。したがって、作成基準を下回っている企業でも重要な国外関連取引を行っている場合には、ローカルファイルを準備しておくことをお勧めします。

　今回の法制化に伴って作成されたローカルファイルをレビューする機会が多かったのですが、内容に誤りがあるケースが散見されました。例えば、「この取引にこの手法は使用できない」、「この分析にこの利益指標は使用できない」など移転価格税制の規則が守られていないケースです。ご自身のローカルファイルが、「意味のない」ローカルファイルになっていないか、この章で記載したことを基に、今一度チェックされてみることをお勧めします。

2-1 移転価格分析の概要

　いきなりローカルファイルの説明に入ってしまうと、どうしてこのような記載が必要なのかということが理解しづらいと思いますので、まずはここで、ローカルファイルに記載しなければいけない移転価格分析がどのようなものであるかの概要をみていきましょう。

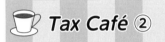

機能・リスク分析とは？

杏：Tax Café ①では、海外子会社との取引価格の決め方のルールについてお話ししましたが、ここでは、子会社との取引価格の妥当性、つまり取引が**独立企業間価格（Arm's Length Price: ALP）**で行われていることを、どのように証明するのかについてご説明しますね。

部長：それは、当社が過去に作成した移転価格文書の中の移転価格分析という項目にあたるのかな。

杏：はい、そうです。

新二：いよいよ本丸ということですね。しっかり理解しておかなくちゃ。

杏：まず初めに、全体的な流れを簡単な図にしてみましたので、こちらをご覧ください（図2-1）。

部長：何だか難しそうだね。

新二：でも、流れがつかめれば、少しは見えてくるかもしれませんよ。

杏：移転価格税制では、独特の言葉を使用していますし、最初は分かり辛いところもたくさんあると思いますが、常にこの図にある流れを思い出して、「自分は今ここの検討をしているんだな。」と確認しながら進めていただければと思います。

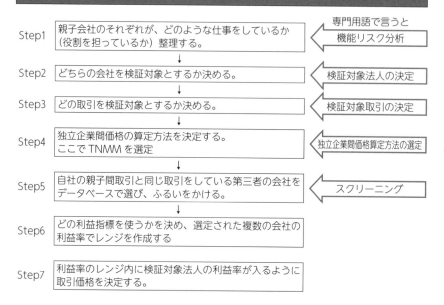

新二：この表の冒頭に書いてある「TNMM における移転価格分析から取引価格設定までの流れ」の「**TNMM**」というのは何ですか？

杏：これは移転価格算定方法のひとつで、**取引単位営業利益法（Transactional Net Margin Method、** Tax Café ④参照）の略称となります。実務では、ほとんどの移転価格分析おいてこの手法が採用されていますので、まずはこの手法で検討していきたいと思います。

新二：分かりました。

杏：早速 Step1 の検討から始めたいと思いますが、ここでは親子会社それぞれが、どのような仕事をしているのかを洗い出す必要がありますので、まずは 図2-2 で取引関係を確認してみましょう。

新二：こんな図を描く必要があるんですか？

杏：今回はとても簡単な図になりますが、例えば子会社が製造を行っている場合、原材料の仕入先、技術の提供元など登場人物が増えること

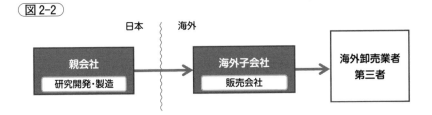

図2-2

になりますので、それだけ図も複雑になってきます。いずれにして
も、このような図を描いて、取引がどのような流れになっているかを
示すことが、とても重要になるんですよ。

新二：確かに、頭の整理ができるので、いいですよね。

杏：では、ここから、親会社、子会社それぞれが、どのような仕事をし
ているのかを細かくみていきましょう。

部長：細かくと言われても、親会社は製造していて、子会社はそれを
売っているということだけじゃないのかな。

杏：いいえ、もっと細かいところまで考える必要があります。販売と
いっても、広告宣伝は誰がやっているのか、在庫管理、品質管理、市
場調査、販売戦略は誰がやっているのかということを細かく見ていく
必要があるんですよ。というのも、Step4 で分析方法を決める時や、
Step5 で同じような事業を行っている会社を選ぶ時に、本当に同じな
のかどうかを見極める際の判断材料になるからです。

部長：かなり面倒な感じだね。

杏：でも、ここはとても大切な部分です。例えば、①単純に親会社から
物を仕入れて販売しているだけの会社と、②自らがマーケティング活
動を積極的にやり、販売戦略も練って、しかも市場に合わせたカスタ
マイズをするための研究開発を行って本社に図面を渡していたような
場合では、同じ販売会社といっても、当然その会社の取るべき利益は
違ってきますよね。

新二：なるほど、確かにそうですよね。

杏：ですから、そのことをしっかり表現するのが、STEP1の**機能・リ
スク分析**になります。親子会社それぞれが、どのような業務を行い、
どのような役割を担っているかを検討するのが機能分析、両社がどの
ようなリスクを負っているかを検討するのがリスク分析です。

部長：そういう意味だったんだね。

新二：具体的に検討しておいた方がいい項目というのはあるのですか？

杏：明確に決まっているわけではありませんが、だいたい、これくらい
検討しておけばいいかなということを書き出してみましたので、
⎝図2-3⎠をご覧ください。

部長：結構いろいろあるね。

杏：決して全部検討しないとダメということではありませんし、この他
にも業務内容に応じて記載が必要な場合もあります。どちらにして
も、それぞれがどのような役割を担っているかなどを説明するのが、
機能リスク分析の目的ですので、該当する部分については、きちんと

⎝図2-3⎠

機能リスク分析で記載する項目の例

機能
設計
製造
組立
研究開発
役務の提供
購入
販売
市場開拓
宣伝
輸送
資金管理
経営

リスク
マーケットリスク（経済事情の変化など）
資産・工場及び設備への投資や使用に伴う損失のリスク
研究開発への投資のリスク
為替相場や金利の変動などに起因する金融上のリスク
信用リスク

疎明資料の一例
部署別の組織図
研究開発の年間計画や経営会議資料
研究開発費や広告宣伝費の明細
担当部署へのヒアリング記録

出典：国税庁「移転価格税制の適用におけるポイント」（2017年6月移転価格ガイドブック）

説明するようにしてください。

❖ ═══ 解　説 ■ 一番重要なのは機能・リスク分析 ═══ ❖

　機能・リスク分析は、移転価格分析の中で一番重要な項目であり、調査でも、ここをどう評価するかということが、しばしば争点になります。というのも、重要な役割を果たし、多くのリスクを負担している者が、より多くの利益をとることができるという考え方が根底にあるからです。親子会社間取引の中で「汗をたくさんかいた者が、より多くの利益を享受できる」と考えていただければ、理解しやすいかもしれません。ここを軽視した文書も散見されますが、このように利益配分のベースとなる部分ですので、きちんと利益配分に見合った記載となっているか確認しながら、丁寧に書くようにしてください。

　また、Tax Café の中に、取引関係図（図2-2）を記載していますが、移転価格分析を行う際には、このような取引関係図が必ず必要となります。一見つまらないことのように思えるかもしれませんが、調査の際に調査官と企業の間で認識の齟齬がないようにするためには、大変重要な役割を果たします。後述する国税庁のローカルファイルの記載例でも必ず書かれており、記載していない場合には、調査の際に要求されることもありますので、必ず分析の冒頭で記載するようにしてください。

　なお、ローカルファイルでの具体的な記載例については、Tax Café ⑨（P53）及び 図2-14 （P55）で解説していますので、そちらをご覧ください。

検証対象法人と検証対象取引の決定

杏：次に （図2-1）Step2 の**検証対象法人の決定**についてお話ししますね。

部長：検証対象法人といっても、親子会社両方を検証しないといけないんじゃないの？

杏：移転価格の検証方法はいくつかあるのですが、先ほどお話しした、実務で一番多く使われている**取引単位営業利益法（Transactional Net Margin Method: TNMM、**Tax Café ④参照）では、親子会社どちらか一方を検討することになりますので、それを決めるということです。

新二：何だか、まだピンときませんね。

杏：後程ご説明する TNMM のやり方を見れば、その理由はご理解いただけると思いますが、ここでは、「TNMM を使用する場合、機能・リスクがより低い方を検証対象法人として選定しなければいけない」ということだけ覚えておいてください。

新二： （図2-2）を見ると、親会社は研究開発や製造を行っているのに対し、海外子会社は販売だけですよね。ということは、機能・リスクが低い方というと、海外子会社になるのでしょうか。

杏：はい、そのとおりです。ですので、ここでは検証対象法人を海外子会社とするということになります。

新二：とりあえず、わかりました。

杏：続いて （図2-1）Step3 の**検証対象取引の決定**についてお話ししますね。ここでは、いくつもある親子会社間の取引の中から、機能とリスクが同じ取引だけを抜き出して検討の対象とします。

図 2-4

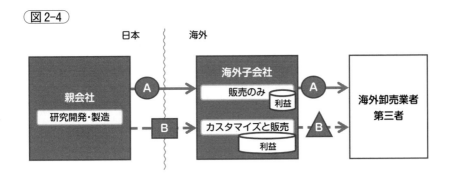

部長：うちは何百もの製品を取り扱っているんだから、抜き出すなんて
　　　不可能だよ。

杏：製品ごとに抜き出すということではなく、機能とリスクが同じもの
　　　だけを検討の対象にする、つまり「親子会社が同じ役割を担う取引だ
　　　けを検討のまな板に載せる」ということです。

部長：どうして、そんなことをしないといけないの？

杏：少し分かりづらいと思いますので、ひとつ例を挙げてご説明します
　　　ね（図 2-4）。仮に海外子会社が A、B の 2 製品だけを取り扱ってい
　　　て、製品 A については単純に親会社から仕入れて売るだけ、製品 B
　　　については親会社から仕入れたものを海外子会社自身がカスタマイズ
　　　して販売しているケースを考えてみてください。この二つの製品は同
　　　じ流れで海外子会社を通じて第三者に販売されますが、親子会社それ
　　　ぞれの果たす役割を見ると製品 B の方が海外子会社の果たす役割は
　　　大きいですよね。ということは、製品 B に関しては、海外子会社は
　　　手をかけた分だけ多く利益をとっていいことになります。　図 2-1
　　　Step5 では、こうした海外子会社と「同じような役割を果たしている
　　　第三者」を選ぶことになるのですが、違う役割を持つものを一緒にし
　　　てしまうと、その第三者を選ぶのが大変難しくなってしまうんです。

部長：難しいってどうして？

杏：つまり、海外子会社の売上の 50％が製品 A の取引（単純に販売だ

けする取引）、残りの 50％が製品 B の取引（カスタマイズして販売する取引）に係るものだとすると、それと同じような役割を果たす会社というのは、「単純に販売する製品とカスタマイズする製品の両方を扱っていて、単純販売売上が売上全体の約 50％占め、カスタマイズ製品売上が残りの約 50％占める」会社となりますよね。こうした条件に合致する会社を見つけるのは大変困難ですので、事前に機能やリスクが同じ取引だけに絞り込んで、似た会社を探しやすくしておく必要があるんです。

新二：なるほど。ということは、この例でいうと、まずは製品 A の取引を検討の対象として移転価格分析を行い、それとは別に製品 B の取引についても、改めて移転価格分析をしていく必要があるということなんですね。

杏：はい、そういうことになります。

部長：ふう、大変そうだな。

杏：とりあえず、ここでは製品 A の取引を検証の対象、つまり検証対象取引として見ていこうと思いますが、その際には、損益についても、子会社の損益計算書全体から製品 A の取引に係るものだけを切り分ける必要があるので注意してくださいね。このように損益を切り分けたものを**切出損益**と呼んでいます。

新二：あっ、そうか。製品 B の取引の損益が製品 A の取引の損益に混ざってしまったら、おかしいですからね。

部長：移転価格税制っていうのは独特なやり方をするんだね。とりあえず理屈は分かったけれど、実際に、当社ではどうしたらいいのかな。

新二：当社親子会社の果たす役割はすべての製品について同じですから、取引を抜き出したりする必要はなくて、全部の取引をまとめて検証対象取引にしていいということではないでしょうか。

杏：はい、そのとおりです！

部長：当社の取引が単純で良かったよ。切出損益を作るなんて、考えた

だけでもゾッとしちゃうからね。

❖ ════════ **解　説 ■ 切出損益の作成方法** ════════ ❖

　前述したとおり、独立企業間価格（ALP）を検証するためには、機能・リスクが同じものを比較する必要があります。そのため、海外子会社の損益計算書の中に異なる機能・リスクの取引が複数含まれている場合には、それを切り出す必要があります。Tax Café ③では、製品 A と製品 B では機能・リスクが違うため、それぞれの損益を子会社の P/L から切り出す必要があることをご説明しました。この他、子会社が親会社とだけ取引しているのではなく、第三者とも取引しているケースでも、子会社の P/L から親会社との取引に係る部分を切り出す必要が出てきます。次頁の 図2-5 の切出損益の例では、売上高、売上原価については、親会社との取引に係るものが特定できるため、双方とも直課しており、販売費については、直接関係するものと間接的に関係するものが混在していることから、前者については直課、後者については適切な按分計算により配賦しています。また、一般管理費については共通費となりますので、これについても適切な按分計算により配賦することになります。

　按分計算する際の配賦基準も悩むところではありますが、あまり神経質になる必要はありませんので、 図2-5 の下部に記載した配賦基準（OECD の移転価格ガイドラインから抜粋した共通経費の配賦指標の例）を参考に判断していただければと思います。

34

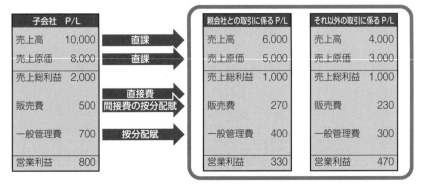

図 2-5

切出損益の作成例

OECD 移転価格ガイドラインより

共通経費の配賦指標の例	
IT サービス	ユーザー数、パソコン台数
人的サービス	従業員数、従事割合、使用資産の使用割合
サポートサービス	取引数、総資産額
車両管理サービス	車両総数
会計支援サービス	関連する取引数・関連取引割合、総資産割合
売上等に連動するサービス	売上等

☕ Tax Café ④

独立企業間価格の算定方法
（取引単位営業利益法：TNMM）

新二：では、次は**独立企業間価格の算定方法**を選定する 図2-1 Step4 ですね。

杏：はい。ここでは、独立企業間価格を求めるのに最適な方法を決めます。この方法はいくつかありますが、実際に一番多く使われているのは先ほどご紹介した **TNMM** ですので、これについて、もう少し詳しくご説明しますね。

部長：言葉だけはよく聞くけれど、中身についてはよく分かっていない

図2-6

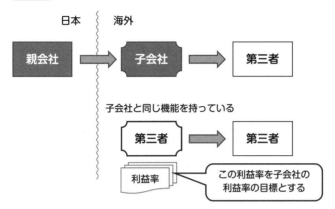

んだよね。

杏：この方法は、親子会社のうち、機能・リスクが低い、単純な機能を持つ方の利益率について、同じような機能を持つ第三者の会社を探してきて、その利益率を参照するというものです（図2-6）。また、この第三者の会社のことを「**比較対象取引を行う法人**」と呼んでいます。

新二：先ほど Tax Café ③ で説明いただいた「検証対象法人」は、このケースの場合、単純な機能を持つ子会社になるので、第三者の利益率を子会社の利益率の目標にするということなんですね。

部長：第三者の利益率を使用するのはどうしてなの？

杏：それは冒頭の移転価格税制の説明でもお話ししたとおり、国外関連者との取引が正当なものであるというためには、それが ALP（独立企業間価格）、つまり第三者同士の取引価格と同等であると証明する必要があるからです。

新二：それから、そもそもの話なのですが、単純な機能を持つ会社の方を検討の対象としないといけないのはどうしてなんでしょうか？

杏：Tax Café ③ でも触れましたが、今回の例のように子会社が販売という限られた役割しか担っていないのに対し、親会社が研究開発、製

造、マーケティングなど様々な役割を担っている場合、親会社とまったく同じ複雑な機能を持っている第三者の会社を探すのは大変困難で、ほとんど見つけることができないと思います。一方、子会社のように販売だけやっている単純な機能を持つ第三者の会社は何とか見つけることができるので、そちらを使おうということです。

部長：でも見つけるってどうやって？

杏：誰でも探せるものでないと公平ではないですから、基本的には公開情報から探すということになっており、民間会社のデータベースを使用するのが一般的です。

新二：どのデータベースを使ったらいいというのはあるのですか？

杏：世界で最も多く使用されているのが、ビューロー・ヴァン・ダイク社が提供しているORBIS（オービス）というデータベースです。これは、世界各国の上場・未上場企業を搭載しているもので、収載企業数が最も多いものになります。

新二：当社で使用しているのは、確か、これですよ。

部長：じゃあ、安心だね。

杏：国によっては、推奨されているデータベースが違うこともありますが、おおむねこのデータベースさえ使用していれば問題ありません。ただ、ご注意いただきたいのは、データベースはあくまで探すツールでしかありませんし、大切なのはそれを使う人がしっかりした「目」を持って欲しいということです。

部長：「目」というと？

杏：それなりの知識を持って、きちんとした判断を下せるということです。移転価格の世界は「これが正解」というのはありませんから、できるだけ正解に近づく判断をすることが、リスクを減らすことにつながります。

新二：でも正解がないとすると、どこを目指していったらいいかが分からないですよね。

杏：正解はありませんが、こうしてここで学んでいるうちに「相場観」
　というのが養われて、より正解に近い答えが出せるようになります。
　私も最初の頃は、よく「相場観を養え！」と言われていましたから。

部長：たくさん経験するということが大事なんだね。

新二：ところで、先ほどから利益率、利益率と言っていますが、利益率
　にもいろいろありますよね。移転価格文書の中で、「PLI は、売上高
　営業利益率とする」と書いてあったような気がするのですが、普通は
　売上高営業利益率を使用するということでいいのでしょうか。

部長：その前に「**PLI**」の意味を教えてよ。

杏：これは、**Profit Level Indicator**、つまり**利益水準指標**のことで、
　海外子会社と比較対象取引を行う法人とを比べる場合に使用する利益
　率のことを指しています。TNMM では子会社の利益率を参照するこ
　とが多いのですが、この売上高営業利益率の他に「**総費用営業利益
　率**」や「**営業費用売上総利益率**」といった PLI を使用することもあ
　り、検証対象とした取引の内容によって、どれを使うかが決まりま
　す。

新二：その判断が難しそうですね。

杏：今は売上高営業利益率を使用していたとしても、商流が変わって機
　能やリスクが変化した場合には、その変化に応じた PLI を使用しな
　いといけないので、注意が必要です。

部長：商流が変わる頃には、私はもう税務の部門にいないだろうし、あ
　まり関係ないかもしれないな。

杏：いいえ。たとえ、人が変わったとしても、こうした考えが税務部に
　知識として蓄積されていくことが重要です。ですから、今日のお話
　は、部長さんの頭の中にだけ残すのではなく、是非、形としてきちん
　と残しておいてくださいね。

部長：確かにそうだね。じゃあ、新二君、よろしく頼むよ。

❖ ═══════════════ 解　説 ═══════════════ ❖

1. 利益水準指標（PLI: Profit Level Indicator）の選定方法

　TNMM で使用する PLI には、前述したとおり、「**売上高営業利益率：OM**」、「**総費用営業利益率：FCMU**」、「**営業費用売上総利益率：ベリーレシオ**」の3つがあります。詳しくは（図2-7）に記載したとおりですが、何を使用するかの判断基準で最も大切なのは、「**計算式に国外関連者間取引が含まれていないか**」ということになります。国外関連者間で行う取引は、関連者同士で価格がコントロールできるものであるため、ALP を求める計算過程に含まれてしまうのは、適切ではありません。

（図2-7）

検証対象法人を子会社とした場合の PLI の使い分け		
	売上高営業利益率	総費用営業利益率	営業費用売上総利益率
PLI	OM (operating margin)	フルコストマークアップ (FCMU)	ベリー比 (Berry Ratio)
計算式	営業利益÷売上高	営業利益÷（売上原価＋販売管理費）	売上総利益÷販売管理費
使用例	子会社が親会社から製品を購入し、第三者へ販売している場合など	子会社が親会社に役務提供を業として行っている場合など	販売の仲介（商社など）、または単純な役務提供しかしていないような場合
使用の理由	売上高は第三者への販売なので ALP（独立企業間価格）となり、これを使用することができます。	上記「使用例」に記載したケースでは、「売上高」は親会社との取引、つまり国外関連者間取引の金額となります。OM の使用は、こうした関係会社間で自由にコントロールできる数値が計算に入ってしまうため、ALP を算出する PLI として適切ではありません。そこで、こうした取引の場合には、第三者価格である総費用を使用します。	販売仲介の活動の目的は、売上総利益相当額を販売手数料として得ることにあり、あたかも役務提供者のような機能を有しています。役務提供の対価（売上総利益）は、売上に連動しておらず、販売管理費に関係があると認められるため、これを使用します。
関係法令	措令 39 の 12 ⑧二	措令 39 の 12 ⑧三	措令 39 の 12 ⑧四、五

したがって、子会社が親会社に役務提供をしている取引や、子会社が親会社から依頼を受けて製造し親会社に納品しているケース等については、売上高が親会社に対するものであるため OM だと計算式（営業利益÷売上高）の中に関連者取引額が入ってしまい、これを使用することができません。一方、子会社の販売管理費は関連者との取引が含まれていないため、ALP であるといえ、営業利益を販売管理費で除する FCMU が使用できるということになります。

　単純に OM を使用しているというケースが散見されますが、前述のとおり売上高が国外関連取引に係るものだと使用できませんので、ローカルファイルを見直す際には十分注意してください。

　また、販売管理費を使用する際、そこに国外関連者取引が含まれている場合には、それを除くという作業も必要になります。

　ベリーレシオを使用するケースは限定的ですが、仲介取引などを行っている場合には有効な指標となることがありますので、取引内容によって最も適切な指標を使用するようにしてください。

2. TNMM 以外の移転価格算定手法

　移転価格税制では、独立企業間価格（ALP）算定方法は、最も適切な方法を使用すべきというルールがあり、これを**ベストメソッドルール**と呼んでいます。この章では、最も使用頻度の高い TNMM を例として説明していますが、実際には他にもいくつか算定方法があります。

　直接的に ALP を算定できる三つの手法（図2-8）を基本三法と呼び、その他に五つの手法（図2-9）が政令で定められています。

　基本三法のように価格を比較する場合には、

① 親会社が、子会社とまったく同じような役割を果たす第三者と、まったく同じ製品の取引をしていた場合（内部比較対象取引）

② 外部の第三者同士が、この親子間の取引とまったく同じ役割（機能）を持って、製品もまったく同じものを取引していた場合（外

　部比較対象取引）
の2つのケースがあります。また、価格だけでなく、ロイヤルティ料率
や利益率なども対象となります。

　具体的にイメージをつかめるように、CUP法について図解（図
2-10）していますので、そちらも参考にしてください。なお、CP法を
使用する典型的な例については第3章のIGSを、ロイヤルティ算定に
TNMMを使用する例については第6章をご覧ください。

3.　基本三法に準ずる方法

　基本三法に準ずる方法とは、基本三法の考え方から乖離しない合理的
な類似の算定方法のことで、図2-10 の②、③が典型例となります。

　なお、③ではLibor（ロンドン銀行間取引金利）が使用されています
が、新聞報道などでもご存じのとおり、様々な問題が起きたため、
2021年末にも恒久的に公表が停止される模様です。代替指標としては、
リスク・フリー・レート（RFR）をベースとした金利指標と、TIBOR
（東京銀行間取引金利）が候補として挙がっています（2020年8月現
在）が、どの指標が適切であるかについては今後の議論を待つ必要があ
ります。金融庁や全国銀行協会などのHPをチェックするなどして、情
報をキャッチするようにしてください。

図 2-8

			【基本三法】
1	独立価格比準法	Comparable Uncontrolled Price Method： CUP 法	親子間取引に係る価格と比較対象取引に係る価格を直接比較するため最も直接的な手法ですが、その類似性が厳格に求められます。しかし、資産の性状、構造、機能等などの価格に直接影響を及ぼす要素について、全く同じ取引を見つけ出すことは困難なので、使用される場面は限定的です。
2	再販売価格基準法	Resale Price Method：RP 法	親子間取引の売上総利益と比較対象取引に係る売上総利益を比較する手法です。売上総利益は、取引する製品や役務提供の内容の影響を受けにくい一方で親子会社の果たす機能の差異の影響を受けやすいため、これとまったく同じ取引を公開情報から見つけることは困難であり、使用される場面は限定的です。
3	原価基準法	(Cost Plus Method： CP 法	

＊ CUP 法については、Tax Cafe ⑮でも詳しく説明していますので、そちらも参考にしてください。

図 2-9

【その他の手法】

1	比較利益分割法	No.1 から No.3 を総じて PS 法 (Profit Split Method) という。	親子会社と類似した第三者間取引における利益の分割割合を用いて親子会社間取引に係る利益を配分する手法ですが、分割割合を入手できる＝ TNMM で必要な情報が入手できているということになりますので、実際に使用した例は限定的です。
2	寄与度利益分割法		親子会社取引に係る利益をそれぞれの貢献度合いで配分する方法です、何を貢献とするかによって利益配分が大きく変わるので、議論の多い手法です。
3	残余利益分割法	Residual Profit Split Method： RPSM	第 6 章参照
4	取引単位営業利益法	Transactional Net Margin Method：TNM	この章参照
5	ディスカウント・キャッシュ・フロー法	Discounted Cash Flows Method： DCF 法	手法としては以前からあるものの、平成 31 年度の税制改正で正式に導入されました。予測利益などを使用して計算することから、他に使える手法があればそちらを優先することになります（最後の手段）。

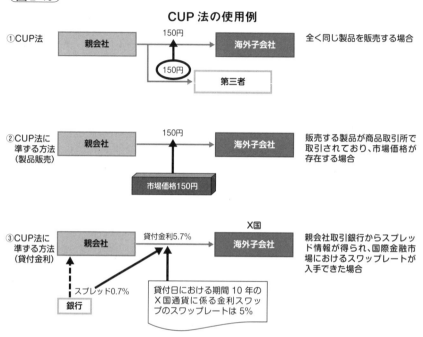

図 2-10

CUP 法の使用例

①CUP法　親会社 →150円→ 海外子会社　全く同じ製品を販売する場合
親会社 →150円→ 第三者

②CUP法に準する方法（製品販売）　親会社 →150円→ 海外子会社　販売する製品が商品取引所で取引されており、市場価格が存在する場合
市場価格150円

③CUP法に準する方法（貸付金利）　親会社 →貸付金利5.7%→ 海外子会社（X国）　親会社取引銀行からスプレッド情報が得られ、国際金融市場におけるスワップレートが入手できた場合
銀行 →スプレッド0.7%→ 親会社
貸付日における期間10年のX国通貨に係る金利スワップのスワップレートは5%

＊スプレッドは親会社のとるべき利益のこと。銀行から情報が得られない場合、短期のプライムレートから円ライボーレートを差し引いた利率でも認められた例（タイバーツ事件の東京地裁判決）があるので、こうした事例も参考にしてみてください。

＊スワップレートとは、Liborと等価交換できる貸付期間1年以上の固定金利のことで、データベースなどから取得することが一般的です。取得する際には、貸借時期、貸借期間、通貨を子会社への貸付と同等の条件に設定することが必要です。

4. 子会社に対する貸付金利の決定方法

　子会社へ貸付をしている場合、適正金利をどのように求めたらいいかについては、（図2-10）で示した「貸付金利にCUP法に準ずる方法を使用する例」がその一例となりますが、実は適正金利の決定方法には優先順位があります。（図2-11）の順位に従って検討し、優先順位の高い利率の入手が困難な場合に、次順位の方法を検討するようにしてください。

【図2-11】

親会社から子会社への貸付金利の決め方			
優先順位	検討内容	コメント	関係法令
1	親子会社とまったく同じような機能を持つ第三者の取引金利が把握できる場合にはその利率を使用	見つけるのは、ほぼ不可能	
2	子会社が非関連者である銀行等から通貨、貸借時期、貸借期間等が同様の状況の下で借り入れたとした場合に付されるであろう利率が入手できれば、その利率を使用	子会社の取引銀行に聞いてみる	事務運営指針3－8（1）
3	親会社が非関連者である銀行等から通貨、貸借時期、貸借期間等が同様の状況の下で借り入れたとした場合に付されるであろう利率が入手できれば、その利率を使用	親会社の取引銀行に聞いてみる	事務運営指針3－8（2）
4	貸付金と同額の資金を、通貨、取引時期、期間等が同様の状況の下で国債等により運用するとした場合に得られるであろう利率を使用	（図2-10）の貸付金利の図参照	事務運営指針3－8（3）

注1　3を使用する場合、ひも付き関係（親会社が借りたものをそのまま子会社に貸している）である必要はありません。

注2　検討する時には、通貨、貸借時期、貸借期間が同様であるかを確認してください。

注3　親子会社間の取引を例としていますが、関係会社間すべてに同様の考え方を適用しますので、適宜「親子会社の部分」を読み替えてください。

┌─ ●本日のデザート● ──────────────────────┐

　　TNMMを用いる事例については、国税庁が公開している「別冊 移転価格税制の適用に当たっての参考事例集」の事例6（取引単位営業利益法を用いる場合）をご覧ください。

└────────────────────────────────────┘

＊ここからは、2017年の6月に国税庁から発遣されている「移転価格ガイドブック
〜自発的な税務コンプライアンスの維持・向上に向けて〜」の中の「Ⅲ 同時文書
化対応ガイド〜ローカルファイルの作成サンプル」（P292 巻末資料参照）をお手
元に用意しながら読み進めていってください。

Tax Café ⑤

ローカルファイルの作成方法
（当社及びグループの概要）

杏：ローカルファイルの根幹となる移転価格分析について分かったとこ
ろで、いよいよローカルファイルの作成方法について見ていきましょ
う。

新二：ここからは、課税に直接結びつくことになるので、しっかり見て
いかなくちゃ。

杏：まず、ローカルファイルを作成しなければいけない企業の基準（図
1-2、P5 参照）について復習しておきましょう。

新二：ええと、確か「前事業年度に一の国外関連者との間で行った国外
関連取引の合計額が50億円以上、または無形資産取引の合計額が3
億円以上である法人」ですよね。

杏：はい、そのとおりです。ローカルファイルの作成に関しては、ご存
知のように2017年の6月、国税庁から「移転価格ガイドブック〜自
発的な税務コンプライアンスの維持・向上に向けて〜」が発遣されて
います。その中の「Ⅲ 同時文書化対応ガイド〜ローカルファイルの
作成サンプル」（以下「サンプル」といいます。）には、事例が2つ挙
げられ、内容も細かく書いてあるので、それを見ていただくのが一番
早いと思います。

部長：えっ、それだけ？

（図 2-12）

No.	項目	根拠法令
	ローカルファイル（独立企業間価格を算定するために必要と認められる書類）の記載内容	
1	当社及びグループの概要	措規 22 の 10 ⑥一チ
2	国外関連者の概要	措規 22 の 10 ⑥一チ
3	国外関連取引の詳細	措規 22 の 10 ⑥一イ、ニ、ホ、ヘ、リ
4	国外関連取引に係る当社と子会社の機能・及びリスク	措規 22 の 10 ⑥一ロ、ハ
5	当社及び子会社の事業方針等	措規 22 の 10 ⑥一チ
6	市場等に関する分析	措規 22 の 10 ⑥一ト
7	独立企業間価格の設定方法等	措規 22 の 10 ⑥二イ、ロ、ニ、ホ
8	子会社との国外関連取引に密接に関連する取引について	措規 22 の 10 ⑥一ホ、リ

杏：ご安心ください。それだと来ていただいた意味がなくなりますか
　　ら、今日はこのガイドに沿って、それぞれの項目のポイントや注意す
　　る点などを解説していきますね。

部長：ローカルファイルに関しては、具体的にどこまで書けばいいかな
　　ど、モヤモヤする点も多いから、解説してもらえると助かるよ。

杏：では、まずローカルファイルの骨子、つまり何を書けばいいかにつ
　　いて見てみましょう（図 2-12）。

新二：No.が振ってありますが、この順番に書かないといけないというこ
　　とですか？

杏：いいえ、これはガイドで書かれている順番を示しただけのものです
　　ので、必ずしもこの順番で書かなければならないということではあり
　　ません。ただ、この順番で書かれていれば、調査官には、すんなり読
　　んでいただけると思います。

部長：そういうことなら、この順番でやるのがいいかもしれないね。

杏：冒頭にお話ししたとおり、ローカルファイルは BEPS 行動計画 13

に則って日本国内で法整備され、作成が義務化されたもの（措法66
の4⑥）ですが、実はBEPS以前から「独立企業間価格を算定するた
めに必要と認められる書類」として租税特別措置法施行第22条の10
第1項に規定された書類が調査の際に提示または提出を求められてい
ました（旧措規66の4⑥）。

新二：えっ、そうなんですか？

杏：ただ、ローカルファイルとして、以前より細かく整備されたという
　　ことです。

部長：でも、以前にそんなものを要求されたことなんてないような気が
　　するな。

杏：「法令で定められている書類」を出すようにと言われたことはないか
　　もしれませんが、実質的には言われていたのではないかと思います。

部長：えっ、どういうこと？

杏：例えば、調査の際に「国外関連者との取引について分かる資料」を
　　提出するように言われたことはないですか？

新二：もちろん、毎回調査の際に資料の提出を求められています。

杏：それが改正前の法令に定められている「国外関連取引の内容を記載
　　した書類」でもあり、「独立企業間価格を算定するための書類」でも
　　あるんですよ。

部長：そうとは知らずに出していたってことか。

杏：ですから、ローカルファイルは、今まで調査で要求されて初めて作
　　成していたものを、事前にきちんと揃えておくようなものだと思って
　　いただけたらと思います。

部長：今までは調査を受ける際にバタバタと資料を揃えていたから、そ
　　の負担が減るということなんだね。

杏：はい、そういうことになります。では、まずガイドの№1「当社及
　　びグループの概要」についてご説明していきますが、これは簡単に全
　　体的な概要を記載し、その後に地域ごとの概要を書くだけですので、

特に悩まれることはないと思います。ただ、ここでのポイントはガイドの冒頭の文章を見ていただくとわかるとおり、売上規模や従業員数を書いているところです。

新二：えっ、この「2018 年 3 月期における連結グループ売上高は〇〇億円……アジア地域〇人、欧州地域〇人」という部分ですか？

杏：はい、そうです。これは、調査官として、最初に全体的な規模感を把握するために必要としている部分です。ローカルファイルは、日本の調査官が調査の際に見るものですから、調査官から要求される前に、組織図に人数を、取引関係図に取引金額を書き込んでいただくと、調査官のウケはバッチリです。

新二：ということは、ここにある文章を当社用に多少アレンジするだけで、基本的にはこの通りに書いていけばいいということですね。

杏：文章で長々書く必要はありませんので、ガイドに書いてあるくらいの分量で十分です。あとは添付資料 1 から 4 にあるように、資本関係図や会社案内、有価証券報告書、会社の組織図を付けておけば完璧です。

部長：他に何か気をつけるポイントはありますか？

杏：例えば、特殊な製品や一般的に馴染みのないような製品は、会社案内だけでは調査官が理解しづらいかもしれませんので、製品カタログ、あるいは実際に使われている箇所の写真などを付けるのもいいですね。調査官としては、小さな部品だけ見せられても、なかなかしっくりきませんが、実際に自動車の、ここの部分に使われているとか、自動ドアのここを動かしているといった写真やイラストなどが添えられていると、理解も早まって印象も良くなります。

新二：そうしたものは、ローカルファイル用に新しく作った方がいいのでしょうか。

杏：いいえ、手間をかける箇所ではないので、すでに会社内にあるものを最大限に活用するだけで結構です。

部長：ということは、No.2 の国外関連者の概要も同様に考えればいいん

だね。

杏：ガイドを見ていただくと分かるとおり、ここでも規模感（売上や従業員数）についての記載がありますよね。ですから、ガイドどおりのスタンスで書いてあればいいと思います。

新二：分かりました。

ローカルファイルの作成方法
（国外関連取引の詳細）

部長：次はガイドのNo.3「国外関連取引の詳細」だけど、これは少し細かく書く必要があるのかな。

杏：ここは4つのパートに分かれていて、①取引の概要、②契約関係、③取引の内容と価格設定、④取引の損益を書くことになっています（図2-13）。まず①の取引の概要ですが、これはガイドにもあるように、イ、ロ、ハ、ニといったように種類ごとに分けて簡単に文章で書きます。その上で、ガイドの添付資料7（P297, 308）の例示にあるような図を描いてください。

新二：こうした図は、調査の時に描くように言われたことがあります

図2-13

No.3「国外関連取引の詳細」に記載する内容	
	項目
①	国外関連取引の概要
②	各国外関連取引に係る契約関係
③	各国外関連取引の内容と取引価格の設定について
④	各国外関連取引に係る損益

ね。

杏：こんなものがいるのかな……と思われるかもしれませんが、前にも
申し上げたとおりこの図は必ず書くようにして下さい。会社にとって
は、当たり前の取引ですし、馴染みのあるものなので混乱すること
ないと思いますが、初めてこの取引に接する者からすると、これで頭
の中の整理ができます。つまり、誤解されることがなくなりますの
で、調査期間の短縮にも役立ちます。会社と調査官の双方にとってメ
リットのあるものですので、簡単で構いませんから必ず書くようにし
てください。

新二：分かりました。

杏：それから、この図のポイントは、①関連者間取引と非関連者取引を
線の種類などを利用して明確に分けること、②関連会社に色を付ける
などして、登場人物のうち関連者がどれになるかを明確にすることで
す。また国境の線を付けて、国内外の区分もきちんと分かるようにし
てください。

部長：そんな簡単なことがポイントなの？

杏：単純なことのようですが、とても重要です。このような図を作る目
的は、**正確かつ迅速に誤解されることなく取引情報を調査官に伝える**
ということですので、このような工夫は心象がいいだけでなく、後々
の議論の助けとなりますし、あらぬ疑いをかけられることもなくなり
ますので、是非やってみてください。

新二：金額は絶対に入れないといけないのでしょうか。

杏：それは企業側の判断でいいと思います。単純に数字を入れてしまう
と、誤解を生む場合もあるので、それはケース・バイ・ケースで判断
してください。

新二：他に何か注意点はありますか？

杏：細かい取引がたくさんある場合、全部を書き入れようとすると、と
ても複雑な図になってしまうと思います。ですから、主要な取引だけ

に絞る、ある程度まとめるなど、本来の目的である「分かりやすく伝える」ということを念頭に、図の見た目がこの例にあるような程度のものになるようにしてください。記載を省略した情報は、図の下に「○○取引や△△取引については金額僅少のため図には表現していない」と書いておくのもいいかもしれません。

新二：関係会社はたくさんあるので、それごとにこの表は必要なのでしょうか。

杏：いいえ、ある程度パターン化する、ある一定の金額基準以上のものだけ作成するなど工夫して、なるべく手間のかからないように作成していただければ結構です。

 Tax Café ⑦

ローカルファイルの作成方法
（国外関連取引に係る契約関係）

杏：次は 図2-13 の②契約関係について見てみましょう。ここは単純に国外関連者との契約がどんなものがあるかを記載するだけです。

新二：とはいっても、契約書の数なんて山ほどありますし、それを一覧にするのは大変だな。

杏：新たに作る必要はありませんので、社内で何か代わりになるものはありませんか？

新二：法務の方でまとめているものがありましたよね。

部長：それだと何もかも入っているから、そこからいくつか抜粋するだけでいいかもしれないね。

ローカルファイルの作成方法
（国外関連取引の内容と取引価格の設定及び損益）

杏：続いて（図2-13）③の取引の内容と取引価格の設定についてです
　　が、これも関係会社ごとに書く必要はなく、サンプルにあるとおり、
　　取引の種類ごとにまとめて書いてください。

新二：うちの会社は①販社に対する製品の販売、②製造会社に対する技
　　術供与や商標の使用許諾が主な取引で、関係会社との取引はそのどち
　　らかに分類できるので、その2つを書けばいいということですね。

杏：はい。サンプルの例文どおり、どのような取引をしているのか、価
　　格設定はどの契約に基づいてどのように決めているのかを記載してく
　　ださい。契約を結んでいない場合には覚書のようなものでも構いませ
　　ん。実際には取極めのようなものはなく、何となく昔からのやり方を
　　踏襲しているという取引もあるかもしれません。そうした場合には、
　　リスクを最小限にするためにも、金額の大きなものから優先順位をつ
　　けて、この機会に価格設定方針を決めいってください。こうしたリス
　　クに気づくことが、ローカルファイルを作成する最大のメリットです
　　し、コンプライアンスという観点でもとても大切なことですので、頑
　　張ってやってみてくださいね。

新二：分かりました。

部長：サンプルの添付書類だけど、パンフレットやプライスリスト、取
　　引金額の詳細はいいとして、添付書類12（P299）の利益配分状況を
　　示すものというのは、必要なのかな。

杏：はい。調査官が価格の設定が正しいものであるかについて判断する
　　際には、結局この取引に係る利益の取り分はどうなっているのか……
　　という情報が大きく関わってきます。

新二：とはいっても、利益配分割合を見るためには、その取引に係る双方の損益を切り出す必要がありますよね。

杏：少し大変だとは思いますが、これは非常に大切なことですので、ローカルファイルに書かなくても構いませんが、手持ち資料として作成し、機能・リスクに見合った配分になっているかを確認しておくようにしてください。

新二：（図2-13）④取引の損益については、損益が分かるものを揃えるだけでいいですよね。

杏：はい。サンプル添付資料15（P299，310）を参考に用意しておいてください。

❖══════════════ 解　説 ══════════════❖

1.　添付資料などは、どの程度まで用意すべきなのか

　サンプルに関するご質問でよくあるのが、「ここまで詳細に記載し、多くの添付書類を準備しなければならないのか」ということです。サンプルを見て暗澹たる気持ちになられた方もいらっしゃるようですが、このガイドは、あくまでも記載例であり、法令に定められた内容を表現できていれば問題ありませんので、自由にデザインするような気持ちで取り組んでください。順番としては、このようなものが一般的ですし、調査官が見て分かりやすいので、できるだけこの順序で書かれることをお勧めします。

　また、添付資料は、あくまでも例示ですので、何が何でもこれを揃える必要があるということではありません。記載されている内容を調査官に説明する際に、あった方が良いと思われるものを添付資料としていただければ十分です。また、契約書なども、すべて必要なわけではありませんから、主要なものに絞って、記載内容を補足する資料として準備しておいていただけたらと思います。

2. 利益配分割合を見ることの重要性

　移転価格税制では、「子会社の利益率」だけに関心が行きがちですが、実はもうひとつ重要な要素として、利益配分割合というものがあります。子会社の利益率が高く、一見、子会社の利益が大きすぎるように見えたとしても、親会社の利益を見てみると、それなりに高い場合があります。親子会社それぞれが、自分の役割に合った利益をとれているかについては、調査でも確認されると思いますので、事前に利益配分割合を算出し、果たす役割との乖離がないかを必ず確認するようにしてください。

Tax Café ⑨

ローカルファイルの作成方法
（国外関連取引に係る機能及びリスク）

部長：次はいよいよ　図2-12　No. 4 の「当社と子会社の機能及びリスク」についてだね。

新二：いつも思うのですが、リスクはまだしも、機能っていう言葉がしっくりこないんですよね。

杏：これは移転価格税制での独特の言い回しで、要は「どのような役割を果たしているか」ということです。以前にもお話ししましたが、「汗をたくさんかいた者がより多くの利益を享受できる」というのが移転価格の基本ですので、それを「機能」という項目で表現することになります。

部長：ガイドを見ると、機能については、会社ごとに①製造、②調達、③営業及び広告宣伝、④研究開発に分けて記載しているけれど、これを全部書かないといけないのかな？

杏：そうですね。ただ、文章自体をガイドにあるように、長々と書く必

要はありません。ここでのポイントは、サンプル添付資料 17，18（P301，311，312）のような整理表を作ることですね。この表は調査官が会社ごとの機能・リスクを迅速に正しく理解するのに役立ちますので、是非作成してみてください。

新二：でも、子会社ごとに書かないといけないとなると、同じような内容を何回も書くのは面倒ですね。

杏：内容が同じものについては、ひとつの表でまとめてしまって構いませんし、それでも、ちょっと面倒という場合には、 (図2-14) のように機能及びリスクについて、グループ全体をひとつの表にしてみても構いません。

部長：これだったら、すぐにできそうだね。

新二：そう簡単に言わないでくださいよ。やるのはボクなんですから。ちなみにこの表にある〇や△は、どれくらいやっているかという意味ですか？

杏：はい。ひと口に「製造を行っている」といっても、本格的にやっているのか、一部だけをやっているのかなど、いろいろなパターンがあると思いますので、それを◎、〇、△で表現してあります。あくまでアレンジの一例ですので、これに人数を記載する欄を設けたり、項目をもっと減らしたりしても構いません。企業の実情に合わせて作成してみてください。

新二：サンプル添付資料 17，18 のとおり作りたい場合には、Ａ社の機能の横にＢ社、Ｃ社……と横につなげていけばいいんですね。

部長：それから、Ａ社、Ｆ社、Ｈ社が同じ機能であれば、Ａ社の欄にまとめてしまっても構わないよね。

杏：はい、もちろんです。

図 2-14

国外関連取引に係る当社及び子会社の機能リスクに関する整理表（アレンジ例）		当社	A社	B社	C社
R&D	基礎研究	○			
	先行技術開発	○			
	生産技術開発	○			
	製品設計開発	○	○		
	試作設計	○	○	△	
	製品改良	○	○		
製造	製造計画	○			
	設備設計	○			
	製造工程設計	◎	○	△	
	製造工程管理	○			
	製造活動	○			
	品質管理	○			
	梱包・出荷	○			
	製造設備の改良	○			
	原材料部品調達	○			
	調達先の選定	○			
	品質管理	○			
販売	販売・マーケティング活動	◎	○		
	販売戦略・販売計画策定	◎	○		
	顧客からのニーズに係る情報収集	◎	○		
	販売網構築	◎	○	△	
	新規顧客開拓	◎	○		
	広告宣伝	◎	○		
	店舗開発	◎	○		
	市場調査	◎	○		
	価格交渉	◎	○		
	商品企画・開発	◎	○		
	製品保管・在庫管理	◎	○		
	製品の運送	◎	○	○	○
	品質管理	◎	○	○	○
	アフターサービスの状況	◎	○	○	○
リスク	R&D	○			
	製造	○			
	製造物責任　PL	○			
	マーケット	○		△	
	為替	○		△	
	在庫	○		△	
	製品配送	○		△	
	貸倒	○		△	
	製造原価変動リスク	○		△	
	価格変動	○		△	
	代金回収	○		△	

56

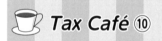

解　説 ■ 機能・リスクの分析方法

　移転価格分析の中で、機能・リスク分析が最も重要であるということは、Tax Café ②及びその解説でご説明しました。ただ、それをどのように記載するべきかということになると、悩ましいものがあると思います。実際に大袈裟に書きすぎて失敗した例などもありますので、事実を書くことは大切ですが、その記載が利益配分と合致しているかということを必ず確認するようにしてください。また、どの程度記載するかについてですが、ガイド添付資料 17（P311）のように表にすれば、長々と文章で書く必要はありませんし、 図 2-14 のような形でまとめても問題ありません。

☕ Tax Café ⑩

ローカルファイルの作成方法
（無形資産の形成への貢献）

部長：次は、無形資産の形成への貢献だね。

新二：基本的に当社グループでは、日本の本社が無形資産を持っているという整理になっているので、そうした状況を文章で書けばいいのでしょうか。

杏：ガイドを見ていただくと分かるとおり、文章ではそんなに長々と書いていないですよね。なぜなら、添付資料 20（P301）にあるとおり有価証券報告書の企業情報、事業の情報、研究開発活動の項目を添付するからです。これでひと通り説明できると思いますし、ここでも整理表がポイントとなってきます。

新二：サンプルの添付資料 21（P301，313）のことですね。

部長：ただ、実際にはもっと複雑だし、こんな簡単に書けないんじゃな

いかな。

新二：この表のように簡潔にまとめてしまっていいのであれば、主要な
　　　部分をこのようなカテゴリーに分けて記載すれば、書けそうな気がし
　　　ます。

杏：ここまでご説明してきたのは、ガイドのサンプル１についてです
　　が、表に関してはサンプル２の方も参考になりますので、そちらも国
　　税庁の HP から見ておいてくださいね。

新二：はい、分かりました。

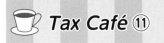

☕ *Tax Café* ⑪

ローカルファイルの作成方法
（事業方針等及び市場分析）

部長：　図2-12 №５の当社及び A 社の事業方針等についてだけど、こ
　　　れについては、悩まなくていいような気がするね。だって、社内会議
　　　資料や議事録が添付資料となっているんだから、そこから抜粋して記
　　　載すればいいだけだよね。

杏：はい、おっしゃるとおりです。なるべく手間はかけずに、今あるも
　　のを最大限に活用して対処するようにしてくださいね。

新二：はい、分かりました。

部長：次の№６の市場等に関する分析も同様にすればいいよね。

杏：はい。まず（１）の A 国の経済情勢の概況については、 A 社が所在
　　する A 国の市場分析について記載するのですが、こうした資料は事業
　　部で作成していることも多いので、新たに作成するというよりは、事
　　業部から集めてみるといいかもしれませんね。

新二：サンプルの添付資料 23（P303）には「市場分析レポート（○出
　　　版）」とありますが、一般に入手できるような市場レポート等でもい

58

いのですね。

部長：ただ、市場レポートだと、かなりの分量になるんじゃないかと思うけど、実際にはどの程度詳しく書けばいいのかな。

杏：それは、書く目的をはっきりさせれば見えてくると思いますよ。例えば世界全体の自動車産業の業績が上向いている中で、Ａ国の自動車製造販売子会社の業績が悪化しているとします。その原因はいろいろなことが考えられると思いますが、そのひとつがＡ国固有の事象だったとします。大規模な洪水があった、暴動があったなどです。そうした場合に、ここの市場分析の項で、その影響がＡ国の業界全体に影響を及ぼしているなどの説明があると、子会社の業績悪化の説明の一助となります。ですからここも簡単に書けばいいだろうと漫然と書くのではなく、きちんと自社の業績を裏付けるものになっているかの確認をすることが重要です。

新二：はい、分かりました。

杏：それから、この項ではその他の分析として子会社が適用している優遇税制や減免などについても必要があれば記載してください。

部長：必要がある場合とはどんなケースが考えられるんだろう。

杏：たとえば、調査官が子会社の損益をずらっと並べて利益配分やバランスを見た場合に、優遇税制の適用が損益に影響を与えている場合、そこだけ歪んで見えてあらぬ誤解を受けることがあります。そうした事態にならないように、必要があると思われる場合には、優遇税制について記載しておく方がいいかもしれません。

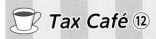

Tax Café ⑫

ローカルファイルの作成方法
（独立企業間価格の算定方法等）

部長：いよいよ最後の項目である独立企業間価格（ALP）の算定方法
だね。

新二：ALP の算定については、第 1 章で教えていただいたところです
が、このガイドに沿って改めて教えていただけませんか？

杏：はい、もちろんです。まず、ガイドにおける ALP 算定の前提条件
を確認しておきたいのですが、ここでは海外子会社が日本本社より単
純な機能とリスクを有していることから、検証対象法人を子会社、
ALP 算定方法を TNMM としています。その前提条件に基づいて、
比較対象取引を行う企業を選定し、それらの企業の売上高営業利益率
を求めて子会社の損益の指標とするという作業を行っています。簡単
に全体像を表にまとめるとこのようになります（図 2-15）。

部長：ここの No.3 は、新二君がいつもやっていることだよね。

新二：そうですね。細かいことは特に気にせず、とにかく子会社と似た
ような企業（比較対象企業：以下、「コンパラ」といいます。）をデー
タベースから選定し、エクセルの Quartile 関数を使用して四分位の
上限値、下限値、中位値を求め、その幅に子会社の利益が入っている
か検証するという作業をしています。

部長：だったら、もうここはいいんじゃないかな。

新二：ただ、見様見真似でやっているだけで、ひとつひとつの意味を理
解しているわけではありませんので、自信は全くありませんよ。

部長：確かに、ガイドブックをよく見ると、平均値とか、準ずる方法、
同等の方法など、あまり気にしていなかった用語もたくさん出てくる
し、一度きちんと見ておく必要があるかもしれないね。

（図 2-15）

No.	項目	ガイド 7 （1）独立企業間価格の算定方法	
			内容の説明
1	選定された独立企業間価格の算定方法	取引単位営業利益法に準ずる方法と同等の方法	取引単位営業利益法は、Transactional Net Margin Method: **TNMM** のこと。準ずる方法：図 17 で説明　　同等の方法：棚卸取引以外の方法
		検証対象	どの損益を使用して検証するのか（①全社損益、②棚卸取引だけの損益、③それに付随する役務提供取引なども含めた損益）を決める。また、ガイドブックの例では、A 社の製造販売取引に係る損益から B 社に対する販売取引を除外している。これは B 社に対する販売取引ついては製造販売取引と機能・リスクが違うため、一緒に検証できないことと、すでにこれについては当局から事前確認を受けているため。
		検証する利益指標	多く使用されているのは、**売上高営業利益率** 製造販売会社検証の場合には、**総費用営業利益率**、仲介業者や単純な役務提供業者を検証する場合には**営業費用売上総利益率**が使用される。
2	1 が最も適切である理由	検証対象を決めた理由	○○取引と XX 取引は「**一体として行われている**」のであれば、**一の取引として**、まとめて検証することができる。
		独立企業間価格の算定方法	算定方法は、最適のものを選ぶ必要があるため、「○○法については…適用していない、XX 法については適用していない、したがって、1 の方法が最も適切であると判断している」という記載の仕方になっている。**TNMM に関する記載のポイント**は、「子会社は親会社より単純な機能を有しているので、単純な機能の子会社を検証対象として TNMM を採用することが適切」という部分。
3	選定された独立企業間価格の算定方法を当該国外関連取引に適用した算定結果		比較対象取引を行う企業をデータから抽出し、**売上高営業利益率のレンジ**（例ではフルレンジ）を記載する。差異調整については、子会社と比較対象取引の機能などに違いがあり、**営業利益率**に影響を及ぼすような場合には行う。

杏：実際は、それほど気にすることはないのですが、知らないままだと、何かあった時に慌ててしてしまうと思いますから、移転価格の検討の際に出てくる用語について、簡単ですがご説明しましょうか。

新二：では最初に、ボクが気になる用語を書き出しますので、それに解説をつけていただけませんか（図2-16）。

部長：ほう、いろいろあるね。確かにあまり深く考えたことのない項目だな。

杏：まずは、№1 の「準ずる方法」についてですが、先ほど CUP 法のところで「基本三法に準ずる方法とは、基本三法の考え方から乖離しない合理的な類似の算定方法のこと」だとご説明しましたが、TNMM に関しても準ずる方法というのがあります。ただ、言葉だけだと分かりにくいため、単純化した簡単な図を描いてみましたので（図2-17）をご覧ください。

新二：この図の意味は、コンパラとして子会社と同じような企業を選び、その売上高営業利益率が 10％だった。それを子会社に適用してみると、子会社の第三者に対する売上が 200 だから営業利益は 20 にならないといけない。ということは、製造原価と販売管理費を差し引きすると親会社からの仕入価格は 70 になるべきだということですね。

杏：はい、そうです。

新二：あれっ、ボクは通常、子会社の利益率がコンパラの利益率の幅に入っているか検証し、外れている子会社については、取引価格を見直すように現場にお願いしていますが、それと一緒のような気がしますが。

杏：そうですね。この絵を見て、なーんだと思ったかもしれませんが、これが準ずる方法の一例です。ですので、準ずる方法と聞いて焦る必要はないという意味で、例を挙げさせていただきました。

【図 2-16】

No.	項目	解説	参考法令等
1	（TNMMを適用する場合の）準ずる方法の例	【図 2-17】参照 ＊CUP法に準ずる方法（図 2-10）参照	措通66の4(6)-1
2	TNMMを適用する場合の同等の方法の例	棚卸資産の売買以外の取引に適用する場合（資産・金銭貸借、役務提供、無形資産の使用許諾・譲渡など）	措通66の4(8)-1
3	フルレンジ・四分位＊	原則はフルレンジ。しかし、多くの場合には幅が広すぎて（－20％～30％など）、「なんでもあり」の状況になる場合があるので、そうした場合には比較可能性が十分とは言えなくなるので、外れ値などを排除する四分位を活用することになる	事務運営指針4-6 事例集【事例1】解説5 OECD移転価格ガイドライン　パラ3.57
4	平均値・中央値・加重平均	合理的であればどれでもOK	OECD移転価格ガイドライン　パラ3.62
		ただ、調査の際には、平均値等を基礎として検討する	事務運営指針3-2(2)
		原則としては平均値だが、中央値など他に合理的な値が認められる場合にはこれを用いる	事務運営指針4-5
5	差異調整	差異の調整は独立企業間価格を算定する上で、その差が価格に影響を及ぼすことが客観的に明らかな場合に行う。売掛金、買掛金、棚卸調整などが挙げられる	事務運営指針4-4 事例集【事例9】
		自社の貿易条件がFOB、コンパラはCIFだった場合などに、コンパラの取引価格に運賃や保険料相当額を加減算する方法	事務運営指針4-4(1)
		対象取引とコンパラの取引に機能・リスクの差異がある場合、その取引に関する費用の額が測定できるのであれば、その売上に対する率などを用いて調整を行う	事務運営指針4-4(2)
		その他【図 2-18】参照	―
6	個別取引・包括取引 密接に関連する取引	個々の取引が結びついており、それだけ取り出して検討するのが難しい場合には包括取引として同様のコンパラを探す 例：①商品の販売、無形資産の供与が密接に結びついているケース ②単一の製品では評価できないケース（コーヒーマシンと詰め替え用コーヒー、プリンター本体とインクなど）	OECD移転価格ガイドライン　パラ3.9、3.10

＊　四分位とは、比較対象とした企業の利益率を高い順に4つに区分し、上位の1/4と下位の1/4を除外した残りの2/4と3/4の値の幅のことをいう。

図 2-17

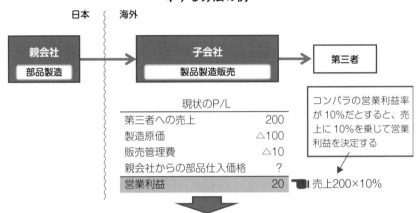

準ずる方法の例

したがって、親会社からの部品仕入価格は70

新二：分かりました。

部長：№2の同等の方法は、簡単だね。棚卸取引以外の取引ってことだから、例えばガイドにあるように、棚卸と役務の提供が組み合わさった取引も同等の方法ということになるんだよね。

杏：はい、そうです。

部長：№3のフルレンジか四分位かということだけど、これはどういう意味なのかな？

杏：四分位法によるレンジとは、総データの第1四分位（下から25%）と第3四分位（上から25%）からなる幅のことをいいます。

新二：ボクは、普段何も考えずに Excel で四分位を出していますが、原則はフルレンジということなんですか？

杏：はい。ただ、コンパラを選ぶ作業は、とにかく比較可能性を高めることが最も重要ですから、あまりに幅が大きい場合には四分位を使用して、外れ値を持つコンパラを除外するなどして幅を狭めることが大切です。

部長：ということは、選定した10社の利益率の幅がフルレンジで3％から7％だった場合には、幅が4％だから、わざわざ四分位をしなくてもいいということなんだね。

新二：でも、解説にあるように、幅がマイナス20％からプラス30％となってしまった場合には、幅が50％と何でもありの状態だから、フルレンジを使ったら当局に怒られちゃうということですね。

杏：そうですね。

新二：次の№4の平均値か中央値か……という項目も、中位値しかないと思っていたのでビックリしました。

杏：ここにあるように、基本は平均値ですが、各コンパラの数年分の利益率の平均を出すときには加重平均を使ったり、四分位を使う場合には中位値を使用したりします。

部長：まあ、たいした話じゃないけど、知っておくのは大切だね。

杏：次の差異調整についてですが、検証したい会社とコンパラとに差がある時には、調整をしましょうということです。

新二：その目的は何ですか？

杏：コンパラを選定する時に大切なことは……。

部長：比較可能性を高めること！

杏：そうです。ですから、比較をする際に差異があれば、調整をした方が、より比較可能性が高まるんです。

新二：差異があるというのは、どういうことですか？

杏：具体的にいえば、運転資本といわれる売掛金、買掛金、棚卸資産が一般的です。といっても、分かりづらいと思いますので、その考え方を表にしてみますね（図2-18）。

図2-18

運転資本調整の基本的な考え方	
考え方のベースは「金銭は時間的価値を有している。」ということ	
売掛金	たとえば売掛金に関して60日以内の支払という取引条件にしている場合、本来その売掛金は即時払いに60日分の利息を上乗せした価値がある。価格にはこうした取引条件が反映されているはずで、最終的には利益率にも影響を及ぼしているはず。
買掛金	売掛金と逆で、支払い猶予の長い取引条件の買掛金を多く有する企業は、それだけ便益を受けている。この便益は利益率にも影響を及ぼしているはず。
棚卸資産	棚卸資産の水準が高い企業は、仕入に係る資金調達のために多くの借り入れをしなければならないなどのリスクが大きいため、棚卸資産を多く保有することは利益率にも影響しているはず。

部長：なるほどねー。まあ、言われれば確かにそうなんだけど、じゃあ、どうしたらいいかっていうと、さっぱり分からないよ。

杏：では、具体的な計算方法を、簡単な例でご説明しますね（図2-19）。

図2-19

運転資本調整の計算方法		
売掛金（R）、棚卸資産（I）、買掛金（P）とすると、		
① 自社の運転資本の水準を求める	25.6%	＝（R＋I－P）／売上
② 比較対象法人の水準を求める	19.9%	＝（R＋I－P）／売上
③ 両者の差を求める	5.7%	＝①－②
利子率が4.8%だとすると、		
④ 調整額	0.27%	＝③×4.8%
比較対象企業の利益率が1.32%とすると		
⑤ 比較対象企業の調整後の利益率	1.59%	＝1.32%＋④

新二：えっー、こんなことをしないといけないのですか？　無理です、絶対。

部長：本当にこんなことをしないといけないのかな。以前に社外に分析を依頼した時には、している時もあれば、していない時もあったよ。

杏：ここに書いている理屈で考えれば、当然運転資本調整をした方が比較可能性が高まります。ただ、どれくらいのインパクトがあるか、手間はどれくらいかを考えて判断する必要があります。

部長：要はコスパを考えて決めろということだね。

杏：特殊な業界などは、必要になることもあるのですが、部長さんの会社では特に必要はないと思います。ただ、こうした考えがあることを知っておくことは大切だと思いますので、ご紹介させていただきました。

新二：（図2-16）№6の個別取引か包括取引かというところですが、これは検証する場合に、切り離せない取引があった場合には、それをまとめてひとつ取引として検証の対象とする……ということですよね。

杏：はい、そのとおりです。（図2-16）に詳しく記載していますので、ガイドブックと照らし合わせながら、確認しておいてください。

 Tax Café ⑬

ローカルファイルの作成方法
（海外子会社が作成した LF を使用する場合）

新二：ところで、A 国では、当社の現地子会社がローカルファイルを作っているので、それを活用して日本の LF とするということはできるのでしょうか。

杏：はい、もちろんです。日本のマスターファイルとの整合性がきちんととれたものであることが大前提ですが、せっかく各国で作成しているのですから、それを活用した方が効率的ですよね。

新二：そのあたりは、企業の判断でいいということですね。

杏：はい、そうです。ただ、注意していただきたい点がありますので、

よくある例を用いてご説明しますね。

新二：はい、お願いします。

杏：極端な例ですが、実際にあったケースをご紹介します。海外子会社の営業利益率が例年20％前後である海外子会社があったのですが、現地で作成したローカルファイルにおける独立企業間価格の営業利益率のレンジが2〜5％となっていたケースです（図2-20）。現地では独立企業間価格よりはるかに大きな利益を出しているのでハッピーですし、当局から指摘されるようなことはなく、日本の親会社がそのローカルファイルを見ることもなかったので、現在までそのまま来てしまっていました。ところが、日本での法制化を機に現地のローカルファイルを集めて日本で使おうとしたところ、とても使い物にならないことが判明しました。というのも、企業自らが「子会社の利益率は2〜5％が正しい」と言っていることになるので、それを調査で見せたら、「では現地の20％の利益は多すぎるということだね。つまり、海外に利益を少なくとも15％分移転しすぎているということになるな。」と言われて、移転価格としてこの15％分を課税されてしまうからです。

部長：それは大変なことになってしまうね。

杏：実際に現地のローカルファイルが正しくて、現地に利益を付け過ぎてしまっているのかもしれませんし、そのあたりは精査する必要があ

（図2-20）

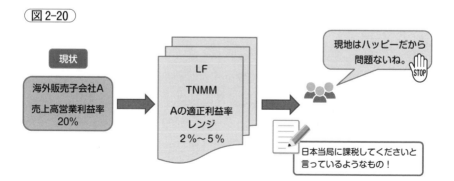

りますが、得てして現地に都合のいいように作られていることが多い印象です。

新二：当社も集めて調べてみる必要がありそうですね。

杏：また、別の例としては、海外子会社の利益率が5％で、ローカルファイルに記載されている利益率レンジが1.5％〜25％だったケースです（図2-21）。

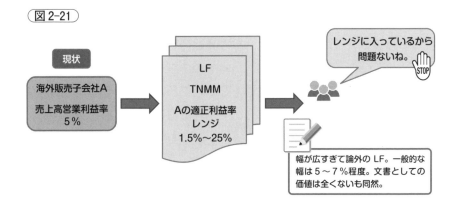

（図 2-21）

部長：これは先ほど杏さんが言っていたように、レンジの中に入っているからOKなのではなく、幅が広すぎるということを言いたいんだね。

杏：はい、そのとおりです！

新二：これでは、本当に何でもありになってしまいますものね。

杏：日本企業は、今までは、どちらかというと現地任せにしていたところがありますし、子会社すべてのローカルファイルを精査している企業も少ないと思います。それだけに、このBEPSの流れにのって、各地のローカルファイルを集めて中身を検討してみたら、「これはおかしいぞ」ということが多々出てきてしまっているようです。

新二：うーん、確かにそうですね。いくつかの子会社については、きちんと中身を見ていますが、他は現地で作らせて保管しているだけというのが実情です。

部長：子会社任せというと子会社を信頼しているようで聞こえはいいけ
　　　れど、実際は子会社の分まで見る余裕がなかったんだよね。だって、
　　　新二君が配属されるまでは、私一人でやっていたんだからね。まし
　　　て、買収した子会社なんて、頼んでも見せてくれないしね。

杏：BEPS を契機に子会社のことをしっかり掌握して、本来の本社のあ
　　　るべき姿に持っていくことができますので、大変なことも多いです
　　　が、頑張っていきましょう。

新二：はい、頑張ります！

2-2.　あなたのローカルファイル、大丈夫ですか？

　今まで見てきたように、ローカルファイルを作成していたとしても、
中身に誤りがある事例が散見されます。お手元のローカルファイルが正
しいもの（調査に耐えうるもの）であるかについては、今までの項目を
参考にチェックしてみてください。

＊ここからは、そうした誤りの事例を、国税庁が発遣している移転価格ガイドブック
　「Ⅱ 移転価格税制の適用におけるポイント～移転価格税制の実務において検討
　等を行う項目～」を基にご紹介していきたいと思いますので、「意味のあるロー
　カルファイル」を作成する際の参考として下さい。

Tax Café ⑭

ローカルファイルの誤り事例
（みなし国外関連取引：第三者を経由する取引）

新二：部長、そんなに焦ってどうしたんですか？

部長：実は昨日、他の企業と情報交換をしたんだけど、その時に、「ロー
　　　カルファイルの中身に誤りがあって課税されてしまった。」なんてい

う企業がいたんだよ。

新二：どのような誤りだったのですか？

部長：詳しいことは教えてくれなかったんだけど、調査の際に胸を張って提出したら、調査官に誤りを指摘されて、うまく説明できないまま、課税されてしまったというんだよ。

新二：えっ、それは一大事じゃないですか。当社のローカルファイルは、以前杏さんに説明を受けて作成したものの、結局まだ見直しはしてないので心配になってきました。

部長：そもそも、ローカルファイルを作ったということだけに満足して、中身の精査なんて考えていなかったよ。

新二：書庫に入れたまま、ここ１年くらい、見ていないような気がしますし。

部長：考えただけで、胸が苦しくなっちゃうよ。

新二：では、すぐ杏さんに相談してみましょうよ。

・・

杏：なるほど、そういうことですか。

部長：本当だったら、当社のローカルファイルを杏さんに見てもらえたらいいんだけど、そうもいかないから、一般的によくある誤りなどについて教えてもらえると助かるよ。

杏：分かりました。私もたくさんのローカルファイルを見てきましたので、そうした事例をご紹介しながら、ローカルファイルの見直しポイントをご説明しますね。

新二：はい、よろしくお願いします。

杏：では、まずひとつ目の事例ですが、こちらの取引関係図 図2-22 をご覧ください。

図 2-22

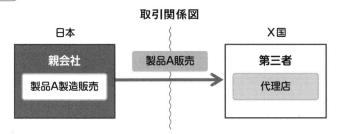

部長：あれっ、これは日本の親会社が製品 A を製造して、海外の代理店に販売しているだけだよね。

新二：代理店は第三者ということですから、移転価格として検討することはないように思いますが。

杏：はい、そうです。では次に、事実関係と、調査の過程で判明したことをまとめましたので、　図 2-23　をご覧ください。

図 2-23

事実関係	
1	親会社は製品 A を x 国の第三者に販売している
2	第三者は X 国の輸入総代理店である
3	「当該取引は第三者への販売であるから移転価格上の問題はない」として移転価格の観点からの検討はしていない
調査で判明したこと	
1	当該取引に係る契約関係書類から、「親会社が X 国の輸入代理店へ販売する製品 A については、輸入総代理店から親会社の現地子会社へ販売されることがあらかじめ定められている」旨の記載があることが判明した。
2	親会社の帳簿書類等から、製品 A の価格設定には、輸入代理店が一切関与しておらず、親会社と子会社の間で決定していることが判明した。

新二：事実関係については問題ないとして、調査で判明したことのNo. 1は、調査で契約関係を調べてみたら、海外の代理店から子会社へ販売することが最初から決まっていたということですか？

杏：はい、そうです。

部長：つまり、親子会社の間に第三者が入っているけれど、結局は子会社に製品が行っていたということか。

新二：それから、№2を見ると、取引価格が代理店との交渉ではなく、親子会社の間で決められていたということですね。

杏：そのとおりです。ここで、これらの事実を加味した取引関係図を改めて書いてみましたので、（図2-24）をご覧ください。

（図2-24）

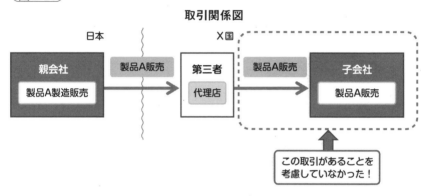

部長：こう見ると、随分簡単な話だけど、これに何か問題があるの？

新二：あっ、分かりました！　つまり、間に第三者が入っているものの、実際には親子会社間の取引と変わらないから、移転価格の検討が必要だということですよね。

杏：はい、そのとおりです！

部長：でも親会社との取引の相手先はあくまで第三者でしょ。それなのに移転価格の検討をしないといけないなんて、おかしいよ。

杏：実はこうした取引は「みなし国外関連取引」といって、移転価格の対象として検討が必要となるんです。

部長：そんなの聞いたことがないけどね。

杏：きちんと法令に定められていますので、それも見ておきましょうか（図2-25）。

図 2-25

「みなし国外関連取引」に該当するケースとは……	
1　親会社と非関連者の間の取引の対象となる資産が、子会社に販売、譲渡、貸付などの方法で移転（提供）されることが、当該取引を行った時点で契約その他によりあらかじめ定まっている場合で、かつ、対価の額が親子会社の間で実質的に決定されていると認められる場合	措令 39 の 12 ⑨
2　子会社と非関連者の間の取引の対象となる資産が、親会社に販売、譲渡、貸付などの方法で移転（提供）されることが、当該取引を行った時点で契約その他によりあらかじめ定まっている場合で、かつ、対価の額が親子会社の間で実質的に決定されていると認められる場合	

新二：こんな規定があるなんて、初めて知りました。

杏：今回のケースのように、第三者に売るとしても、最終的に子会社に製品が行くことが決まっていて、かつ、親会社と子会社で値決めをしているのであれば、みなし国外関連取引に該当するということです。

部長：No. 1 と No. 2 の違いは何なの？

新二：No. 1 が今回のケースで、No. 2 は、その反対、つまり子会社から第三者を通して親会社に来る場合ということですよね。どちらにしても、第三者が間に入ったからといって、親子会社間の取引と変わらないのであれば、移転価格の検討が必要なのですね。

杏：どうしても目の前の相手、つまり親会社が取引している相手先だけを見て、移転価格の検討の有無を判定してしまいがちですが、その先についても検討が必要ですので、注意してくださいね。

新二：はい、分かりました。

杏：それから、取引が関係会社間で連鎖している場合も注意が必要ですので、それも忘れないでくださいね。

部長：それはどういうことなの？

杏：例えば親会社→海外子会社→海外孫会社→第三者といった商流になっている場合、親会社と海外子会社との間の移転価格の検討しかし

ていないケースです。

新二：こうした場合には、親子会社間の取引を検討する以外に何をしたらいいのでしょうか。

杏：これはケース・バイ・ケースになってしまうので一概にいえませんが、グループ間でグルグル回って最終的に第三者に出る時が、独立企業間価格になりますので、そこに至るまでの全てに関して検討が必要になるということです。

部長：きちんと商流図を見て、そうしたものがないかチェックしないとダメだなということなんだね。

┌ ●本日のデザート● ----------------------------

　ここでは国税庁（移転価格ガイドブック）「Ⅱ移転価格税制の適用におけるポイント」のケース１みなし国外関連取引（第三者を経由する取引）を基に解説しました。実際に今回のような取引について移転価格の検討をしていないケースもありましたので、取引の先まで気を配るようにしてください。

└ --

 ***Tax Café ⑮***

ローカルファイルの誤り事例
（ロイヤルティ料率）

杏：次はロイヤルティ料率に関する間違い事例についてお話ししたいと思いますので、まずは、こちらの取引図（図2-26）をご覧ください。

新二：これは、Ｘ国の子会社に部品ａの製造ノウハウを、第三者のＴ社に部品ｂの製造ノウハウをそれぞれ使用許諾しているというものですね。

部長：取引は単純だね。

図2-26

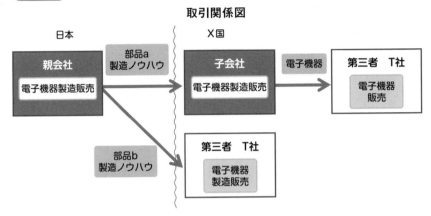

杏：次に、この取引の中にある、子会社から徴収するロイヤルティの料率を考えてみたいと思いますので、こちらの事実関係（図2-27）をご覧ください。

図2-27

	事実関係
1	親会社は子会社に対して部品aに係る製造ノウハウを使用許諾している
2	親会社はX国の第三者T社に部品bに係る製造ノウハウを使用許諾している
3	親会社はT社に供与している製造ノウハウと子会社に使用許諾している製造ノウハウは、共に部品に関する製造ノウハウであるため、同等のものと考えている
4	したがって、子会社から徴収するロイヤルティ料率はT社からのロイヤルティ料率と同率にしている

部長：No.1とNo.2は取引図のとおりだね。

新二：No.3を見ると、使用許諾している製造ノウハウは、子会社に対するものも、第三者に対するものも、共に部品に関する製造ノウハウだから、価値は同じだと判断しているんですね。

部長：だから№4にあるように、子会社から徴収するロイヤルティの料率はT社から徴収しているロイヤルティと同率にしているということか。

新二：ええと、こうしたやり方は、何と言うんでしたっけ？

部長：独立価格比準法、つまりCUP法だよ。

杏：棚卸の取引ではありませんから、厳密には独立価格比準法と同等の方法（CUT法：Comparable Uncontrolled Transaction法）となります。

部長：まあ、そんな細かいことはいいとして、せっかく同じような取引があるんだから、それと同じ料率を使えば問題ないんじゃないかな。

杏：確かにそうですね。ただ、その「同じような取引」というのが、問題なんです。

部長：それはどういうことなの？

杏：具体例でご説明した方が分かりやすいと思いますので、否認されてしまった事例をご紹介しますね。

部長：そこはしっかり聞いておかなくちゃ。

杏：調査の経緯については、 (図2-28) にまとめてみましたので、そちらをご覧ください。

新二：調査では、いつも契約書をお見せしていますが、このケースでは、研究開発工程表まで確認されたんですね。

部長：当社もロイヤルティの調査をされた時には、もっといろいろと見られたはずだよ。

新二：確かにそうでしたね。

部長：このケースでは結局、部品aに係る製造ノウハウはかなり重要なものである一方、第三者のT社に使用許諾していたものは、汎用品に係るものだし、たいした技術ではないと言われてしまったんだね。

新二：つまり、同様だと思っていた製造ノウハウが、実は価値が全然

（図 2-28）

調査で確認された書類
1　Ｔ社と締結した技術供与契約書
2　親会社に保存されている電子機器の研究開発工程表

調査で上記書類から判明したこと
1　部品 a に係る製造ノウハウは電子機器を製造する上で基盤となる重要なものである
2　Ｔ社に供与している部品 b に係る製造ノウハウは汎用品に係るものである
3　したがって、これら二つのノウハウには同種性はない
4　また、子会社との契約と T 社との契約では、契約当事者双方の負担するリスクにも差異がある

違ったということですね。

部長：研究開発工程表が端緒になったのかなあ。

新二：また、契約書からは、当事者双方の負担するリスクに差異があることも明らかになったんですね。

部長：ということは、双方の製造ノウハウの価値が違うのに、ロイヤルティ料率が同じなのはおかしいと指摘されたということだね、きっと。

杏：はい、そのとおりです。

新二：それで結局、どうなったのですか？

杏：子会社から徴収するロイヤルティについて料率を見直され、差額を否認されてしまったそうです。

部長：でも、第三者に同じような部品の使用許諾をしていたら、問題ないと思ってしまいそうだな。

新二：確かにそうですよね。会社の担当者としては、どういった点に注意しておけば良かったのでしょうか。

杏：では、注意が必要な点について 3 か条にまとめてみましたので、（図 2-29）をご覧ください。

図 2-29

第三者取引を参考にしてロイヤルティ料率を決定する際に必ず検討すべきこと	
1	対象となるノウハウや契約条件等が同じか
2	差異が存在する場合は、その差異がどの程度価格に影響を与えるのか
3	影響を与える場合、合理的な調整が可能なのか

新二：まずは、契約書などを良く見て契約条件などが同じであるか検討し、異なる点があったら、大きく違うのか、たいした違いではないのかを検討する必要があるということですね。

杏：はい、そうです。

新二：そして、大きな違いがあったら、ロイヤルティ料率に影響が出るものなのか、また、調整できるものなのかについても検討が必要だということですね。

部長：口で言うのは簡単だけど、差異がどの程度価格に影響するかなんて、私にはさっぱり分からないよ。

新二：確かに、ボクにも想像がつきません。

杏：ここで私が一番言いたいのは、このような難しい検討が必要となってしまうので、安易に独立価格比準法を使うのは考えものだということです。

部長：そういえば、以前に独立価格比準法を教えてもらった時に、サラッとだけど、いろいろと検討しなくてはいけない項目があるような話だったよね。

杏：すごい！ 思い出してくださったんですね。では、改めてその条件（措通 66 の 4(3)-3 比較対象取引の選定に当たって検討すべき諸要素等）を見てみましょう（図 2-30）。

新二：今回の場合に当てはめると、使用許諾した製造ノウハウの内容が違うというのは、№ 1 の役務の提供の内容が違うということですね。

図2-30

比較可能性があるかどうかを検討するための5つの要素
1	棚卸資産の種類、役務の提供の内容
2	売手又は買手の果たす機能
3	契約条件
4	市場の状況
5	売手又は買手の事業戦略

部長：そして、双方の負っているリスクが違うということは、№2の売手又は買手の果たす機能が違うということになるのかな。

杏：はい、そのとおりです。

部長：この5つのうち、ひとつでも違ったらこの手法は適用できないのかな。

杏：はい。独立価格比準法は、同種性が厳格に求められますので、調査でも否認しやすい手法になります。

新二：そうか。まるっきり同じだなんて、なかなかないですから、難癖をつけようと思えばいくらでもつけられるということなんですよね。

部長：うーん、ということは、この手法を使用する時には、余程注意して使用しないといけないということなんだね。

杏：はい。ただ、この手法を絶対に使用してはダメだということではなく、同種性が認められれば使用していただいて構わないと思います。その場合には、他の手段でこれを補強しておくのをお勧めします。

部長：補強というと？

杏：ケース・バイ・ケースになってしまいますが、例えば、TNMMなど他の手法を使うということも考えられると思います。そうした複数の手法で補強しておけば、どの角度から見ても正しいということになりますので、納得感が増しますよね。

部長：なるほど、そういうことか。

新二：とにかく、ロイヤルティ取引がある時には、安易に独立価格比準
　　　法だけを使用しないようにします。

┌─ ●本日のデザート● ─────────────────────────┐
　　今回は国税庁の「移転価格税制の適用におけるポイント」のケース2
　価格設定を基に解説しました。今回のケースのように CUP 法や CUT 法
　を使用している場合には、 (図2-30) にあるような検討すべき項目に基
　づいて見直しを行ってみてください。
└────────────────────────────────────┘

Tax Café ⑯

ローカルファイルの誤り事例
（機能・リスク分析）

杏：次は、機能リスク分析に係る誤り事例についてご説明しますので、
　　まずは、こちらの取引図 (図2-31) をご覧ください。

部長：たまには私が事実関係をまとめてみるよ（図2-32）。

新二：これはよくある事例ですよね。

部長：そうだね。電子機器を製造販売する親会社が、自分で研究開発を
　　　行って独自の技術や製造ノウハウを日本で蓄積してきたんだよね。そ
　　　して、海外に子会社を設立して、その子会社にも同様の電子機器の製
　　　造販売をさせることにしたということか。

新二：また子会社は、親会社から製造に必要な技術等を使用許諾しても
　　　らうと共に、部品aも親会社から購入しているようですね。

部長：ということは、子会社は、かなり親会社に手助けしてもらってい
　　　るってことかな。

図 2-31

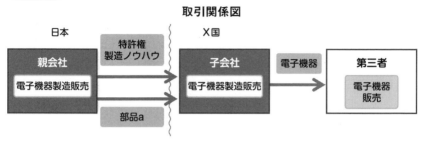

取引関係図

図 2-32

事実関係	
1	親会社、子会社はともに電子機器の製造販売を行っている
2	電子機器は、親会社の研究開発活動の成果である独自技術・製造ノウハウを用いて製造されたものである。
3	親会社は子会社に対して電子機器の部品 a を販売している
4	親会社は子会社に電子機器の製造に必要な特許権及び製造ノウハウの使用許諾を行っている
5	子会社は部品を組み立てて電子機器の製造を行い第三者に販売している

杏：はい、事実関係については、お二人がおっしゃったとおりです。次に、子会社の機能について、会社としてどう考えているかを見てみましょう（図 2-33）。

部長：子会社にはちゃんと生産計画を策定する部署や品質管理を行う部署があるんだね。

新二：ということは、親会社に頼らず自身でやっているということだから、機能が高いということを言いたいのではないでしょうか。

杏：はい、そうです。ところが、調査によってそれが翻されてしまったという事例になります。

部長：それが、その下に書いてあることだね。

新二：まず、調査官は子会社が保有する生産計画書を見ると共に、親会社の技術開発の担当者にインタビューしたんですね。

図 2-33

親会社が考える子会社の機能
1　子会社には生産計画を策定する部署や品質管理を行う部署がある。
2　子会社は自ら生産計画を策定し、品質管理も行っている。
3　したがって、通常の製造販売会社よりも高い機能を持っている。

調査官が確認した書類
子会社が保有する生産計画書

調査官のインタビュー先
親会社の技術開発部

調査で判明したこと	
1　親会社は需給予測に基づき数量情報を作成している。	生産計画書から判明
2　子会社は、親会社の作成した数量情報に基づき生産計画を策定している。	生産計画書から判明
3　親会社が子会社へ技術者を派遣し、機械設定、特殊加工の品質管理・技術支援及び製造ノウハウを提供していることが判明	インタビューで判明

親会社が考える子会社の機能
子会社の行う生産計画は、親会社の作成した数量情報を基に策定されたものであり、子会社に高い機能があるとは言えない

部長：親会社の調査なのに、子会社の持っている生産計画書まで確認されるなんて、たまらないな。

杏：それは仕方がないですね。やはり、真の姿を確認するためには、そうした書類を見る必要が出てくる場合もありますから。

部長：それで結局、子会社が「生産計画等は自分でやっている」と言っているけれど、そのベースとなった数値はすべて親会社が作ったもの

だから、子会社は、そんなにたいしたことをしていないじゃないか
と、調査官から言われてしまったわけだね。

杏：はい、そのとおりです。実際にはこんなに単純な話ではありません
が、このケースにおいて大切なことは、生産計画を立てる上で、何に
一番手間がかかるかということです。

新二：それが数量情報ということですか？

杏：はい、そうです。ですから、手間のかかるものを親会社がやってい
るのであれば、やはり子会社は高い機能を有しているとは言えないと
いう結論になったのだと思います。

部長：それから、調査で判明したことの№3を見ると、親会社は子会社
へ人を派遣して、技術支援や製造ノウハウを伝えているようだね。

新二：こうした事実関係を見ると、子会社が高い機能を有しているなん
て、とても言えない気がしますね。

杏：今回は、調査官が答えを出してくれているので判断も簡単ですが、
実際にはこれをご自身で把握できるかどうかという点が、今回のポイ
ントになります。

部長：確かに、これを当社の子会社について、すべてきちんと把握でき
ているかというと、自信がないな。

新二：今の当社のLFについて、今日見てきたような問題がないかどう
か、子会社の機能を見直すとしたら、どのように検討したらいいので
しょうか。

杏：そうですね……。例えば、ローカルファイルの中で、「子会社が通
常の販売会社よりも高い機能を有している」と整理していた場合、
（図2-34）に記載した内容を見直してみるのもいいかもしれません。

新二：まずは、高い機能があると主張している部分について、内容をき
ちんと把握し直すということですね。

部長：そして、その業務をどこが主体として行っているかを確認する必
要があるんだね。

（図2-34）

検討すべきだった内容及び書類等
1　生産計画・品質管理等の具体的な内容
2　当該業務に従事している人数
3　どこが主体となって行っている業務かを以下の資料等で確認する 業務日報 組織図 各種会議資料 稟議書

杏：はい、そうです。今回の例でも分かったように、「やっている」と表面的なことだけに着目しただけでは、調査でメッキがはがれてしまいます。「主体的にやっている」のは誰なのか、「主体的にやっている」としてもどの程度なのか、そうした部分についてきちんと見ていく必要があると思います。

部長：ちなみに、№2の当該業務に従事している人数というのは、どこに影響するものなの？

杏：調査でも人数を書き入れるよう指示されることがあると思います。その目的は、人数を見れば、どれくらいの業務を行っているかということがある程度推測できるからです。

新二：そういう意味があるのですね。

杏：今回のケースで言うと、「子会社には、生産計画を策定する部署や品質管理部署があり、子会社自身で生産計画を策定し、品質管理をしています。だから高い機能があります！」と主張していたようですが、子会社の組織図に人数を書き入れてみたら、1人、2人くらいしか所属しておらず、「なんだ、実際は何もしていないんじゃないか」となってしまったのではないかと思います。

新二：なるほど。

部長：でも、そんな細かいことまで、親会社の税務で面倒みきれない

よ。

杏：もちろん、何もかも見る必要はありませんが、少なくとも、リスク
の大きい拠点、それなりの取引量のある拠点などについては、表面的
なことだけでなく、少し丁寧に見ていくと、課税リスクをグッと減ら
せると思います。

部長：では、頑張って見直してみるか。

●本日のデザート●

　今回は国税庁の「移転価格税制の適用におけるポイント」のケース５
機能・リスク分析（国外関連者の行う品質管理業務等）を基に解説しま
した。今回のケースのように表面的な機能・リスクに基づいて高く評価
してしまっているケースや、逆に通常の販社よりも高い機能を持ってい
るのに、それが正当に評価されていなかったケースがレビューの中で
多々見受けられました。調査で指摘されて初めて気づくということがな
いよう、リスクの高いエンティティだけでも見直してみてください。

ローカルファイルの誤り事例
（独自の販売機能：子会社の利益率が高い場合）

杏：次は、「本当に子会社が独自の販売機能を有していると言えるかど
うか」という論点についてご説明しますね。

部長：「独自」という言葉を使ったということは、子会社が通常より高
い機能を有しているということを言いたいのかな。

杏：さすが部長！　そうなんです。子会社の利益水準が高い理由を「独
自の高い機能を有しているため」と調査の際に主張したのですが、そ

れが認められなかったケースとなります。

新二：当社の中国子会社も利益が出すぎているので、参考にしたいですね。

杏：では早速、取引関係図（図2-35）を見ていきましょう。

（図2-35）

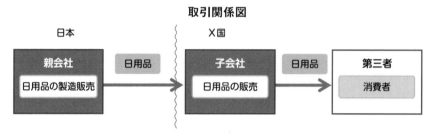

新二：これだけ見ると一般的な販社のように見えますから、TNMMで子会社の比較対象企業を選んで終わり……となりそうですね。

杏：ただ、先ほどご説明したとおり、子会社の利益水準が高い理由も考えなければいけませんので、まずは事実関係と、親会社の主張も見てみましょう（図2-36）。

（図2-36）

事実関係	
1	製品（日用品）は、親会社の研究開発活動の成果である独自技術や製造ノウハウを用いて製造されている。
2	子会社は親会社の製造した日用品を親会社から購入し、X国の消費者に販売している。
3	子会社の利益水準は、他の販社に比べて高い。

親会社が考える子会社の機能
1　子会社は自ら製品の安全性や品質の高さについて消費者に宣伝している。
2　子会社は長年、認知度を高めるマーケティングを行ってきた。
3　マーケティング活動により大規模な販売網が構築できた。
4　子会社は大規模な販売網という、独自の価値ある無形資産を保有している。

だから、子会社の利益率が高くても問題ない！

新二：親会社は、研究開発した独自技術や製造ノウハウを使用して日用品を製造しているのに対して、子会社は親会社から購入して売っているだけなのに利益率が高いというのは違和感がありますよね。

部長：だから親会社は、その下の「親会社が考える子会社の機能」にあるように、一般的な販社とは違うよ……ということを機能の面から主張しているんだね。

杏：はい、そうです。

新二：この主張を見ると、子会社の利益率が高い、つまり機能が高い理由は、子会社がマーケティングを精力的に行い、独自の販売網を構築してきたことなんですね。

部長：ただ、「販売網」が無形資産に該当するかどうか（Tax Café ㉝参照）については、実際には証明するのが難しいと聞いたような気がするよ。

杏：確かにそうですね。概念的に「子会社は頑張って構築してきた！」と言っても、「何を持ってそう言えるのか」ということを実証するのは、なかなか難しいですね。

部長：このケースでは、こうした主張は認められたの？

杏：いいえ、結局親会社の主張は否定されてしまったのですが、調査でどのような検討がなされ、どのように否認されたのかもみておいた方がいいと思いますので、（図2-37）をご覧ください。

新二：親会社の主張は、マーケティングに関することが中心なので、まずは営業部を中心にヒアリングが行われたのですね。

部長：そして、資料も検討された結果、子会社の行った営業活動は、一般的な営業と何ら変わらないと判断されてしまったということか。

杏：また、No.3を見ていただくと分かりますが、マーケティングを積極的にやっていると言いながら、かかった販売管理費は一般的な販売会社と大差なかったようですね。

新二：マーケティングに係るコストも判断基準にされてしまうのか……。

図 2-37

調査官が確認した書類	調査間のインタビュー先
営業会議資料	営業部

	調査で判明したこと
1	子会社の行う営業活動は、X 国では他の小売業者も行っている一般的なものであった。
2	X 国においては、物流網が脆弱で小売店も整備されていない。
3	子会社の売上高販売比率は、同業者と比較しても平均的なものであった。
4	製品の安全性や品質の高さは親会社の研究開発の成果であり、子会社設立前から世界的に認知され、高い評価を得ていた。

> 子会社は独自の価値ある無形資産を形成する活動をしているとはいえない。
> ＝利益率は一般的な販社と同じでいいのでは？

部長：№ 4 なんて、決定的だよ。子会社が安全性や品質の高さを喧伝してきたんだと主張しているのに、すでに子会社の設立前に世界的に認知されていたことが明らかになってしまったんだからね。

新二：勝ち目はないですね。

杏：それで、調査官からは「子会社は独自の価値ある無形資産、つまり大規模な販売網を形成する活動をしていない」とみなされ、子会社の利益率は一般的な販売会社並みが妥当だという結論になってしまったということです。

新二：今回のケースでは、どういった点に注意して LF を作成しておけば良かったのでしょうか。

杏：子会社の利益率が高いことを、LF で理論構築をするというのは大切ですが、事実関係をきちんと把握した上での記載でないと、このような綻びが生じます。今回は結論を先に見てしまったので、不備の

あった点は簡単にわかると思いますが、念のため検討しておくべき書類等をまとめておきましたので、 （図 2-38） をご覧ください。

（図 2-38）

検討すべきだった内容及び書類等
1	販売網の具体的な内容
2	マーケティングに従事している部署の人数、営業戦略の概要
3	どこが主体となって行っている業務かを以下の資料等で確認する 組織図 各種会議資料 稟議書 マーケティング費用の明細

部長：今回のケースでは、販売網の構築を主張したいわけだから、その中身を精査しておくことは当然と言えば当然だよね。

新二：また、前回やったように、関与している人数やかかったコストなども、きちんと見ておく必要があるんですよね。

杏：はい、もちろんです。

部長：ところで、否認されたケースばかり教えてもらっているけれど、たまには認めてもらえたケースも紹介してくれないかな。

杏：分かりました。では、同じケース、つまり「子会社は親会社から製品を買って消費者に販売しているだけなのに、利益が出ている」という場合に、子会社の高い機能が認められた事例をご紹介しますね（図2-39）。

部長：へえー、これが認められたケースなんだね。

新二：やはり、独自の部署が設置されていたことが大きいですよね。目に見える形で、きちんとそうした活動をしているという証拠になりますし。

部長：また、子会社がＸ国独自の使用方法を提唱して、それが消費者にも浸透していたとなると、きちんと子会社がローカライズしていた

図 2-39

認められた！

調査官が確認した書類	調査間のインタビュー先
営業会議資料・組織図等	営業部

調査で判明したこと	
1	子会社には他の子会社にはない独自の「営業戦略本部」という部署が設置されていた。
2	HP や専門誌などを確認したところ、X 国独自の製品の使用方法が消費者に提唱されており、それが浸透していた。
3	営業戦略会議で、当該 X 国独自の使用方法や販売戦略が提唱されていた。
4	当該使用方法が、売上増加やシェア拡大に貢献しており、独自の販売網も構築されていた。

子会社は独自の価値ある無形資産を形成していると言える。
＝利益率は一般的な販社より高くても OK。

ということになるし、先ほどの例とは、かなり状況が違うよね。

新二：でも、使用方法が売上増加やシェア拡大に貢献しているなんて、どうやって説明したんだろう？

杏：例えば、その使用方法が消費者ウケしていたということが、雑誌などで確認できたり、宣伝費などのコストと売上増加に相関関係があったのかもしれませんね。

部長：ただ、最後の「独自の販売網が構築されていた」という部分は、分かるようで分からないから、もう少し詳しく教えてもらえないかな？

杏：例えば子会社設立時と現在の顧客リストを比較して、顧客数が各段に増えており、その増えた要因が営業の会議資料などで「子会社の営業部隊が奮闘して増えた」ということが確認できた場合、認められたケースもありました。

新二：でも、それだけだと「通常の販売会社だって、同様のことをして
いる」と調査官に言われてしまう可能性もありますよね。

杏：販売網というのは、なかなかその評価が難しいので、先ほどの「子
会社が奮闘して顧客を増やした」ということだけでなく、多角的な理
由をいくつも用意しておく必要があると思います。

新二：杏さんがよく言う「三本の矢」ということですね！

部長：つまり、ひとつの理由だけだと、それを否定されたら直ぐに倒れ
てしまうから、いくつかの理由や証拠を用意すべきだということだね。

新二：販売網を主張するときには、十分注意して検討したいと思います。

```
●本日のデザート●
```

　今回は国税庁の「移転価格税制の適用におけるポイント」のケース6、
7の機能・リスク分析（独自の販売機能）を基に解説しました。いつも
お伝えしていることですが、理由をひとつだけ用意して安心することな
く、証拠となる書類や事実関係をいくつか揃えておくことをお勧めしま
す。きっと調査の際には効果を発揮することと思います。

Tax Café ⑱

ローカルファイルの誤り事例
（取引単位）

杏：続いては、取引単位に係る問題についてご説明しますね。

部長：取引単位というと、どういうことだったかな？

杏：例えば、棚卸取引と無形資産取引の両方があった場合、それをまと
めて検証するのか、別々に検証するのかといったお話です。

部長：なるほど。

杏：ではまず、例を挙げてご説明したいと思いますので、 (図2-40) の
　　　取引関係図をご覧ください。

(図2-40)

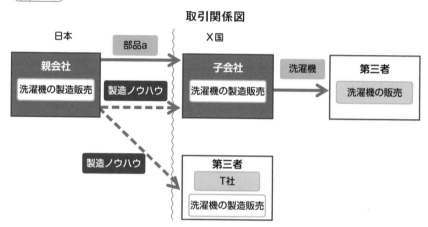

新二：これは見てのとおり、親子会社がそれぞれ洗濯機の製造販売を
　　　行っており、子会社の製造に当たっては、親会社が製造ノウハウを提
　　　供しているというものですね。

杏：はい、そうです。こうした取引について、どのような取引単位で検
　　　討したらいいかということを考えていきたいと思います。

部長：このケースだと、部品aを販売する取引と製造ノウハウを供与
　　　する取引をまとめて検討するのか、別々に検討するのかを決めないと
　　　いけないわけだね。

杏：ここまでの情報だと、まだ決めようがないと思いますので、ここで
　　　会社の考えを見てみましょう（図2-41）。

部長：会社は別々に検討すべきだと考えているんだね。

新二：その理由は、契約はまったく別々に結んでいるんだし、何より第
　　　三者のT社にも同様の製造ノウハウを使用許諾しているので、製造
　　　ノウハウの供与については、第三者への供与を比較対象とした方が良

（図2-41）

会社の考え		
取引単位		部品 a を販売する取引と子会社への製造ノウハウ供与取引を別々に検証
理由	1	部品 a 販売取引と製造ノウハウの使用許諾取引は個別に契約を締結している
	2	製造ノウハウの供与は第三者の T 社にも行っているので、これを子会社への使用許諾の比較対象取引とすることができる

いと判断したのですね。

部長：ということは、先ほどの図に取引単位を丸で書き込むと、（図2-42）のようになるわけだな。

（図2-42）

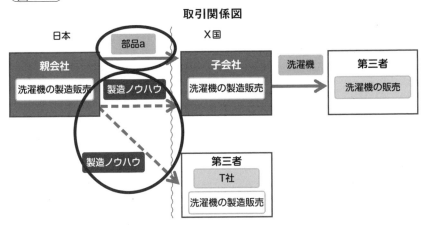

取引関係図

新二：こう見ると、会社の考えは正しいように思えますね。

部長：でも、この例を出したってことは、また何か落とし穴があるんじゃないかな。

杏：はい、そのとおりです。では、どこがいけなかったのか、調査官の判断を見てみましょう（図2-43）。

図2-43

調査官の考え	
取引単位	部品 a を販売する取引と子会社への製造ノウハウ供与取引を一の取引として検証すべき
理由	1　現場の担当者から「洗濯機製造の基幹となる部品 a の中にも親会社のノウハウが含まれており、製造ノウハウの供与だけでなく、この部品がなければ子会社は洗濯機を製造できない」との回答を得た
	2　第三者 T 社に供与している製造ノウハウは子会社へ供与しているものと契約期間や製造ノウハウの範囲が異なっている
	3　以上の事実から、部品 a の販売と製造ノウハウの供与取引は、密接不可分である

新二：調査官は、別々ではなく、一体として検証しなければならないと言っているのですね。

部長：その理由を見ると、現場へのインタビューで、部品 a の中にも親会社のノウハウが詰め込まれていることを把握し、子会社が製造をするには、その部品と製造ノウハウが必要なわけだから、切り離せないと判断したということか。

新二：現場へのインタビューが端緒になってしまったんですね。

部長：我々も、現場の声をきちんと聞いておかないと、こういう事態になってしまう可能性もあるよね。

新二：また、第三者 T 社への使用許諾の範囲と子会社への使用許諾の範囲は違うということですから、比較対象としては当然使えませんよね。

部長：今回のように結論を先に見てしまえば簡単に判断できるけれど、これを実務できちんと判断できているかについては不安だよね。

杏：では、ここで簡単な問題を出しましょうか。

部長：おっ、いいね。ここはひとつ、私がビシッと答えを出すよ。

杏：では、 **図2-44** をご覧ください。

図 2-44

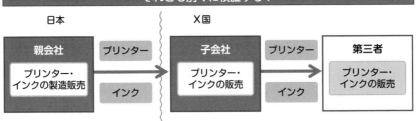

問題：プリンター販売取引とインク販売取引は合わせて検証する？
それとも別々に検証する？

部長：たったこれだけの情報で判断するなんて無理だよ。

新二：プリンターとインクですよね……。どこかで見たことがあるんだけどな。

部長：私はこんな事例、見たことはないよ。

新二：そうだ、OECD ガイドライン（パラ 3.10）だったかもしれません。

杏：すごい！　よくご存じですね。

部長：何だか面白くないな。

新二：そんなこと言わないでくださいよ。たまたま読んだことがあるだけなんですから。

杏：これは、よく使われる事例ですので、一度は目にしたことがあるかもしれませんが、結果として取引単位は　図 2-45　のとおりとなります。

図 2-45

回答		
取引単位	プリンター販売とインク販売の両取引を一の取引単位とする	
理由	1	営業戦略会議資料から大半の顧客に対して両製品を一体として販売する戦略を採用していることを確認できた
	2	実際の顧客とのやり取りのメールにおいても、両製品の価格を考慮して交渉をしている事実を確認できた
	3	両製品の価格は、事業戦略やお互いの価格を考慮して設定されている

部長：今回はどちらも販売だけど、その2つを一緒に検証する必要があ
　　　るということだね。

新二：その理由は、プリンターを安価で販売し、インクの販売で利益を
　　　稼ぐというビジネスモデルだから、併せて検討しないとダメだという
　　　ことなんですね。

杏：はい、おっしゃるとおりです。この2つの取引は一体不可分の取引
　　　であるといえます。

新二：当社の実務の中では、取引単位にフォーカスして考えたことは無
　　　かったので、ローカルファイルを見直す際には、注意して見ていきた
　　　いと思います。

```
●本日のデザート●
　　今回は国税庁の「移転価格税制の適用におけるポイント」のケース8、
10の取引単位を基に解説しました。取引単位について考える機会は少な
いと思いますので、こうした機会に一度事例に触れていただきたいと
思って取り上げました。
```

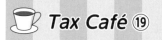

Tax Café ⑲

ローカルファイルの誤り事例
（定量的基準・定性的基準）

杏：では最後に、比較対象企業を選定する際の誤り事例についてご説明
　　　しますので、 図2-46 をご覧ください。

部長：これなら、知っているよ。ローカルファイルに書いてある比較対
　　　象企業（コンパラ）を選定する過程のことだよね。

杏：はい、そうです。この例では、タイにある販売子会社のコンパラを

図2-46

\多层2				
タイ子会社（卸売販売会社）の比較対象企業の選定				

No.	選定基準	選定	選定基準の説明
1	比較対象企業の所在地	アセアン	アジアやヨーロッパの国々に関しては、個々の国を指定してしまうと、選定される企業数が少ない場合もあるので、そうした場合には国名ではなく、地域名で選ぶことが多い
2	産業分類コード	US SIC Code 50XX	代表的なものは、US SIC (Standard Industrial Classification) コードだが、NACE コードなど他のコードもある。また、使用するデータベースによって、コードが異なる場合がある。
3	独立性基準	A+,A,A- 及び B+, B, B-, U に該当する企業	A は所有率が 25% を超える単独の株主がいない企業、B は 50% を超える単独株主はいないが、単独または合計で 25% を超える所有者が存在する企業、U はそうした情報の登録がない企業に付される指標
4	年度の指定	5 年	3 年～5 年が普通。どちらがいいということではないが、製品のライフサイクル、業界の特性などを考慮して決める

選定しようとしています。

新二：いつも疑問に思っていたのですが、「比較対象企業の所在地」を
選ぶ時に、国を選ぶ場合と、地域を選ぶ場合があるのですが、その違
いは何なのでしょうか。

杏：本来、子会社がある国、つまりタイを選ぶのがベストです。ただ、
なかなかデータのとれない国も多いことから、アジア諸国の子会社に
関するコンパラは地域、つまりアセアンを選定することが多いです
ね。一方、自国のコンパラでないと認めないという当局もありますの
で、そうした国に関するローカルファイルを作成する場合には、注意
が必要です。

部長：産業コードについては、US SIC コードしか見たことがないよう
な気がするけど、他にもあるんだね。

杏：はい、使用するデータベースによっては、他のコードを採用することもあります。

新二：ここに記載している 50XX というのは、どういう意味なのですか？

杏：US SIC コードは四桁なのですが、5000 から 5099 までの間にあるコードをすべて選定したい場合には、こうした表現をすることがあります。

部長：独立性基準や、何年分のデータを使用するかについては、書いてあるとおりだね。

杏：では次に、先ほどの条件で選定された企業について、定量分析を行っていますので、（図2-47）をご覧ください。

（図2-47）

定量分析	
除外基準	この基準は正しいか？
営業損失が 3 年以上続く企業を除外	○ or X
売上高に占める R&D 費率 3%以上の企業を除外	○ or X
売上が子会社の 10 倍以上、または 10 分の 1 以下の記号を除外	○ or X
データがない年度が 2 年以上の企業を除外	○ or X

部長：この定量分析で使用している除外基準は、当社のローカルファイルにも載っていたよね。

新二：そうですね。子会社ごとに少し違いますが、だいたい同じようなものだったと思います。

杏：せっかくの機会ですので、それぞれの基準について、タイの販売子会社に適用していいものかどうか、一緒に考えてみましょうか。

部長：そう言われても、「こういうものなのかな……」と漠然と思っているだけだから、よく分からないよ。

新二：では、ボクが答えてみますね。ええと……あれっ、全部○です
か？

杏：はい、正解です。

部長：なんだ、引っ掛け問題か。

杏：実際には、正しいかどうかということより、それぞれの基準の意味
について考えていただきたいので、これらの基準が有効な理由につい
て、 図2-48 をご覧いただけますでしょうか。

新二：No.1 の営業赤字が続くというのは、子会社がずっと黒字であれば
分かりますが、子会社自身が赤字続きだった場合には、どうしたらい
いのですか？

図 2-48

		定量分析	
No.	除外基準	この基準は正しいか？	理由
1	営業損失が3年以上続く企業を除外	○	ずっと営業損失が発生しているということは、比較対象企業に何等かの問題があることも考えられるため、除外した方が比較可能性は高まる。
2	売上高に占める R&D 費率3％以上の企業を除外	○	子会社は販売会社なので、R&D 費は発生していない。したがって、R&D を多少でも行っているところを除外した方が比較可能性は高まる。（この他にも売上高販管費率を採用することもある）
3	売上が子会社の10倍以上、または10分の1以下の企業を除外	○	措通66の4（3）に定められているとおり、取引規模を考慮することも大切。「10倍、10分の1」の基準は実務上、よく使われているものなので採用は可能。また、選定する市場や国によっては、企業数が少ない（多い）などにより、基準を変動させることもある。（例えば、5倍、5分の1など）
4	データがない年度が2年以上の企業を除外	○	データが多いほど比較可能性は高まるため、そもそも損益情報がとれない企業は除外するのが正解。

杏：その場合には、この基準を入れなくても結構です。ただ、選ばれた企業が赤字続きである場合、倒産の危機にあるなどコンパラとしては相応しくないことも多々ありますので、そこは慎重に検討してください。

部長：No.2 については、言われてみれば当然だよね。子会社が単なる販社なのにコンパラが研究開発をやっていたら、利益率が異なるのは当たり前だからね。

新二：とはいえ、この3%というのは、何か決まりがあるのですか？

杏：この数字は実務上よく使われているもので、売上の3%程度の試験研究費しか支出していないのであれば、それは収益に影響するものではないという考えに基づいています。

部長：ここにも書いてあるけど、試験研究費だけでなく、販管費の基準を設けることもあるんだね。

杏：業界の特性にもよりますが、売上に占める販管費の割合が大きい企業とそうでない企業は、やはり比較可能性は低くなりますので、除外基準として採用する場合もあります。

新二：やはり、3%という数字を使用するのですか？

杏：その場合もありますし、子会社の実際の販管費率を基準に考える場合もあります。

部長：本当に移転価格は正解がないんだね。

新二：No.3 の売上の規模で除外するというのは、よく見る基準なのですが、これは、やはり基準として採用した方がいいのですか？

杏：ここに記載しているとおり、租税特別措置法関係通達 66 の 4（3）では、コンパラ選定に関し、取引規模を考慮する必要性が定められています。例えば、売上 1,000 万円の企業と売上 1,000 億円の企業が、比較可能性が高いかというと、そうではないと思います。ですので、実務上、この基準を使うことはよくあります。

部長：ということは、使わない場合もあるの？

杏：はい。選定する国によっては、そもそもコンパラの母数自体が少な
　　いところもありますので、そうした場合には基準の数値を変えたり、
　　採用しないこともあります。

部長：No.4のデータが無いというのは、論外だから、これは良しとし
　　て。

新二：次は、あれですよね。

部長：定性的分析ってやつだな。要は個別に見ていくというものでしょ
　　う？

杏：はい、そうです。

新二：定性的分析は個別に見ていくので、問題は起きないような気がし
　　ますが。

杏：実は、そうでもないんです。実際に見落としがあって否認されてし
　　まった事例がありますので、ご紹介しますね（図2-49）。

新二：定性的基準の各項目は一般的なものですよね。

(図2-49)

定性基準で見落としがあった事例		
定性的基準	選定された企業について、調査で新たに判明したこと	見落としてしまった原因
（除外基準）		
1　特許などを保有している企業を除外	A社は、販売機能だけでなく、製造・小売りも行っていた。	データベースの情報だけでなく有価証券報告書などでも確認すべきだった。
2　機能が著しく違う企業を除外		
3　子会社の扱う製品と、かけ離れた製品を扱う企業を除外	B社は、業種コードと異なり、子会社の製品とは大幅に異なる製品を販売していた。	データベースにおいて企業に付されている業種コードは絶対的なものではなく、きちんと中身を確認すべきだった。
4　関連者取引を行っている企業を除外		

部長：No.3の製品の違いについては、よく悩むんだけど、どの程度の類似性が求められるのかな。

杏：以前にもお話ししたとおり、TNMMでは、製品の類似性は高く求められません。とはいえ、例えば御社の子会社のように部品を販売している場合、プラント機器など大型のものを販売している企業をコンパラとするのは、妥当ではないと思います。大型機械は設置なども必要となってきますし、そうなると機能が異なりますので、比較可能性は低いということになります。

新二：なるほど、そういうことですか。

部長：ただ、せっかく個々に検討して除外したはずなのに、製造・小売りをしている企業や取扱い製品が大きく異なる企業が残ってしまっていたんだね。

杏：はい。この2社が否認されたことによって、利益率の幅が大きく変動してしまい、結果的に否認額も大きくなってしまったということです。

新二：こうしたことを見逃してしまった原因は、何なんでしょうか。

杏：データベースを過信してしまったということなのだと思います。データベースは便利ではあるのですが、絶対的なものではありません。実際に使ってみると分かるのですが、業態が変化しているのに、それが業態コードに反映されていなかったり、そもそも、そのコードに分類されていること自体がおかしいんてこともあります。

新二：だから、選定された企業については、きちんと有価証券報告書やHPで内容を確認する必要があるんですね。

杏：はい、そのとおりです。

┌─ ●**本日のデザート**● ─────────────────────────┐

　今回は国税庁の「移転価格税制の適用におけるポイント」のケース 13、14 の比較対象取引の選定（定量的基準）、（定性的基準）を基に解説しました。実際に私も卸売業として選定されたコンパラについて、有価証券報告書から卸売と小売の割合が 5 : 95 であることを把握した経験もあります。データベースを過信せず、選定された企業については、一度チェックしてみることをお勧めします。

└───────────────────────────────────────┘

第3章

IGS（Intra Group Service: 企業グループ内役務提供）とは

　移転価格税制の中で問題となりやすい企業グループ内役務提供（Intra Group Service：以下「IGS」といいます。）は、日本企業と国外関連者の間で行われる有償性のある取引を対象としています。例えば、親会社が子会社に対して行う経営・財務・業務・事務管理上の役務の提供で、親会社からその役務の提供がなければ、対価を支払って非関連者からその役務の提供を受けるか、自らその役務を行う必要があると認められるものについては、有償性があると認められ、子会社からその対価を徴収することが必要となります。

　長らく日本企業は「親会社が子会社の面倒を見るのは当たり前」として、子会社の支援を積極的に無償で行ってきました。ところが、親子会社の間には国境があり、国が異なるため、親会社が本来有償でやるべき役務提供を無償でしていると、日本としてはその対価分だけ損をしていることになります。日本の親会社に対する調査において、この対価相当分を子会社への寄附金として課税される事例が多発したため、IGS は日本企業にとって大変関心のあるトピックとなりました。

　IGS の一つ一つは大きな金額ではないものの、過去 3 年分を寄附金課税されてしまうと否認額は大変大きなものとなり、当該金額は子会社で減算されるものではないため二重課税の状態となってしまいます。こうした企業への甚大な影響を防ぐためにも、IGS に係る対策は必須です。

　企業としてどのように対策すればいいのかをこの章で理解していただき、課税されることのないよう、早めの対策をお勧めします。

3-1．IGS とは

 **Tax Café ⑳**

IGS とは？

部長：うーん、困った、困った。まずいなあ。

新二：部長、どうなさったんですか？

部長：昨日、同業種の企業の会があっただろう？　そこで、ある企業の
　　　部長さんと話したんだけど、彼のところに先月、調査が入ったらしい
　　　んだよ。

新二：知ってますよ。だって、そこの税務の一番下の人は、友人ですか
　　　ら。でも、あまり指摘事項がなかったって、自慢していましたよ。

部長：そうなんだよ。グループ会社内で行っている役務の提供について
　　　重点的に調査されたようなんだけど、部長さんがきちんと方針を決め
　　　て報酬を取るべきところからは取っていたから、大きな問題はなかっ
　　　たようなんだ。

新二：良かったですね。

部長：何をのんきなことを言っているんだよ！当社は全然フィーを取っ
　　　ていないから、同じような調査が入ったら、大変なことになっちゃう
　　　よ。

新二：当社は、どうしてフィーを取っていないんですか？

部長：だって、親会社が子会社の面倒を見るなんて普通のことでしょ。
　　　いちいち、お金もとれないし、親会社がやった方が安くて効率的だと
　　　いうこともあるじゃないか。

新二：でも、子会社から役務提供に見合うだけのフィーをもらっていな

いために、寄附金認定された話を聞いたことがありますし、きちんと検討しておかないといけないですよね。

部長：それは分かってるよ。あー、寄附金だなんて認定されたら、まずいよ。

新二：じゃあ、すぐに見直せばいいじゃないですか。大丈夫ですよ。グループ内でやっている役務の提供を洗い出して、内容を検討すればいいだけですよね。

部長：そう簡単に言うけれど、そもそも、何を検討したらいいのかすら分からないから困っているんじゃないか。

新二：それでしたら、杏さんに聞いてみましょうよ。

・・・

杏：……なるほど。IGS でお困りだったのですね。では、早速ですが、IGS の定義はご存じですか？

部長：言葉はもちろん知っているよ。確か正式名称は、ええと……。

杏：Intra Group Service の略で、企業グループ内役務提供のことです。これがどうして大切なのかというと、例えば日本の親会社が海外の子会社に対して役務の提供を行っていた場合、対価を取る必要があるのに、取っていなかったら親会社の利益が減ることになりますよね。日本の当局から見たらそれは問題なので、企業としては事前にその正当性をきちんと検討しておく必要があるということなんです。

新二：きちんと対価を取っていない場合には、部長が聞いてきたように、日本親会社が調査をされると、これらの対価相当分を子会社に対する寄附金として課税される恐れがあるということですね。

杏：はい、そのとおりです。

部長：IGS とひと口に言ってもいろいろあると思うんだけど、具体的にどのようなものが該当するの？

杏：具体例はこちらになります（図3-1）。

図 3-1

事務運営指針 3-10（1）

イ	企画又は調整
ロ	予算の管理又は税務上の助言
ハ	会計、監査、税務又は法務
ニ	債権又は債務の管理又は処理
ホ	情報通信システムの運用、保守又は管理
ヘ	キャッシュ・フロー又は支払能力の管理
ト	資金の運用又は調達
チ	利子率又は外国為替レートに係るリスク管理
リ	製造、購買、販売、物流又はマーケティングに係る支援
ヌ	雇用、教育その他の従業員の管理に関する事務
ル	広告宣伝

部長：こうやって、具体的に挙げてもらえるとイメージしやすくていいね。

杏：これらは、「本社としてやるのが当然だ……と考えられてきたものでも、対価を取っていなければ、移転価格課税の対象になりますよ」ということを、国が明確にしたものなんです。

新二：改めて見ると、当社が子会社に提供している役務もたくさんありそうですね。でも、対価は全然とっていませんけど。ははは。

部長：もう、余計なことは言わなくていいから。

杏：まだ、この段階では本当に対価の徴収が必要かどうかは分かりませんので、焦らなくて大丈夫です。

新二：IGS になるかどうかの判断基準というのはあるのでしょうか。

杏：基本的にはこの二つになります（図 3-2）。

新二：なるほど。本当なら自分でやるか、あるいは外注しなければいけ

<figure>
図 3-2

役務の提供に当たるかどうかの判断基準

事務運営指針 3-10（1）

> **判断基準**
> （例：親会社が子会社にしている活動について）
> ➢ **子会社と同じ状況にある第三者が他の第三者から同様の活動を受けた場合対価が発生するかどうか**
> ➢ **親会社が子会社にその活動をしなかった場合、子会社自らが同じ活動を行う必要があるかどうか**
</figure>

　ないことを、親会社がやってあげてるわけだから、対価を取りなさいということですね。

部長：なんだ、常識で分かることじゃないか。

杏：いいえ、理屈は簡単ですが、大変なのはこれを把握することです。「対価を取るべきサービスなんだ」という意識がないまま長年来てしまった場合には、それを意識し直さないといけないので、洗い出す作業がとても大変なんですよ。「まさか、そんなことが……」という把握もれの役務提供に対して、課税された会社さんも多いんですよ。

部長：えっ、そうなの？　じゃあ、急いで調べてみなくちゃ。でも、急に「このサービスは対価が必要です」なんて言ったら、子会社から一斉に反発されそうだな。はぁ、憂鬱になっちゃうよ。

新二：でも、そこが部長の腕のみせどころじゃないですか。部長に対する経営陣や各子会社からの信頼は、ものすごく厚いですからね。グローバル会議などの時には、いつもそう感じるんですよ。

部長：えっ、そうなの？　そう思う？　じゃあ、ガツンと言ってみるかな。

杏：最初は大変でも、今のうちに、みんなの認識を統一させておけば、今後はグッと楽になりますから、頑張ってくださいね。

☕ *Tax Café* ㉑

IGS に該当するか否かの判断基準

杏：IGS については、事務運営指針 3-10（企業グループ内における役務提供の取り扱い）において、何が IGS となるのかということを定めています。また、同 3-11（企業グループ内における役務提供に係る独立企業間価格の検討）においては、IGS と判定したものについて、どのように独立企業間価格を決めればいいかということを定めています。

新二：ということは、IGS に関しては、この二つの基準に照らし合わせて考えればいいということなんですね。

杏：はい。また、国税庁が公表している事例集の中の【事例 23】をご覧いただければ、もう少し具体的な事例を知ることができます。

部長：まず事務運営指針を説明してもらって基本を押さえてから、事例集も見ていこうね。

杏：では早速事務運営指針 3-10 をご説明しますね。言葉だけで説明すると混乱してしまうかもしれませんので、私なりにこの法令をフローチャートにしてみました（図 3-3）。

新二：これは分かりやすいですね。なんだか、もう事務運営指針なんて読まなくてもいいような気持ちになりますよ。

杏：いえいえ、これは事務運営指針 3-10 の全部を網羅しているものの、簡単な言葉を使って表現していますので、これを手元に置きながら同指針を読んでみてくださいね。きっと、スッと頭に入ってくると思います。

新二：例えば、最初の「国外関連者に対する役務提供の内容」は 3-10（1）、その次の「株主としての活動ですか」は 3-10（3）、というよう

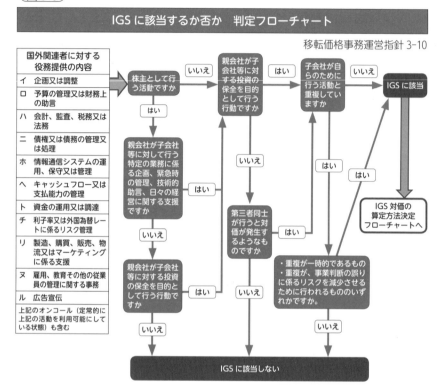

に見ていけばいいのですね。

杏：はい、そうです。法令の順番になっていないのは、法令の記載の仕方が「……を除く」、「……は該当する」、「……は該当しない」となっているからで、行ったり来たりになってしまっていますが、そのあたりはご了承ください。

新二：この中で注意すべき点というのはありますか？

杏：はい、二点あります。まず、このチャートでは分かりやすいように「親会社から子会社への役務提供」を想定した書き方になっていますが、子会社から親会社へ役務提供があれば同様に判定する必要があります。また、一番左の「国外関連者に対する役務提供の内容」の一番

下を見ていただくと「上記のオンコール（定常的に上記の活動を利用
可能にしている状態）も含む」とありますが、この点にも注意が必要
です。

部長：これは実際にアクションを起こしているわけではないから、見逃
しそうだね。

杏：IGS というと、出張者に係るものばかりに目が行ってしまいます
が、こうしたものも、IGS に該当します。

新二：日本と国外関連者の役務提供については分かりましたが、国外の
関連会社同士の役務提供についてはどう考えたらいいのでしょうか。

杏：この規定は日本と国外関連者との役務提供取引に関するものです
が、OECD ガイドラインに準拠していることから、国外関連者同士
の役務提供取引を判定する際にも指標として使えると思います。ただ
し、各国の法令をきちんと確認してから判断するようにしてください
ね。

新二：はい、分かりました。

部長：ちなみに、この株主としての活動とはどのようなものをいうの？

杏：これについても表にまとめてみましたので、こちらをご覧ください
（図 3-4）。

部長：なるほどね。こうした内容は理解できるけれど、実務となると
「これは株主活動として判定していいのか」というのが悩むところな
んだよね。

新二：確かに、私も判断に迷うことが多々あります。もう少し具体的な
ものはあるのですか？

杏：そのあたりは、Tax Café ㉔でご説明します。

図 3-4

株主としての活動とは	

移転価格事務運営指針 3-10（3）

イ	親会社が発行している株式の金融商品取引法（昭和 23 年法律第 25 号）第 2 条第 16 項に規定する金融商品取引所への上場
ロ	親会社の株主総会の開催、株式の発行その他の親会社に係る組織上の活動であって親会社がその遵守すべき法令に基づいて行うもの
ハ	親会社による金融商品取引法第 24 条第 1 項に規定する有価証券報告書の作成（親会社が有価証券報告書を作成するために親会社としての地位に基づいて行う国外関連者の会計帳簿の監査を含む。）又は親会社による措置法第 66 条の 4 第 4 項第 1 号に規定する連結財務諸表の作成その他の親会社がその遵守すべき法令に基づいて行う書類の作
ニ	親会社が国外関連者に係る株式又は出資の持分を取得するために行う資金調達
ホ	親会社が当該親会社の株主その他の投資家に向けて行う広報
ヘ	親会社による国別報告事項に係る記録の作成その他の親会社がその遵守すべき租税に関する法令に基づいて行う活動
ト	親会社が会社法（平成 17 年法律第 86 号）第 348 条第 3 項第 4 号に基づいて行う企業集団の業務の適正を確保するための必要な体制の整備その他のコーポレート・ガバナンスに関する活動
チ	その他親会社が専ら自らのために行う国外関連者の株主又は出資者としての活動

 Tax Café ㉒

IGS に係る請求金額の決定方法

部長：IGS になるものの判断基準については分かったから、次は請求額をどのように決めるかという話かな。

新二：つまり、事務運営指針 3-11（企業グループ内における役務提供に係る独立企業間価格の検討）について話を進めるということですね。

杏：そのとおりです。ここでは、先ほどお伝えしたとおり、IGS と判定したものについて、どのように独立企業間価格を決めればいいかを定

めていますので、それについてご説明します。

新二：はい、よろしくお願いします。

杏：まず初めに、BEPS を契機として導入された低付加価値 IGS についてですが、具体的な内容はこの事務運営指針 3-11（1）にすべて記載してあります。簡単に言うと、①（図3-5）の真ん中に記載してあるイからホのすべてに該当し、②この役務提供にかかった間接費を含む総原価の額に 5％のマークアップをし、③（図3-5）の真ん中下部のトに記載してある書類をすべて揃えているのであれば低付加価値 IGS として扱うことになります。

新二：マークアップ5％だと、低付加価値になるということですか？

杏：いえいえ、この事務運営指針の書き方が分かりにくいかもしれませんが、要は①と③の要件を満たしていれば低付加価値の IGS と認められるため、5％のコストマークアップとすることを認めるよということです。

新二：なるほど、そういうことですか。

部長：でも、トの書類を頑張って作っても、結果としてマークアップ料率が 5％だなんて、ちょっと高すぎるような気もするな。

新二：確かにそうですよね。低付加価値だったらせいぜい 2 ～ 3％くらいが適当じゃないかと思うんですけど。

杏：もちろん、この規定は**「低付加価値だから 5％にしなさい」ということではなく**、書類を揃えて 5％取っていれば、問題視しないよということだけですので、通常どおり TNMM などの移転価格算定方法を選んで料率を決めてもいいと思います。

新二：そういうことですか。

杏：5％で納得のいくような役務提供であれば、この規定を使用するのも手だと思います。

部長：そうすれば、移転価格算定方法を選んだりする手間も省けるし、文句をつけられることもないしね。

新二：でも、当社の役務提供を考えると、5％は高いような気がするの
で、実際にこの規定を使うことはないかもしれません。

杏：低付加価値 IGS の規定ができた背景には、それほど重要ではない
役務提供については、通常の算定方法を検討するなどの手間をかけな
くて済むようにという思いがあります。ただ、料率が5％と決まって
いるので、どの IGS に適用するかについては、よく考えた上で決定
してくださいね。

新二：はい、分かりました。

杏：ではここで、この IGS 対価の算定方法（事務運営指針 3-11）につ
いても、分かりやすいようにフローチャートにしてみましたので、改
めて 図3-5 をご覧ください。

部長：この真ん中の縦のラインが、先程話していた低付加価値 IGS の
ことだね。

杏：はい、そうです。

新二：このフローチャートの冒頭にある「**本来の業務に付随した**」とい
うのは、概念としては分かるような気がしますが、具体的にはどうい
うものを指すのでしょうか。

杏：それについては事務運営指針 3-11（2）の中に、「本来の業務に付
随して行われたもの」とは、例えば「海外子会社から製品を輸入して
いる法人が当該海外子会社の製造設備に対して行う技術指導のように
役務提供を主たる事業としていない法人又は国外関連者が、本来の業
務に付随して又はこれに関連して行った役務提供をいう」と記載され
ています。

新二：本業に伴って行った役務提供という意味なんですよね。でも、言
葉で言うと簡単ですが、実務では判定が難しいのではないかと思いま
す。

部長：確かにそうだよね。例えば業務支援一つとっても、それが本業に
伴うものかは微妙なものも多くあるし、判定の際には悩んでしまうだ

図3-5

IGS　対価の算定方法決定フローチャート

注）ここでは親会社から海外子会社への IGS としていますが、グループ内 IGS はどのグループ内会社同士でも同様に判定する必要があります。

事務運営指針 3-11

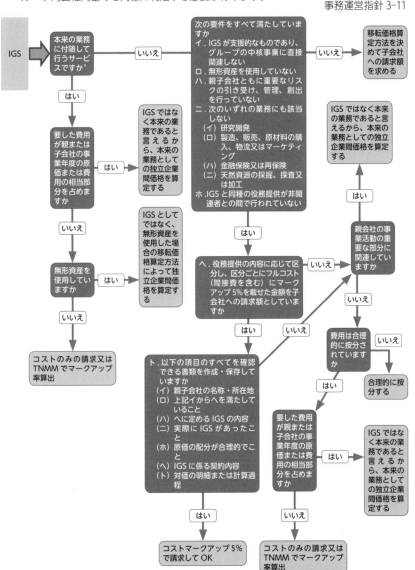

ろうなあ。

杏：IGS に限らず、実務では判定が微妙なものはたくさんあると思います。特に移転価格では、白黒つけるのが難しいケースが多いと思いますが、そうしたものについては、会社としてどう考えるかという姿勢をはっきりさせ、どのケースに対してもブレることなく、その姿勢を貫くということが大切です。また、それを補完するような理由をたくさん用意し、会社としての姿勢が正しいことをきちんと説明できるようにしておくことも忘れないでください。

新二：はい、分かりました。

杏：それから、一番左の縦のラインは、本来の業務に付随して行われた場合には、コストカバー、つまりかかった費用だけ請求すれば認められるよというケースで、事務運営指針 3-11（2）に規定されていることの説明になります。

新二：ただ、TNMM でマークアップ料率を算定するやり方でもいいということですね。

杏：はい。これは御社の事情で判断していただければ結構です。

部長：一番左の二番目と三番目の項目の「費用の相当部分」とか、「無形資産を使用……」というのはどういう意味なの？

杏：付随していると言いながら、その会社の費用の大部分を占めるような大きな金額であったり、無形資産を使用していたりする役務提供は、そもそも IGS の土俵で検討するようなレベルのものではないよね、ということです。

新二：なるほど。

杏：また、本来の業務に付随していない場合でも、真ん中上部のイからホまでを満たしている役務提供についてはコストカバー（実費相当分を請求）でいい場合もあります。

新二：それが、右側の縦のラインの話ですね。

杏：はい。これについても、役務提供の費用が大きい、費用の按分が適

切でない、事業の主要な活動に関連しているなどの場合には、コスト
カバーは認められず、通常どおり算定方法を検討しなければならない
のでご注意ください。

部長：要は、コストカバーでいいようなものでも、きちんとやっていな
　　　いと認めないよということだな。

杏：はい、そうです。

IGS を具体的に判定してみよう

杏：IGS がどういうものであるか、また、請求方法はどうしたらいいか
　　　についてご説明しましたので、次は、具体例についてお話しますね。

部長：そうだね。規定は理解できたとしても、実務では判断に困るもの
　　　ばかりだから、具体例を教えてもらえると助かるよ。

杏：では、初めに事例集に記載されている具体例について、簡単にまと
　　　めてみましたので、（図3-6）をご覧ください。

新二：内容を見ると、思い当たることがいくつかありますね。ただ、今
　　　までは IGS という認識ではなく、子会社にメリットがあるのだから、
　　　コストは子会社に負担してもらわないとダメなのかな……くらいの認
　　　識でいました。

杏：御社だけでなく、多くの企業でも同様です。今まで IGS について
　　　きちんと整理・把握ができていて、請求もマークアップしていた企業
　　　は、ほとんどなかったのではないかと思います。

新二：でも、これからはそうはいかないんですよね。

杏：はい。実際に、ここ数年、BEPS の機運に乗じて IGS を把握し、
　　　請求するもの、しないものを整理し、請求するものに関してマーク

(図 3-6)

グループ内役務提供の具体例

移転価格事例集【事例 26】

	役務提供の内容	目的	子会社にメリットがあるか	株主・出資者である親会社が専ら自らのために行う活動
イ	人事政策決定、役員候補者の面接、役員の変更や報酬の見直し	子会社の経営効率を向上させて収益性を高めるため	○	×
ロ	文書による日常的な業務指示、毎週の TV 会議で運営方針に係る指示	子会社の事業運営の管理等を行うため	○	×
ハ	子会社の作成した予算原案チェック、年間事業計画に問題がある場合の修正指示	子会社が予算を作成できるようにするため	○	×
ニ	子会社の月次財務・管理（生産・販売状況）データを収集	親会社の株主総会開催のための資料を作成するため	×	○
ホ	子会社から送信される連結決算用データのチェック、軽微な数値上の誤りがあれば子会社へ修正指示	金融商品取引法に基づく有価証券報告書を作成するため	×	○
ヘ	子会社の業務監査立会い、不適切な処理があった場合、業務改善指導書を作成	子会社の業務監査が適切に行われるように	○	×
ト	子会社は現地で監査法人から監査を受けているが、親会社の監査法人が行う子会社の監査に親会社の財務担当者が同行	親会社の連結財務諸表監査のため	×	○
チ	子会社の現地法令順守状況を監査し、問題がある場合には改善指導	会社法に基づいて行う企業集団の業務の適正を確保するための必要な体制の整備を図るため	×	○
リ	子会社が自社の顧問弁護士から助言を受けて締結する非関連者との契約について親会社の法務担当者が契約内容のチェックを行う	事業判断の誤りに係るリスクを減少させるため	○	×
ヌ	製品クレームに即時対応するためのコンピュータシステムの開発・開発保守を一括して親会社が行う	子会社経費削減のため	○	×
ル	子会社の新規設備投資に対する判断、リスク分析及び現預金管理を含む資金調達のアレンジ	子会社の財務活動が円滑に行われるように	○	×
ヲ	子会社からの業務上の相談に即時対応できるような体制をとっている	子会社の事業効率を向上させるため	○	×
ワ	子会社の主要取引先と良好な関係を構築し、子会社が主要取引先と行う取引条件交渉のサポート	子会社の事業を円滑に進展させるため	○	×
カ	子会社の契約に係る締結交渉、意思決定、契約条件の履行	子会社が取引先との主要な契約を締結できるように	○	×
ヨ	親会社の HP に子会社の経営方針、財務データその他の IR 情報を掲載	親会社の投資家のために	×	○
タ	親会社が、グループの CbCR を作成	究極の親会社として CbCR を提出するため	×	○

ここに〇があれば、IGS となる可能性が高いため、図 3-4 の判定表で判定する必要があります

アップの有無を検討したという企業も多いですね。といっても、契機
は課税されたことなんですけどね。

部長：当社でも、新二君に整理をしてもらおうと思うけれど、その入り
口である「把握」というのがおそらく大変だろうね。各部署に「IGS
はありますか」なんてアンケートをしたって、返事すら返してくれな
い所もありそうだしね。だから、そもそも BEPS とはどういうもの
で、世界的気運がこうなってきていて、役務提供も子会社にメリット
のあるものについては請求しなければならないということを一から説
明して、まず理解してもらわなければいけないだろうな。その上で、
各部署に対して、「子会社にメリットのある役務提供があれば教えて
欲しい」と依頼すれば、何とかなるのかな。

新二：長い道のりですね。各部署へのインタビューも、かなり反発され
そうですしね。

部長：こっちだって、やりたくてやっているわけじゃないのに、いつも
立場が弱いからイヤになっちゃうよ。

杏：お気持ちは分かります。各部署、そして経営陣には「税はコスト」
であり、IGS をきちんとやらないと課税されて、その「コストが増大
する」ということを、しっかり認識していただきたいですよね。特に
寄附金課税されてしまうと、その分が相手国で減算できませんので、
二重課税になってしまいますし。

新二：日本の企業は、税をコストと考える習慣がないから、その点が税
務担当者にとって本当に苦労する点ですね。

部長：だから、人も増やしてもらえないんだよね。杏さんにうちの経営
陣の考え方を変えてもらいたいよ。

杏：そうですね。この問題は、会社の今後にとっても、とても大事なこ
とですので、機会があれば税務部門の重要性について、お話したいと
思います。

新二：ところで、先ほどの（図3-6）に話を戻すと、要は「子会社にメ

リットがあれば請求が必要」というシンプルな考え方で判断していいということですよね。

杏：はい、そうです。

新二：そのメリットというのは、先ほど教えていただいた①これをやらなかったら、子会社が自らやらなくてはならない、または、②これをやらなかったら第三者にお願いして対価を払うようなものか、という二点ですね。

図 3-7

IGS の具体例（応用編）				
	役務提供の内容	目的	子会社にメリットがあるか	株主・出資者である親会社が専ら自らのために行う活動
イ	人事政策決定、役員候補者の面接、役員の変更や報酬の見直し	子会社は買収した会社であり、本社の指示を聞かないためリスクが大きい。子会社は自身で左記の業務を行っているが、親会社としてもリスクを減らすために子会社が自身のために行う左記業務と重複してしまうが、同様の役務提供を行い、子会社で行われている左記業務が適正なものかチェックしている。	△	○
ハ	子会社の作成した予算原案チェック、年間事業計画に問題がある場合の修正指示	子会社は自身で予算の作成をしているが、本社のコントロールが行き届かない社であるため、親会社としてリスク回避のためチェックと修正指示を行っている	△	○
ヘ	子会社の業務監査立会い、不適切な処理があった場合、業務改善指導書を作成	子会社は自ら業務監査に適切に対応していると言っているが、まだ設立して年数も浅い会社であるため、親会社としてのリスクを減らすために監査に立ち会っている	△	○
リ	子会社が自社の顧問弁護士から助言を受けて締結する契約について親会社の法務担当者がチェックを行う	子会社の締結する契約書については、すべて子会社の顧問弁護士がチェックを行っているが、親会社としてこの弁護士に疑義があると認識しているので、親会社の法務担当もチェックを行っている。ただ、親会社からアドバイスを行っても、実際には聞き入れないので、大きな問題がない限りは口を出さないようにしている。	△	○
ヌ	製品クレームに即時対応するためのコンピュータシステムの開発・開発保守を一括して親会社が行う	製品クレームに対する対応ソフトはすでに子会社として持っており十分機能している。親会社としてグローバルに統一するために新システムを導入し、IDを子会社に付与しているが、当面は使用する予定がないと聞いている	△	○

子会社のメリットの有無について検討した上で、
IGS ではないとする余地があります

杏：そのとおりです。ただ、この例では、子会社のメリットを明確にしているので判定は容易ですが、実際には、判断が難しいパターンも多くあるのではないかと思います。

新二：確かにそうですね。

杏：ではここで、判定の練習をしてみましょうか。（図3-6）の中のいくつかの項目について、目的の表現を変えた（図3-7）を作成しましたので、右側の判定の欄を手で隠して、ご自分でやってみてください。

部長：よーし、やってみるよ。

新二：ええと、答え合わせをしてみると……。

部長：なんだ、子会社のメリットのところは全部△じゃないか！　騙されちゃったな。

新二：親会社自身のために行うのかという欄も、全部〇ですね……。

杏：目的の欄を見ていただくと分かるとおり、今度は内容が親会社自身のために行っているというものになっています。この内容は、実際に見聞きしたものですので、こうしたパターンは、皆さんのところでもあるのではないかと思います。

新二：△のところはどう考えたらいいのでしょうか。

杏：これらは役務提供の内容が親会社の都合や方針に基づいて行われているため、親会社の欄は全部〇となっています。ただ、そうは言っても、子会社にメリットがないかというと、そうでもない場合もあると思いますので、△としました。一方、メリットがないよということであれば×として、請求はしなくても構わないとことになります。

部長：そこは難しいな。実際にこういうパターンはあるんだよね。つまり、子会社は必要性を感じていないけれど、親会社としてはリスク回避のために行っている。だから、結果的として多少子会社にメリットがあったとしても、請求なんてできないというケースだとか。

新二：子会社がいらないと言っているのに、親会社の都合で行っているのだから、お金は取れないですし、当社では親会社都合としてIGS

　ではないという整理をしています。

杏：そのように考えていただいて結構です。ただ、子会社にメリットは
　　ない、あくまで親会社都合だということをきちんと説明できることが
　　大切ですので、そのあたりの整理をきちんとして、その説明を補う証
　　憑やメールなどを用意しておく必要があります。

部長：なんだか、面倒なことばかりだよね。

杏：でも、いったん社内のルール作りをしてしまえば、リスクをグッと
　　減らせますので、頑張っていきましょうね。

株主活動とは

新二：そういえば、先ほど株主活動については、後ほど詳しく説明して
　　くださるということでしたが。

杏：そうですね。すでにお話しした「株主としての活動の例示（図3-
　　4）」の中身をご覧いただいて、何か気になる点や不明点はございま
　　すか？

新二：「ロ」の株主総会開催や株式の発行、また「ハ」の有価証券報告
　　書作成などは、それほど迷うことはないかな。

部長：私は「ホ」が気になるね。これって、要はIR活動のことでしょ。
　　業績や財務状況の情報開示くらいなら迷うことはないけれど、どこま
　　でを範囲とするのかは、実際には難しい問題じゃないかな。

新二：範囲というのは、どういう意味ですか？

部長：IRは、株主に対して「弊社の情報については適時開示します」
　　「弊社は内部統制の整備に努めています」ということを積極的にア
　　ピールするわけなんだけど、それを実現するためには、子会社管理、

特に海外子会社の管理は必須だよね。先般、内部統制に問題があった会社なども、その点を強く指摘されていたはずだよ。

新二：確かにそうでしたね。

部長：内部統制を整備するためには、海外子会社等から情報を集める必要があるけれど、その際には IT ソリューションを活用するかもしれないし、かなりの費用がかかるよね。そうしたものを全部、株主活動として親会社が負担していいのかは悩ましいところだよね。

杏：部長のおっしゃるとおり、内部統制のための費用は「ト」のコーポレートガバナンスにも通じることですから、株主活動として認められる部分は十分にあると思います。

新二：「部分も」ということは、認められない部分もあるということですか？

杏：そうですね。やはり、こうしたことは、目的やその効果、その費用が発生することになった経緯などを十分に検討して、どのように扱うかを決める必要があると思います。

新二：「コーポレートガバナンスのための費用だから、IGS ではない」と単純に決めてはダメだということですね。

杏：はい、そのとおりです。

新二：ただ、そのコーポレートガバナンスというのも、分かるようで、よく分からないんですよね。

杏：（図3-4）の「ト」を見ていただくと、会社法第 348 条第 3 項第 4 号に基づいて行うとなっており、同条では「取締役の職務の執行が法令及び定款に適合することを確保するための体制その他株式会社の業務の適正を確保するために必要なものとして法務省令で定める体制の整備」と規定しています。

部長：あれっ、ということは法務省令も見ないといけないのか。

杏：会社法施行規則 98 条、100 条がそれに当たるのですが、簡単に言ってしまうと、（図3-8）のようになります。

図3-8

会社法で定める内部統制の具体例	
1	職務の執行に係る情報の保存及び管理に関する体制	情報保存管理
2	損失の危険の管理に関する規程その他の体制	リスク管理
3	職務執行が効率的に行われるための体制	効率化
4	使用人の職務の執行が法令・定款に適合することを確保するための体制	コンプライアンス
5	企業グループの業務が適正に行われるための体制	業務の適正化

部長：ということは、こうした体制を整えるためにかかった費用も株主活動として考えていいということだね。

杏：そうですね。ただ……。

新二：内容をきちんと見て、判断しないといけないということですね。

杏：そのとおりです！

部長：それから 図3-4 の「ヘ」のとおり、CbC レポートを作るためにかかった費用は株主活動として考えていいということなんだね。

杏：そうですね。

新二：株主活動に関しては 図3-4 のように例示はされているものの、「チ」の「その他親会社が専ら自らのために行う国外関連者の株主又は出資者としての活動」のように、結局は企業の判断に委ねられている部分も大きいと思うので、内容を精査して企業としての判断基準をしっかりと持って処理するようにしたいと思います。

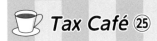

IGS の把握方法

部長：ところで、IGS で今一番気になっているのは、こうしたものをどう把握するかということなんだよね。

新二：そこが実務では、本当に頭の痛いところですね。やはりアンケートをとるか、各部署にインタビューしていくか……。

部長：アンケートというと、日本の親会社の各部署に「海外子会社に対して行っている役務提供はありますか？　」ということを聞くことになると思うんだけど、実際に、どういったことを聞けばいいのかな？

杏：では、ここで、その簡単な実例 (図 3-9) を書いてみますね。

(図 3-9)

IGS を把握するための各部署へのアンケート例						
回答者の所属部署	役務提供先（子会社名）	役務提供の内容	役務提供の頻度	役務提供の方法	契約の有無	対価の有無
XX 本部	××中国	技術支援	年 4 回程度、1 回あたり平均 5 日	出張	有	契約に基づき請求
△△本部	××タイ	テクニカルサポート	要請がある都度	メール・電話	無	無
○○部	××インドネシア	設計支援	プロジェクト開始時	設計図提供	有	有

部長：おっ、各部署からの回答例も書いてくれているんだね。

杏：この方がイメージしやすいと思って、3 パターンを記載してみました。まずは、アンケートをとる時の注意点からお伝えしますね。

新二：はい、お願いします。

杏：一点目は、事前に各部署にアンケートの趣旨を十分に説明しておく

128

必要があるということです。担当者が海外子会社に役務提供していて
も、「親会社として子会社の面倒を見るのは当然」という考えがある
ために、役務提供をしているという認識がないことも多く、この表に
載せてこないおそれがあるからです。

新二：確かに、そうですね。ましてやフィーを取らないといけないなん
てことになると、「今さら取れない」と言って、記載しない人も出て
くるかもしれません。

杏：アンケートは、現場の担当者の認識に頼る部分が大きいので、アン
ケートの中で担当者に何が IGS であるのかを認識させるのも有効な
手立てだと思います。その例として、出張だけでなくメールや電話、
資料の提供なども対象となることを認識させる「役務提供の方法」と
いう項目を設けてみました。

新二：なるほど、そういう意味だったのですね。

杏：注意を要する二点目としては、現場で「これは契約の範囲だろう」
などと勝手な判断をして表に載せない可能性があるということです。
それを防ぐために契約の有無の欄を設けて、とにかく現状把握を優先
するような項目建てにしています。

部長：なるほどね。確かにそういうケースもありそうだな。

新二：この表をベースに自社の実情に応じた項目を加えていけば、いい
アンケートが作れそうですね。それから、各部署に対するアンケート
の趣旨説明の文章も考えないといけないな。

部長：大変な作業だよね。

杏：でも、一度整理してしまえば、調査でインタビューされても、ドキ
ドキすることはないですし、コンプライアンスの観点からも大切なこ
とですから、頑張ってやってみてくださいね。

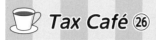

低付加価値 IGS の注意点

杏：低付加価値 IGS に関しての適用の判断は企業でしていただくことというこ
とは、すでにお話ししましたが、国税庁が公表している事例集
で言及されている説明と、OECD ガイドラインで言及されているこ
とについても、少しお話ししておきたいと思います。

部長：まだ、あるのかぁ。

新二：でも、あと少しですから、頑張りましょう。

杏：では早速、事例集の【事例 26】で取り上げられている「事務運営
指針 3-11（1）の取扱いに係る要件等」について、ご説明しますね。

部長：その指針は、低付加価値 IGS であれば、請求額はコストマーク
アップ 5％でいいよというものだったよね。

杏：はい、その 5％を採用する場合の要件は、同指針のイからトに規定
されていたと思いますが、それに関する留意事項が【事例 26】の最
後に記載されているので、その解説をしたいと思います（図 3-10）。

部長：結構たくさんあるね。

杏：はい。そして一番右の「解説」と書いてある欄が私からのコメント
になります。

新二：イについては書いてあるとおりだし、ロについては、そもそも
IGS のステージで議論するのではなく、きちんと無形資産の検討をし
ないとダメだよということですよね。

杏：はい、そのとおりです。

部長：ホはどういう意味なのかな？

杏：ホの留意事項には、「役務提供と同種の役務提供が非関連者との間
で行われている場合は、利益獲得を目的とした活動となる。」と記載

（図 3-10）

低付加価値 IGS としてマークアップ率 5%を適用する場合の要件に関する注意点		
要件	事例集で示されている留意事項等	解説
イ　役務提供が支援的な性質のものであり、法人及び国外関連者が属する企業グループの中核的事業活動には直接関連しないこと。	「支援的な性質のものであり、法人及び国外関連者が属する企業グループの中核的事業活動には直接関連しないこと」とは、役務提供が利益獲得を目的とした活動ではなく、かつ、当該法人及び国外関連者が属する企業グループの主たる事業活動に関連していないことをいう。	利益獲得を目的としていないこと主たる事業活動に関連していないこと
ロ　役務提供において、法人又は国外関連者が保有し、又は他の者から使用許諾を受けた無形資産を使用していないこと。	役務提供を行った者の無形資産が使用されているかどうかの検討に当たっては、事務運営指針 3-9（1）（注）に留意する。	役務の提供と無形資産の使用は別の概念！どのような無形資産を使用して役務提供し、それが子会社の活動、機能等にどのような影響があるのかを検討する必要あり
ハ　役務提供において、当該役務提供を行う法人又は国外関連者が、重要なリスクの引受け若しくは管理又は創出を行っていないこと。	「重要なリスクの引受け若しくは管理又は創出」とは、法人又は国外関連者の業績に影響を与え得るリスクの引受け若しくは管理又は創出をいう。	業績に影響を与えるようなリスクに関与していないこと
ニ　役務提供の内容が右に掲げる業務のいずれにも該当しないこと。	研究開発、製造、販売、原材料の購入、物流、マーケティング、金融、保険若しくは再保険又は天然資源の採掘、探査若しくは加工	どれも本業、または無形資産取引に関係するなど、IGS として検討するのにふさわしくないもの
ホ　役務提供と同種の内容の役務提供が非関連者との間で行われていないこと。	役務提供と同種の役務提供が非関連者との間で行われている場合は、利益獲得を目的とした活動となる。	役務提供が第三者にも提供されているということは、その目的が利益獲得ということになるので、そもそも IGS という範疇ではないということ
ヘ　法人及び国外関連者が属する企業グループ内で行われた全ての役務提供（イからホまでに掲げる要件を満たしたものに限る。）をその内容に応じて区分をし、当該区分ごとに、役務提供に係る総原価の額を従事者の従事割合、資産の使用割合その他の合理的な方法により当該役務提供を受けた者に配分した金額に 100 分の 5 を乗じた額を加算した金額をもって当該役務提供の対価の額としていること。	100 分の 5 以外のマークアップ率を用いる場合は、措置法通達第 66 の 4（8）-5（役務提供の取扱い）の取扱いに留意する。	コストマークアップ 5%以外の率を使用する際には、①上記と同様、第三者への提供価格と同じ率を使って請求する、②コストだけ請求する、③ TNMM で求めたマークアップ率で請求する
ト　役務提供に当たり、法人が次に掲げる書類を作成し、又は当該法人と同一の企業グループに属する者から取得し、保存していること。（イ）当該役務提供を行った者及び当該役務提供を受けた者の名称及び所在地を記載した書類	当該役務提供を受けた者の名称及び所在地については、法人及び国外関連者が属する企業グループにおいて、当該役務提供を受けた全ての法人を記載する。	―

要件	事例集で示されている留意事項等	解説
（ロ）当該役務提供がイからヘまでに掲げる要件の全てを満たしていることを確認できる書類		－
（ハ）ヘに定めるそれぞれの役務提供の内容を説明した書類	役務提供の内容（性質）、取引条件（単価、通貨等）並びに役務提供の開始時期及び期間等を記載した書類	形式にこだわらず、メールやメモ、覚書など、計算の基礎となるものが記載されているものが何であるかをきちんと把握しておく
（ニ）当該法人が実際に当該役務提供を行ったこと又は当該役務提供を受けたことを確認できる書類	請求書、計算明細書、業務日誌、作業日報又は出張報告書	子会社に請求する際には、どちらにしても計算の根拠を作成すると思うので、そこには ①誰が ②いつ ③誰に対して ④どのような役務提供を行い ⑤費用はどれくらいかかり ⑥それに対する間接費はどれくらい配賦され ⑦その配賦基準は何を使用し ⑧マークアップ率は何％としたか などの情報は記載されているはず。その疎明資料となるものを準備しておけばよい
（ホ）ヘに定める総原価の額の配分に当たって用いた方法の内容及び当該方法を用いることが合理的であると判断した理由を説明した書類	役務提供を行った者の業務日誌や作業日報等によって、当該役務提供 に要した費用を配分するための基準が合理的であることを検証できなけ ればならない。	IGSに限らず、何かを配分、按分する際には、売上等で一括に配分するのではなく、ある程度合理的な基準を用いる必要がある
（ヘ）当該役務提供に係る契約書又は契約の内容を記載した書類	記載内容については、非関連者間で取引が行われる場合に通常記載され、又は取り決められる取引条件等について明示されている必要がある。	必ずしも契約書という形式が必要なわけではなく、きちんと両者で認識を共有し、両者で取り決めたもの（覚書等）に則って処理が行われていることが必要
（ト）当該役務提供において当該法人が当該国外関連者から支払を受ける対価の額又は当該国外関連者に支払う対価の額の明細及び計算過程を記載した書類	取引価格、計算方法（取引相場の有無を含む。）、取引通貨、年間取引 金額及び対価の額の算定方法等を記載した書類	（ニ）に記載の計算書があれば、それを合計したものが年間取引額ともなるし、書類として改めて準備する必要もなくなる

されていますが、これは、「第三者にも同じような役務提供をしていたら、それは利益を獲得するために行っていると考えられるので、そもそも IGS という範疇ではないよ」ということです。

新二：なるほど、分かりました。

部長：トの項目は、いろいろと書いてあるけど、要は役務提供に絡む書類をきちんと揃えておきなさいということだね。

杏：はい、そういうことになります。ただ、契約書などの正式な文書が必ず必要ということではなく、中身がどういうもので、どのような期間行われたというような５Ｗ１Ｈをはっきり示せるものがあれば問題ないと思います。形式にとらわれず、メールでも何でもいいので、当事者同士がどのような取り決めでこの役務提供をすることになったのかが分かるようにしておいてください。調査などで指摘されてから、そうしたものを集めるのは大変ですので、事前に集めておくことをお勧めします。

部長：私の知り合いの会社では、調査の際に、間接費の配賦方法について厳しく指摘されたと聞いたけど、やはり配賦方法も細かく見ていかないといけないのかな。

杏：そうですね。参考までに配賦方法の指標の一部をここに書いておきますね（図3-11）。

新二：これなら、以前に見たことがあるな。

杏：配賦方法については、これといった決まりはないので、こうした例を見て感覚を磨いていただき、これにはこの基準でというのを決めていただければいいと思います。

部長：でも、経費科目なんて数え切れないくらいあるんだから、個々に基準を決めるなんて無理だよ。

杏：精緻にやれれば、それに越したことはありませんが、実務では細かいところまでひとつひとつ配賦指標を決めるのではなく、もう少し大きい基準で合理的に配賦指標を決めておけば、それで足りると思います。

図3-11

共通経費の配賦指標の例	
IT サービス	ユーザー数、パソコン台数
人的サービス	従業員数、従業員割合、使用資産の使用割合
サポートサービス	取引数、総資産額
車両管理サービス	車両総数
会計支援サービス	関連する取引数・関連取引割合、総資産割合
売上等に連動するサービス	売上等
OECD ガイドラインで示されている例	
給与関係事務取り扱いサービスの使用と提供	売上よりも従業員数
優先的にコンピューターのバックアップを行うためのスタンバイ費用	グループのメンバーにより支出されるコンピューター機器関連費用に応じて配分
国際的な博覧会、報道、広報活動のような集中的に行われた販売促進活動が多くの関連者によって製造または販売した製品数量に影響する場合	すべての受益者に配賦する必要があるが、配賦指標は第三者でも受け入れるようなものである必要がある

部長：ある会社は、売上高で全部をザクッと配賦していたから、指摘されてしまったと言っていたし、自社できちんと指標を決めてやれば、指摘されるリスクはグッと減るということだね。

杏：はい、そうですね。

新二：　**図3-11**　の一番下のところに記載してある、国際的な博覧会に関する配賦については、第三者が受け入れるものである必要があると記載されていますが、具体的にはどういうことなのでしょうか。

杏：これについては、ガイドラインで「比較可能な独立企業が受け入れたであろう配分と整合的な結果にならなければならない」と説明しています。仮に、この博覧会に関係会社以外の第三者も数社参加しており、全員が、その効果は売上に直結すると考えているケースがあるとします。この場合には、売上で按分した費用を各々が受け入れると思

いますので、売上を配賦指標として参加者全員に配賦するのが最適かもしれません。ただ、売上に直結しないケースもあると思いますので、その場合には別の方法を考える必要があると思います。

新二：別の方法というと？

杏：例えば、その博覧会に出展したことは今すぐの売上に直結するということではなく、グループ全体のブランディングとして、企業価値を上げるためのものであり、しかもそれはグループ戦略の一つとして、以前からきちんと計画されていたようなものであれば、あえて子会社に請求するのではなく、グループ戦略の一つとして親会社負担とする余地もあるということです。

新二：将来的には子会社の売上にも影響があるかもしれませんが、そこは大丈夫なのでしょうか。

杏：長い目で見れば、ブランド戦略は子会社の売上にいつかは貢献するものかもしれません。ただ、今支出したものを配賦するというよりは、将来的にロイヤルティを請求する場面や、取引価格を設定する場面で、「親会社が長年築いてきたグローバルのブランド力があるからこそ、現地で高く売れる」という理屈で、その貢献分を利益配分に上乗せするという考えもあるのではないかと思います。

部長：うーん、配賦基準一つとっても、答えがないから、考えないといけないことは満載だねぇ。

杏：実際に低付加価値 IGS を使おうという例はあまり聞いたことがありませんが、IGS を考えるヒントとしては有用なので、ここでご紹介しました。

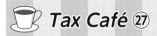

Tax Café ㉗

会計、監査、法務、
コンピューターサービスなどの IGS

杏：最後に追加しておきますと、例えば、会計、監査、法務、コン
　　　ピューターサービスなどの役務提供には、CUP 法が使えるかもしれ
　　　ません。

新二：それはどういうことですか？

杏：こうしたサービスは、市場における第三者同士の取引価格を見つけ
　　　ることが比較的可能であると思いますので、それが見つかった場合に
　　　は、その価格の採用を検討する必要があると思います。

部長：それは簡単でいいけど、これまで徴収していなかったフィーをこ
　　　れから取るというのは、本当に気が重いな。

新二：でも、課税されて二重課税となってしまうことを考えたら、まだ
　　　マシですから、ボクが頑張ってやりますよ。

部長：頼んだよ。

❖ ══ **解　説 ▪ 実践！　IGS で課税されないための方法** ══ ❖

1. IGS を把握し、対価の徴収もれをなくす

　冒頭でも述べたように、IGS は、最も課税されやすい項目のひとつで
す。課税を受けないようにするためには、社内にどのような IGS、つま
り親会社から子会社に対する役務提供があるのかを把握することが大変
重要ですが、実際にどのように検討を進めたらいいのか分からないとい
う声を多く聞きます。

　そこで、ここでは IGS の整理の方法を具体的にご説明したいと思い
ますので、まずは、（図3-12）の手順をご覧ください。

図 3-12

IGS 把握＆リスク低減手順

1 各部署にアンケート（インタビュー）をして、実態を把握する。（見えない部分も浮き上がってくる）
①文例：関係会社とやりとりしていることは、電話対応、相談窓口設置、図面提供なども含めて全て記載してください。 ②本業そのもの（子会社に販売しているなど）を書いてくる者もいるが、把握もれを防ぐために、とにかくすべて書いてもらうようにする。 ③アンケートで意図が伝わらないことも多いので、記載例にもあるように、その部署に応じた例をいくつか書いてから依頼すると、ズレた回答が少なくなる。 ④事前にアンケートをして、その後にインタビューをするのが一番効果的（なかなか難しいかもしれないが…）
2 対価の有無の判定をする
①実際に対価を回収するかどうかの判断は、この段階では行わない。 ②対価を回収すべきものについては、各部署に通達し、その事実を認識してもらう。
3 対価の請求の要否を検討する
①対価の請求を行うと判定されたものについて、再度インタビューするなどして、内容を確認し、再度判定する。 ②対価の請求が必要なものについて、実際に請求するか、しない（できない）場合には、どのように説明をつけるかなど検討する。
4 アンケート結果及び判定表を部署別ケーススタディとして活用し、現場教育をする
①対価の請求を行うと判定されたものについて、再度インタビューするなどして、内容を確認し、再判定する。 ②対価の請求が必要なものについて、実際に請求するか、しない（できない）場合には、どのように説明をつけるかなど検討する。

図 3-13

IGS の把握のためのアンケートと判定表（例）

	IGS を把握するための各部署へのアンケート例								判定				
回答者の所属部署	役務提供先（子会社名）	役務提供の内容	役務提供の頻度	役務提供の方法	契約の有無	対価の有無	年間の概算コスト	のべ従事者数	株主活動	コストカバー	要マークアップ	請求不要	理由
XX本部	××中国	技術支援	年4回程度、1回あたり平均5日	出張	有	契約に基づき請求	XXX百万円	5人				○	技術支援契約の範囲内
△△本部	××タイ	テクニカルサポート	要請がある都度	メール・電話	無	無	XXX千円	20人			○		
○○部	××インドネシア	設計支援	プロジェクト開始時	設計図提供	有	有	不明	1人			○		

　まず、第一段階として、IGS を把握することになりますが、その方法としては現場にアンケートをとって、把握もれがないようにします。現場では、IGS が何であるかを理解していないと思いますので、とにかく漏れがないように、子会社に対するやりとりはすべて書いてもらうようにします。現場で勝手に「これは子会社支援ではない」と判断してしまうと、大変リスクが高くなるからです。実際のアンケート例については、すでに （図3-9）でご説明しましたが、少し加筆しましたので改めて （図3-13）をご覧ください。

　このアンケートを見ていただくと分かるとおり、IGS は出張して行うものだけでなく、電話やメール、設計図の提供なども含まれており、そうした例を示すことで、現場の担当者に子会社とのやりとりは全て記載しなければいけないのだということを認識させます。金額の記載が必要なのは規模感を見るためで、少額で無視していいものか、多額で重点的に検討しなければいけないものなのかを、ここで判断します。

　右側の判定についてですが、実際にはここの部分が一番難しく、この判定によっては課税に結びついてしまう結果にもなりますので、自社の税務部門で判定してリスクを取るのか、私のような専門家に任せるのかは、判断が分かれるところです。

　ここまでやれば、あと一息です。すでに IGS として対価を取るものが特定できていますので、子会社と協議して対価を取るのか、それともIGS を止めて現地の第三者に安く依頼するのかなどを決定し、実行します。

2.　社内教育の重要性（ポリシーやガイドブックの作成）

　IGS を上記のように検討した時点での対応は、上記に述べたとおりですが、今後のことも考える必要があります。というのも、現場では次々に IGS が発生している可能性もあり、上記の検討だけで安心していると、何年後かの調査の際に、新たな IGS について把握漏れを指摘され

課税される可能性があるからです。

　これを防ぐためには、社内教育が欠かせません。社内教育といっても、大げさな話ではなく、せっかく実態を把握したのですから、それを使用して現場の担当者自身に、IGS になるのか、ならないのかをきちんと認識してもらえるようにする仕組みづくりをします。

　具体的には（図3-14）のような形でまとめることをお勧めしています。まず最初に、IGS とはどういうものか、判定はどうするのかについて、この章の初めの方の説明を準用しながらまとめます。その後ろに、1 で収集したアンケートを判定表まで埋めて添付します。というのも、これをアンケートを作成した部署の人が見れば、やっていることは似ていると思いますので、IGS になるものが何であるかをアンケートで理解することができるからです。

　なるべく手間をかけないで効率良く社内教育できる例として、参考にしていただけたらと思います。

図 3-14

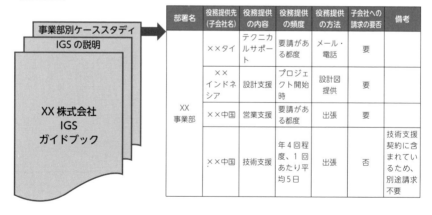

部署名	役務提供先 （子会社名）	役務提供 の内容	役務提供 の頻度	役務提供 の方法	子会社への 請求の要否	備考
XX 事業部	××タイ	テクニカ ルサポー ト	要請があ る都度	メール・ 電話	要	
	×× インドネ シア	設計支援	プロジェ クト開始 時	設計図 提供	要	
	××中国	営業支援	要請があ る都度	出張	要	
	××中国	技術支援	年4回程 度、1回 あたり平 均5日	出張	否	技術支援 契約に含 まれてい るため、 別途請求 不要

3.　出張報告書等の見直し

　IGS 課税の端緒となるものの一つが、出張報告書です。ここから NG ワードを捕捉され課税につながることが多いので、記載方法についても社内のルールを決める必要があります。担当者が出張報告書を書く場合、出張の正当性を強調するために大袈裟に書いてしまう傾向があります。子会社の支援をほとんどしていないにも関わらず、「支援、応援、指導、教育」といった、いかにも子会社支援につながる NG ワードを使用してしまうケースが多く、課税された後に、実は IGS に当たらないことが判明したという事例もありました。

　そうした安易な報告書を作成しないよう、（図3-15）を参考に、出張報告書の書き方指導や、様式の見直しなども行い、無駄に課税されることのないような対策をしておくことが重要です。

図 3-15

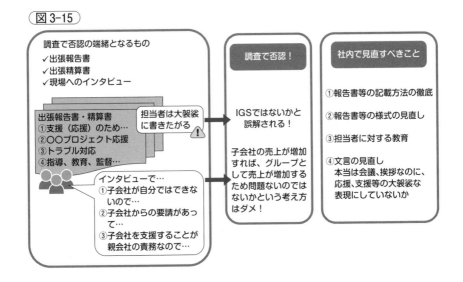

第 **4** 章

海外子会社への
出張・出向及び
論点になりやすい諸問題

　この章では、直接移転価格に係る問題ではないものの、グローバルに事業を展開する企業にとっては避けて通れない出向・出張に係る課税の問題について取り扱います。実際に出向・出張に係るコスト負担については、IGS に次いで課税される事例が後を絶たず、企業の税務担当者にとっては頭の痛い問題です。また、人の動きに伴う課税であるため、すべてを税務担当で把握することが難しく、人事や事業部を巻き込まなければならないなど、課題の多い分野でもあります。IGS と同様に「子会社の面倒は親会社が見るのが当然」といった日本企業特有の風土の中、いかにして線引きすればいいのかをここで見ていきたいと思います。

 **Tax Café ㉘**

給与較差補填など出向者に係る課税問題

新二：部長、今日の会議で出た話題についてご相談があるのですが。

部長：ああ、海外出向者の給与較差補填、膨大な海外での広告費の本社負担、子会社から徴収しているロイヤルティを当面免除するとか言っていた件だよね。不穏な話題が満載だったな。

新二：そうなんですよ。事業部は、いつも事後報告ですからね。最初に相談してくれたらいいのに、いつも結果だけ伝えてくるんですから、本当に困りますよ。きっと寄附金課税されるものとか、移転価格の問題になるようなものがたくさんあると思うんですよね。

部長：事業部は、親会社が全額負担すればいいだろう、なんて単純なことを言っているけれど、考えなくちゃいけないことって、山ほどあるはずなんだよね。

新二：なんだか不安だらけですね。

部長：やはり、杏さんのところに相談しに行ってみようか。

・・

杏：事前に新二さんからお電話でお伺いしましたが、問題となりそうな
ことがたくさんありそうですね。

部長：そもそもどうしたら税務的な問題にならないかということを、初
めに考えてから実行に移してもらいたいんだよね。

杏：もちろん、そうですね。それでは、問題がありそうな点に対し、ど
のように備えたらいいかについてお話ししたいと思います。いつもだ
と守りの姿勢でお話していますが、今日はちょっと趣向を変えて、攻
めの姿勢で見ていこうかなと思っています。

新二：攻めの姿勢って？

杏：つまり、私が調査官の気持ちになっていろいろお伺いしていこうか
なと思って。

部長：えっ、杏さんが調査官？ 何だか、急に怖く見えてきちゃったよ。

杏：調査官だからといって、怖いわけではないですよ。私の知っている
調査官は、とっても優しい方ですもの。

部長：うーん、まあ人によるんだろうけど、どうも怖いイメージがある
んだよね。

杏：大丈夫です。今日は優しい調査官バージョンでお伺いしますから。
あっ、でも質問は厳しいかもしれませんけど。

部長：ははは、お手柔らかにお願いするよ。

杏：では、まず出向者について、その概要を費用の負担も含めて説明し
ていただけますか。

新二：はい。いろいろパターンがあるのですが、とりあえず3年前に設
立したタイの子会社への出向者についてご説明します。この子会社は
設立してまだ年数が浅く、ずっと赤字続きなので、支援のために、技
術者3名が出向して工場で製造方法などの指導を行っています。ま
た、営業が1人、販路拡大や営業戦略指導のために出張ベースで支援

に行っています。

部長：タイ子会社の管理セクションへも一人行っているよね。

新二：はい。管理セクションへの出向者は、部長クラスですね。なかなか日本の意向が伝わらなかったりするので、親会社とのパイプ役のようなものです。出向者の給与は基本的に子会社が負担していますが、タイの給与水準が日本よりも低いので、日本にいた時の給与水準を維持するために、差額は親会社の方で留守宅手当として支給しています。

部長：いわゆる給与の較差補填ということだよ。

杏：その負担の正当性を裏付ける海外勤務に係る規定や契約書などを、見せていただけますか？

新二：はい。お電話でご指示いただいたとおり、今日は関係ありそうな書類も持ってきました。ええと……。出向契約書、これですね。

杏：それから、その給与の較差の計算根拠に係る書類もお願いします。

新二：計算根拠ですか？　ええと、現地の担当者とやりとりしただけなので、正式な文書のようなものはないんですよね。

杏：では、その時のメールなどは残っていますか？

新二：はい。このパソコンにあるので、これを見ていただけますか？

部長：メールなんかで大丈夫なの？

杏：はい。そこにきちんとした検討結果が書いてあれば、それも立派な根拠資料となりますので、それをプリントアウトするなど、きちんと保存しておくといいですね。

部長：へえー、そうなんだね。

杏：あらっ、でもこのメールを見ると「5年前にきちんと検討したものがあるので、それを使用しよう」となっていますが、これはどういう意味ですか？

新二：5年前、タイの子会社設立準備として、出向なども含めていろいろ検討したようなんですよ。せっかくその時に検討した数字があるの

で、それを使用しようということになりました。

杏：うーん、まずいですね。すぐに問題になるかというと、検討してみ
ないと分かりませんが、5年経ってタイの人件費も上がってきている
と思いますので、アップデートしない数字を使うのはよくないです
ね。

部長：うわっ、何だか言い方がきつくなってきていない？

杏：ふふっ。大丈夫ですよ。私が課税できるわけではないですから。た
だ、給与水準だけでなく、税務上で何かを判断するときの材料、例え
ば経済状況やベンチマークなどは、定期的にモニタリングしておくこ
とが大切です。

新二：定期的というとどれくらいですか？

杏：せめて3年に1度くらいですかね。でも、経済状況が大きく変化し
た時や、何か大きな出来事があった場合には、その都度やる必要があ
ると思います。

部長：もし、アップデートした水準とかなり差があったりすると……。

杏：子会社への寄附金として課税される可能性がありますね。

部長：いやっ、それは困るなぁ。

新二：正直に言うと、タイの担当者とは、なかなか意思疎通ができなく
て、もうそれ以上やりとりするのが面倒だったので、それを使ってし
まったんですよね。これから気を付けてアップデートしていきます。

杏：それから、この計算ですが、契約書で明記されているからといって
安心しないでくださいね。契約書に記載の子会社の給与負担金が過少
ではないかという観点でも検討されると思いますので。

部長：そうは言っても具体的にどうすればいいのかな。

杏：では、給与較差補填についてまとめてみましたので、（図4-1）を
ご覧ください。

部長：なるほど、給与の較差補填は法人税の基本通達に規定されている
んだね。

図4-1

> **給与較差補填は法人税通達で定められている**
> 法人税基本通達 9-2-47
> 出向元法人が出向先法人との給与条件の較差を補填するため出向者に対して支給した給与の額（出向先法人を経て支給した金額を含む。）は、当該出向元法人の損金の額に算入する。
> ㊟　出向元法人が出向者に対して支給する次の金額は、いずれも給与条件の較差を補填するために支給したものとする。
> 1　出向先法人が経営不振等で出向者に賞与を支給することができないため出向元法人が当該出向者に対して支給する賞与の額
> 2　出向先法人が海外にあるため出向元法人が支給するいわゆる留守宅手当の額
>
> **較差補填であると言うためには綿密な準備が必要**
> ＊子会社の所在する国の給与水準（出向者と同レベル）を入手し、現地負担分と乖離がないかチェックする
> ＊給与水準の入手は一種類ではなく、現地子会社で実際に支給している給与水準、現地商工会議所、データベース（人事で使用しているマーサーなど）、JETRO などで入手した資料など複数の資料を用意し、どの方角から見ても正しいということを証明できるようにしておくとベスト

杏：法人税法そのもので規定されているわけではなく、あくまで取扱いとして通達で定められているだけですし、こうした規定があるのは日本くらいですので、「給与較差補填は認められているんだ！」と安心するのではなく、基本は全額子会社負担であることを意識しつつ、周到に準備することが大切です。

新二：確かに、企業勉強会でも、留守宅手当が調査で否認されたという話をよく聞きますし、注意を要するポイントなんですね。

部長：だから **図4-1** にあるような資料を用意する必要があるんだね。

杏：資料を準備するポイントは、いつも申し上げているとおり、ひとつの書類を用意して安心するのではなく、三本の矢として、複数の資料を用意しておくことです。

部長：いろいろな角度から、負担金の金額が正しいかどうか見ていかないといけないんだね。

新二：早速情報を収集してみるようにします。

杏：それから、他に何か書類をお持ちいただいていますか？

新二：今の給与較差補填と似たような話ですが、親会社の子会社給与負担額を一覧にしたものがあります。

杏：これを見ると、タイ子会社については、設立 3 年目になると親会社の負担額がグッと下がっていますが、これはどうしてですか？

新二：ええと、これはですね、最初の 2 年間は子会社の経営が苦しかったので、全額親会社が負担してあげたというか、負担せざるを得なかったというか。

杏：うーん、これもまずいですね。先ほどお話しした基本通達 9-2-47 では、子会社が経営不振で出向者に賞与を支給することができない場合には、親会社が負担することが認められています。でも、全額負担となると、子会社支援として寄附金課税される可能性があります。

部長：これは仕方ないんだよ。だって、大赤字なんだからね。

杏：赤字だからという理由だけでは認められませんが、実務では「これ以上子会社に負担させられない」ということも多々あると思います。ここは調査でも厳しく見られる部分ですので、原則やリスクを認識した上で、（図 4-2）のようなことに気を付けながら、企業としてどうしていくのかを考えていただけたらと思います。

（図 4-2）

海外子会社への出向者に係る税務で気を付けること

> ➤ 基本的に出向者に係るコストは子会社が負担する
> ➤ 現地との給与水準の較差は親会社が負担してもいい
> ➤ 契約書がないとダメということではないが、給与水準などを検討したことが分かる資料はどんな形でもいいのできちんと保存しておく
> ➤ 検討結果は随時アップデートしておく
> ➤ 契約書があるからといって安心しない。
> ➤ 会社間の取引については、発生するコストや役務提供がどこの収益に貢献するものなのかということを常に意識する

 **Tax Café ㉙**

出向・出張に係る PE 認定リスク

杏：先ほど較差補填しているタイの子会社の話がありましたが、その子会社と親会社の会議の議事録を見せていただけますか？

新二：分量がかなりあったので、今日は議事録の内容が分かる一覧表だけ持ってきましたが、これでいいでしょうか。

杏：はい。では、拝見しますね。……うーん、ここに書いてあるのを見ると、出向している部長さんは、日本の親会社のために現地で活動している部分もあるんですね。

部長：どちらのためというか、結局はグループ全体の利益のために活動してもらっているからねぇ。日本のお客さんのところに行ってもらうことだって当然あるし。

杏：では、親会社と子会社のそれぞれの組織図も見せていただけますか？

新二：はい、これです。

杏：これを見ると、タイの子会社の組織図には出向されている部長さんのお名前がないようですが。

部長：まあ、グループのことを幅広くやってもらっているので、そこに載せるのも変かなと思って。

杏：それだと、出向している部長さんに係るコストの負担割合をどうするかという問題を考えないといけませんね。親会社の仕事をしているのに子会社が全額負担していると、現地当局から指摘されるかもしれませんよ。それから、このパターンで一番怖いのは、部長さんが親会社の指揮下にあるとして、PE 認定される可能性があるということです。

部長：えっ、PE 認定？

杏：はい。タイだけでなく、中国、インドネシア、ベトナムなどもそうですが、出向者が親会社からの指示に基づいて、親会社のために仕事をしている部分があると、その人を **PE（Permanent Establishment: 恒久的施設）** とみなして課税してくるということがあるんですよ。

新二：PE とみなすというのが、ちょっとよく分からないのですが。

杏：イメージしやすいように (図4-3) に書いてみましたが、タイの子会社の中の一部、つまり部長さんがいる部分だけはタイの子会社ではなく親会社がタイに進出してきて活動し、収益を得ていると考えるんです。収益があるということは、当然タイでも申告してくださいということになるので、親会社自身としてタイでも申告しなければならなくなるということです。

新二：そんな、ひどいですよ。

杏：でも、実際にこうした課税は行われていますし、タイ国歳入法では「外国法人の従業員がタイ国内で外国法人のために収益を得ていたら

(図4-3)

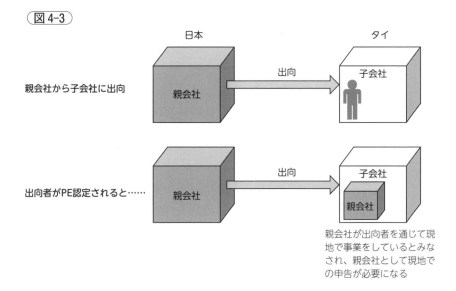

親会社から子会社に出向　　日本　　　出向　　　タイ　子会社

出向者がPE認定されると……　親会社　　出向　　子会社　親会社

親会社が出向者を通じて現地で事業をしているとみなされ、親会社として現地での申告が必要になる

PE 認定する」という規定があります。先ほどのケースで言えば、親会社の従業員がタイで親会社のために収益を得ていたら PE 認定するということです。

新二：そこをきちんと考えておかないと、あとで大変なことになりますね。

杏：また、給与較差補填をしている場合でも、日本負担分があることをもって、「日本がコントロールしている」＝「PE がある」と認定されることがあるので注意が必要です。グローバルで見ると、給与較差補填はスタンダードではないということを改めて認識しておいてください。

新二：ただ、現地で申告して納めた税金は、親会社の方で外国税額控除すれば、グループ全体としては、そんなに影響がないですよね。

杏：控除できるのは、日本の当局もそれを PE と認めた場合に限ります。でも、外国当局の理屈に日本の当局が迎合するとは思えませんから、二重課税のままになってしまう可能性も大きいと思います。

部長：うわー、それじゃ困るよ。出向者については気を付けないといけないね。

❖ ＝＝＝＝＝ 解　説 ▪ PE とは？ ＝＝＝＝＝ ❖

Tax Café でも触れましたが、PE とは Permanent Establishment（恒久的施設）のことで、事業を行う一定の場所のことを指します。

1.　PE の概念がなぜ重要か

「PE なければ課税なし」とよく言われる通り、PE を有していない場合には外国法人に対する課税が行えません。裏を返せば、PE として認定すれば外国法人に対する課税ができるということになりますので、PE になるのか、ならないのかは非常に重要なポイントになってきます。

2.　PE の種類

　PE には、次の 3 つの種類があります。これは日本の法令で定められたもので、租税条約で異なる定めがある場合には、租税条約が優先されます。

> (1)　支店 PE：支店、事務所、工場、その他事業を行う一定の場所
> (2)　建設 PE：建設、据付けの工事又はこれらの指揮監督で 1 年を超えて行う場所
> (3)　代理人 PE：代理人等で、その事業に関し、反復して契約を締結する権限を有し、又は契約締結のために反復して主要な役割を果たす者等の一定の者

（注 1）　商品又はそれらの在庫の保管、展示又は引渡しのためのみに使用する施設等は、それが事業の遂行上準備的又は補助的なものである場合は、上記(1)、(2)に含まれません。

　この PE の規定は、2018 年度の税制改正で整備されたものですが、これは BEPS でも問題になったアマゾンのようなインターネット通販会社に対する対抗措置でもあります。海外のインターネット通販会社は、日本に巨大な倉庫を有し、商品はそこから顧客に配送されているものの、販売自体はインターネットを通じて海外で行っていることから、日本では納税義務がないと主張してきました。それに対して本改正では、「このような巨大な倉庫を有するものは、準備的・補助的なものではなく、本業そのものであるから PE に該当する」＝「納税が必要」という規定としました。

3.　PE の課税問題

　PE として課税されると、申告義務が生じることはすでに説明しましたが、実際にどこで PE 課税が行われているかと言えば、やはり中国やインドを筆頭としたアジア諸国などが挙げられます。難癖をつけられて、PE 課税をされたという事例は後を絶たず、現地で申告した税額が日本で外国税額控除ができなければ、二重課税になってしまいますし、

運よく外国税額控除できたとしても、現地での申告には、それなりの労力と費用がかかってしまいます。PE課税をされるということは、本当に厄介な問題ですので、できるだけ課税されることのないよう、事前の対策が大変重要になります。

　具体的な対策として、まずは、出向者に関して気を付ける点をまとめてみました（図4-4）。出向者に係るPE認定課税では、「出向者が親会社の指揮下にある」ということを外国当局が主張してくるというパターンが多いようです。そのため、ここでは出向者が子会社の指揮下にあるということを証明するための様々なヒントを示しています。

図 4-4

出向者が PE 課税を受けないために気を付けること

➤ 出向者が子会社の指揮命令下にあり、親会社の指揮命令下にないこと、リスクは子会社が負担することをはっきりさせておく
➤ 社内規定（海外出向規定等）にも、指揮管理は現地法人であること、リスク負担は現地法人がすること、出向者の評価は現地法人が行うことなどを明記しておく
➤ 契約書にそうしたことを明記するのも大切だが、調査の際に、議事録や組織図、報告書などで親会社からの指示に基づく活動が明らかになることもあるので、契約書以外の文書にも気を配る
➤ 実態がどうなっているのかというのを確実に把握しておく
➤ 出向者の活動がどこの収益に貢献しているのという観点でも見ておく

●本日のデザート●

　PEに関しては、日タイ、日中、日比租税条約等の第5条（恒久的施設）に規定されていますので、一度確認しておいてください。なお、PE課税リスクを低減するために、把握しておくべき情報の例については次のTax Café ㉚を参照してください。

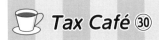

出張者に係る PE 認定リスクと課税の諸問題

杏：出向者だけでなく、出張者に関しても PE の問題が生じるので、注意が必要です。

新二：えっ、出張しただけで PE なんて言われることがあるんですか？

杏：例えば、中国のケースなのですが、月に 1 日出張して、それが 6 か月続いただけで、「はい、6 か月を超えたので PE です」と言われ、課税された事例がありました。

新二：えっー、それは酷すぎないですか！　合計してもたった 6 日の出張ということですよね。

杏：これは極端な例となりますが、理屈では、どうにもならないことが起きるのが、海外、特に新興国の課税ですから、リスクをゼロにはできなくとも、ポイントを押さえて対策をするようにしてください。

部長：とは言っても、どうしたらいいか分からないよ。

杏：では、リスクを低減するために収集すべき情報の例を 図4-5 に記載しましたので、そちらをご覧ください。

部長：こんなに細かいことを見ていかないといけないの？

杏：もちろん全部は大変ですから、気になる拠点について、こうした観点で一度見ておけばいいと思います。

図 4-5

税務リスクを低減するために収集すべき情報の例			
出張者	1	滞在日数（訪問頻度）	1年間に183日を超えていないか。発展途上国の場合、出張期間が6か月を超えていないか。
	2	滞在期間	
	3	プロジェクトの期間	親会社が現地で事業をしているとみなされる可能性はないか。
	4	作業の指示者	
	5	プロジェクトへの関与度合い	
	6	実際の滞在先での作業（受注・交渉参加状況）	
	7	どの収益に貢献するものか	
	8	この出張等でベネフィットを受けるのは誰か	
	9	現地で訪問する際の名刺、IDカード等の状況	
	10	作業の際、用いている知財はあるか	ロイヤルティ契約の一環であることを主張できるか。
	11	作業内容はロイヤルティ契約に含まれるものか	
	12	この出張等に係るコストはすべて把握できているか	コストの負担状況・支払い方法がPEと認定される恐れはないか。
	13	出張等に関するコストの負担状況	
出向者	14	現地の指揮命令下にあるか	あくまでも子会社の指揮命令下にあり、親会社のPEとはならないことを主張できるか。
	15	解雇する権利は出向先にあるか	
	16	人事評価は出向先が行っているか	
	17	契約書だけでなく、議事録、報告書などで上記が明確になっているか	
	18	較差補填をしている場合、その正当性は整理できているか	日本の法令で認められているからと安心していると、日本がコントロールしているとしてPE認定されるリスクあり。

新二：No.1に記載してある183日云々というのはどういう意味なのですか？

杏：これについては、短期滞在者免税（P159解説参照）の恩恵を受けられないものについては、PEとなってしまう可能性があることから注

意する点として挙げました。

新二：出向者について、ひとつ気になったのですが、きちんと所得税を納めているという主張は、PE 課税に対する抗弁にはならないのでしょうか。

杏：そうですね。残念ながら所得税納付の有無に関わらず PE 認定は行われているようですので、所得税を納付しているからといって、決して安心はできないですね。

新二：ひどいなあ。

部長：それから、No. 18 の較差補填についてだけど、日本が給与較差を補填することによって、日本がコントロールしている＝ PE だとみなされる可能性があるんだよね。とはいえ、実際には子会社から現地通貨で全てを受け取ってしまうと、為替の変動によって給与も変わって従業員の生活に大きな影響が出てしまうから、親会社が円で従業員に直接支払って、現地負担分を請求するというやり方をしている会社だってあるよね。

新二：従業員の中には住宅ローンを抱えている者も多いですし、留守宅の家族の生活費等も必要ですから、留守宅手当てなどは親会社から本人の日本の銀行口座に振り込むことがどうしても必要な場合もありますよね。

杏：実務では、もちろんそういうケースはあると思います。ただ、現地の税法の観点から見ると、「較差補填は、親会社に対して従業員が役務提供を行っていることを示す証拠だ」という認定をされることがあるようです。また、現地の税制如何によっては、源泉徴収の対象になる可能性もあります。

部長：うーん、それは困るなあ。実務を急に変えることはできないよね。

杏：実務を変える、つまり支払い方法を変えたりするのは難しいでしょうから、今まで見てきたように出向者が現地子会社の支配下にあるん

だという事実をたくさん積み上げて、理論武装しておくことが必要になると思います。

新二：なるほど、今はそれしかできないですかね。

部長：でも、国によって解釈が違うと、本当に困るね。OECD でも、ちゃんと世界基準みたいなものを設けてくれないのかな。

杏：それについては、OECD モデル租税条約で触れられています。例えば、実際の雇用者は誰なのかを判断するのに参考となる基準が OECD 租税条約第 15 条（給与所得に対する課税）に関するコメンタリー 8.14 に示されていますので、ご紹介しておきますね（図 4-6）。

（図 4-6）

雇用関係があると判断するための基準
役務提供方法の指示を出す権限を持つ者
役務提供場所の管理責任者
役務提供者への給与が、法的な雇用者に直接チャージされているか否か
利用する器具を準備した者
役務提供者の人数及び条件の決定権者
役務提供者の選択及び契約終了の権限者
役務提供者への懲戒処分権限者
休暇及び勤務日程決定権者

部長：こうしたことに気を付けておけば万全ということだね。

杏：必ずしもインドなどがこの基準に従っているかというと、そうでもないので、参考までに、インドのニューデリー高等裁判所で PE だと認定された判決の中で示された判断要素をご紹介しておきますね（図 4-7）。

部長：この No.8 〜 No.10 は、おかしくないかな。出向者は親会社との雇用関係は継続しているわけだし、出向後は当然親会社に戻るんだし。

（図 4-7）

	実質の雇用者が誰であるかの判定要素
1	業務の内容及び方法に関する指示、指揮、管理及び監督は誰が行うか
2	出向者の子会社業務への関与度合
3	出向者の利益への貢献度及び負担しているリスク
4	出向者を雇用・解雇する権利は誰が有しているか
5	業務承認の権限は誰が有しているか
6	給与支払者は誰か
7	インド現地の法令を遵守しているか
8	インド子会社が出向者と海外会社との間の雇用関係を終了させる権利を有しているか
9	親会社の退職金・社会保障プランに入ったままになっていないか
10	出向終了後、親会社に戻る予定か

　こんなことを判定基準にされたら、たまらないよね。

杏：そうですね。実際にこの基準が適用される可能性はあまりないのかもしれませんが、何とかして課税しようという姿勢がここでも見て取れると思います。

部長：これじゃ、おちおちインドに出向になんか行かせられないね。

新二：とはいえ、出向制度をやめるわけにはいきませんから、こうした基準や、理不尽な視点からの課税もあるということを認識しながら、リスクを減らしていくしかありません。

部長：新興国の理不尽な話は分かったけれど、それ以外の国での課税事例や注意すべき点などがあれば、それもついでに教えてくれないかな。

杏：ではまず、カナダで PE ではないと判断された事例をご紹介しますね（図 4-8）。

158

（図 4-8）

カナダ当局が PE とならないと判断した事例
米国からカナダ子会社へ 8 か月出向
役職は CEO
米国から給与が払われているが、最終的にカナダ子会社が相応分を負担している
カナダの子会社がその出向者を指揮監督している

部長：随分シンプルだけど、納得感はあるね。

杏：それから、米国当局 IRS の PE 課税に関するマニュアルの中から、今までお話してきたこと以外の部分を抜粋してみましたのでご覧ください（図 4-9）。

（図 4-9）

米国当局（IRS）における海外親会社から米国子会社に出向する社員に関する PE 課税に係るマニュアル	
税務申告書	Form1120F の PE 欄のチェックと Form8833 で記載した内容とに齟齬がないか
税務申告書	外国関係会社との取引に係る Form5472 に PE の記載がないか
源泉徴収票	どちらの会社の要素が示されているか
給与台帳	出向者が子会社の給与支払名簿に載っているか
組織図	親会社がそこで事業を行っていることを示す記載はないか
出向契約書	どちらの社員であると記載されているか

新二：やはり、いろいろな書類に気を配らないとダメなんですね。結構大変だな。

部長：ふう、PE 疲れしちゃったよ。

新二：でも、PE 課税をされることは絶対に避けたいですから、できることから手を付けていきたいと思います。

❖ ══════ **解　説 ▪ 短期滞在者免税とは** ══════ ❖

1.　国内源泉所得の考え方の基本

　短期滞在者免税を考える前に、給与所得の源泉地、つまりどこに課税権があるかということを判定する基準について考えてみたいと思います。

　基本は「給与所得の源泉地はあくまで勤務地であって、支払地ではない」ということです。通常、日本企業に勤めている人で、勤務地が日本であれば、当然源泉徴収をされて日本に税金を納めていると思います。出向者については、出国の日から非居住者になり、現地で勤務をし、現地で給与を受け取っているので、現地で課税されています。また留守宅手当も勤務地が海外となりますので、海外で受け取る給与と一緒に海外で確定申告をしていると思います。

　では、出向者が日本に帰国してひと月ほど仕事をしていたら、どうなるでしょうか。原則どおり考えれば、勤務地が日本になりますので、日本で課税されることになり、海外子会社から給与を支給されていたとしてもそれに対して日本で課税されるはずです。また、海外出張の場合にも、海外でひと月仕事をする場合には、勤務地が海外となりますので、出張先の国で課税されるはずです。

　ただ、海外出張しただけで、現地で課税された経験はないと思います。それはなぜでしょうか。

2.　短期滞在者免税

　日本が締結している海外各国との租税条約では、海外の居住者が日本で短期間の勤務を行う場合には、原則的に日本での課税が免除されます。また、反対に日本の居住者が海外で短期間の勤務を行う場合にも、同じように海外での課税が免除されます。この規定を短期滞在者免税といい、例えば日米租税条約では以下の要件を満たせば免税が適用される

ことになります。

○日米租税条約 14 条 2 項（短期滞在者免税）

①当該課税年度において開始又は終了するいずれの 12 カ月の期間においても、報酬の受領者が当該他方の締約国内に滞在する期間が合計 183 日を超えないこと

②報酬が当該他方の締約国の居住者でない雇用者又はこれに代わる者から支払われるものであること

③報酬が雇用者の当該他方の締約国内に有する恒久的施設によって負担されるものでないこと

183 日ルールという言葉をよく聞くと思いますが、海外の滞在日数に関して 183 日を気にする必要がある理由は、この規定があるためです。出張者に関しては、海外での滞在日数が 183 日以内で、給与が日本企業から支払われ、給与が海外にある日本企業の支店等によって負担されるものでない場合には、海外で課税はされないことになります。また、海外子会社への出向者に関しては、海外の居住者ということになるので、日本での滞在日数が 183 日以内で、給与が海外子会社から支払われ、給与が日本にある海外子会社の支店等によって負担されるものでなければ、日本で課税されることはありません。

このような規定は、租税条約を見て判定することになりますが、その要件は相手国によって若干異なりますので、判定の際は必ず租税条約を確認するようにしてください。

3. 給与較差補填（留守宅手当）は短期滞在者免税の対象となるのか

COVID-19 の影響などで長期的に日本に帰国している場合、問題になるのが給与較差補填です。給与の較差を留守宅手当として日本の親会社が支払っていることから、先ほどの租税条約で規定されている条件の

②を満たさないことになります。したがって、当該給与較差補填のうち、国内で勤務した期間に該当するものは、短期滞在者免税を受けることができず、原則どおり非居住者に対する支払として源泉徴収する必要があります。

4.　日本に一時帰国した日から183日以上経過してしまった場合

　この場合には、①の条件を満たさないことになりますので、帰国日に遡って課税されることになります。この場合、海外子会社から支給されている給与については、源泉徴収の対象とはなりませんので、非居住者として確定申告することが必要となります。日本で納税した税金については出向先の国で外国税額控除をとりたいところですが、現地での納税額が限度となりますので、全額取り戻せない場合には、二重課税となる可能性もあります。したがって、183日を超えて日本に滞在することが間違いないのであれば、事態が落ち着いて再び出向できるまでは、出向を解いて居住者に戻すなど、何らかの対応をされることをお勧めします。

5.　出向者が相手国の入国規制により渡航できず、日本で仕事をしている場合

　これは短期滞在者免税とは別の話になりますが、よくある質問ですので、ここでご説明しておきます。出向者はまだ出国できていないということですので、居住者ということになります。海外子会社から支払われている給与は、原則で考えていただければ分かると思いますが、勤務地が日本であることから、日本に課税権があります。したがって出向者は、海外子会社から支払われる給与について確定申告を行うことにより日本で納税することになります。

広告宣伝費を親会社が負担した場合

部長：Tax Café ㉘の冒頭でも話したとおり、出向・出張者の問題に加えて会議では子会社の広告宣伝費を誰が負担すべきなのかという話しが出ていたから、それについても教えてもらえないかな。

新二：ではまず、ボクの方から概要についてご説明しますね。問題となっているのは、当社が技術、ノウハウなどを供与し、商標権を使用許諾している中国の製造子会社についてです。この子会社のために中国国内で行ったテレビ CM や新聞・雑誌などの媒体に掲載する広告に係る費用を親会社である当社が全額負担するつもりらしいのですが、それは認められないのではないかと思っているんです。とはいえ、全額子会社負担にすべきなのか、それとも少しは親会社が負担してもいいものなのか、その辺が分からなかったので、ご相談したかったんです。

杏：その広告というのは、具体的にはどのような内容なのですか？

新二：例えば、テレビ CM では中国の人気俳優が未来の世界に迷い込んで、弊社の中国子会社が製造した製品が未来の人々の暮らしを支えていることを知るという内容です。高速で流れる光の中で、次から次へと製品が現れては消えるという、とてもスタイリッシュなものに仕上がっています。当社グループのロゴが効果的に入って、とても印象に残る演出になっているので、自分で言うのも何ですが、結構うちの会社ってイケているなと思えるようなものです。

杏：わぁ、すてきですね！ 一度見てみたいです。

部長：これは、日本の親会社のマーケティングチームが現地の広告会社と練りに練ったもので、制作にはかなりの時間がかかったようだね。

杏：ということは、発案・企画・契約などは親会社がすべて行ったということでしょうか。

部長：うーん、まあ、ほとんど親会社だね。というのも、中国の子会社にはマーケティング担当者が一人しかいなくて、他の業務も兼務しているから、あまり機能していないんだよね。現地の広告会社との打ち合わせの時に同席して、通訳したくらいかな。

新二：発案者という点では、親会社の経営会議がそれに当たるのではないかと思います。その中で、中国子会社の赤字体質が問題になって、その改善の一環として、中国で大々的に広告を打とうということになったんです。

杏：その時の議事録はありますか？

新二：はい、こちらです。

杏：なるほど。中国でなかなか売上が伸びないのは、製品自体の質や精度は現地の競合他社の物に比べて格段に高いのに、ブランドの知名度がないことが原因だと判断したようですね。ちなみに、子会社の製造している製品というのは、親会社のものと何か違うのですか？

部長：日本から技術やノウハウを提供しているけれど、あくまで現地の工場が中国特有のサイズで作っているから、型番なども全然違うんだよ。日本と中国では、売れ筋も違うしね。

杏：それから、費用についてですが、今のところ、全額親会社負担ということで処理されているということでよろしいですね。

新二：はい。でも決算期末までには、きちんと費用分担を決めないといけないですし、それを事業部に納得させないといけないので、かなり焦っているんです。

杏：分かりました。では、考えを進める前に、いったんここで事実関係を、まとめておきましょうか。

新二：それでは、ボクが、補足情報も加えて書き出してみますね（図4-10）。

【図4-10】

子会社の広告宣伝に係る事実関係

➤ 子会社の赤字体質改善の一環として広告を打つことになった
➤ 発案・企画・契約等は親会社がほとんど行った
➤ 子会社の担当者は、現地の広告代理店との打ち合わせに同席、通訳するのみ
➤ 契約当事者が親会社であることから、支払いも全額親会社が行った
➤ 親会社は子会社と契約を締結し、技術・ノウハウ等の供与と商標権の使用許諾を行い、その対価として、売上高をベースとしたロイヤルティを収受している

杏：では次に、事業部が全額親会社負担と決定した時の会議資料を見せていただけますか？

新二：はい、こちらの議事録です。

杏：うーん、でも、これを見ると、親会社が負担すべきだという理由がはっきりとは書いてありませんね。

新二：そうなんです。それで、事前にご指示いただいたとおり、事業部の考えを聞いてきたのがこれです（図4-11）。

【図4-11】

事業部が全額親会社負担とした根拠

① 広告は、ブランドの知名度や企業イメージアップを狙ったもので、グループ全体に効果を及ぼすものである
② 広告をすることによって子会社の売上が伸びれば、親会社の受取るロイヤルティも増えるため、最終的には親会社の利益に貢献していると言える
③ 広告業者との契約はすべて親会社が直接行い、全額親会社が支払っている

杏：事実関係については、分かりました。では、順番に考え方をご説明していきますが、結論から先に申し上げると、全額親会社負担というのは認められないと思います。

部長：うん、やはりそうだよね。でも、おかしいとは思っても、その理由をうまく説明できないから、そこを教えてくれると助かるよ。

杏：はい、分かりました。まず今回の広告ですが、二つの側面を持って
　　いて、一つは企業のイメージアップを狙ったもの、そしてもう一つ
　　は、製品の認知度アップを狙ったものです。前者の方は、中国におけ
　　るイメージをアップして売上を伸ばそうという意図からすると、広告
　　の効果を享受するのは主に中国子会社になりますので、本来は中国子
　　会社が負担すべきものだと思います。ブランドを構築するものだとい
　　う理由から、親会社だけの負担としているケースも多いようですが、
　　その場合には、例えば日本の親会社がグローバルなブランド構築戦略
　　をきちんと策定していて、それに基づく処理なのであれば、日本の親
　　会社の負担というのも、ある程度は認められるかもしれません。

部長：ただ、どちらにしても、（図4-11）の①は、親会社が負担してい
　　いという理由にはならないということだね。

杏：はい。また、製品の認知度アップを狙ったという理由も、あくまで中
　　国で製造した製品に係るものであり、子会社の収益に貢献しているも
　　のと認められますので、中国子会社が負担するべきものだと思います。

新二：でも、（図4-11）の②「子会社の収益が伸びたら、その分、親会
　　社の受取ロイヤルティも増えるから、親会社が負担してもいい」とい
　　う理屈は、何となくいいような気がするのですが、どうでしょうか。

杏：いいえ、その理屈が通ってしまうと、他の子会社支援も該当するも
　　のが出てきてしまいますから、認められないですね。

部長：そうか、何でもありになってしまうものね。

新二：では、（図4-11）の③「契約も支払いも親会社がしているから」
　　という理由はどうでしょう。

杏：費用の負担者が誰かという視点で判断することは、誤った結果につ
　　ながることが多いので注意が必要です。契約や支払いを行うというこ
　　とは、事務面でも資金面でも負担が生じているので、まったく考慮し
　　ないということではありませんが、支払いをしたからそこの費用にな
　　ると考えるのは間違いです。あくまで、事実はどうなのか、どこの収

益に貢献するものなのかを考える必要があります。

新二：なるほど。言われてみると、確かにそうですね。

杏：では、ここで先ほどの事実関係を表にしてみましたので、見ていただけますか（図4-12、図4-13）。

図4-12

	機能・リスク	汗をかいた者	
		親会社	子会社
発案・企画	中国子会社の赤字体質を改善するため	○	△
契約当事者	中国の業者と直接契約	○	
費用負担		○	

図4-13

	広告の内容及び目的	効果を享受する者	
		親会社	子会社
製品広告	中国で製造した中国国内向け製品の宣伝		○
イメージ広告	グループのロゴを入れてグループのイメージアップと認知度を高めるためのもの	△	○

部長：うん、まあ、確かにこういうことだね。

杏：この 図4-12 を改めて見て、何か気づかれることはありますか？

部長：要は、中国子会社のために親会社が汗をかいたってことでしょ。

杏：汗をかいたからには、何か検討しないといけないことってありませんか？

新二：あっ、分かった！　これって、以前にやったIGSの問題も出てくるってことなんじゃないですか。

杏：はい、そのとおりです。費用負担にばかり意識が行きがちですが、そうした観点でも検討しておく必要があるということです。

部長：えっー、そんな。それじゃ、大変な問題になっちゃうよ。

新二：でも、先ほど杏さんが言っていたように、親会社のグローバル戦略の一つとして、きちんと計画したものに則ってやっているのであれば、それは認められる可能性もあるんですよね。

杏：はい、そうです。

部長：でも、事業部がそう主張していただけで、実際に書面で確認したわけではないし、中国の赤字改善のためだとする経営会議の議事録も残っているから、状況は厳しいかな。どちらにしても、帰ったらきちんと確認してみよう。

杏：それから、 (図4-13) ですが、製品にしてもブランドイメージにしても、その効果を享受するのは、中国子会社ですので、広告費用は中国子会社が負担すべきだと思います。ただ、これも、ブランド構築戦略の一環だとする根拠資料があれば、その部分は親会社の負担も認められる可能性があります。

部長：でも、一つの広告をイメージ広告と製品広告に分けることなんてできないし、負担割合を考えるのは難しいね。

杏：はい。そこが悩むところだと思いますが、例えば戦略の計画書があれば、その中でどれくらいの広告費用を想定しているのか、他国とのバランスはどうか、広告の大部分が製品の広告となっていないか、などを総合的に見て、負担割合を決めていけばいいと思います。実際、これは当局でも決めるのが困難だと思いますので、内容を把握している企業自身が、ある程度割り切って決めてしまうのが、結果的に正しいものになると思います。

部長：なるほど、よく分かってきたよ。早速検討してみるね。

杏：それから最後に、当局の見方についても認識しておく必要があると思います。

部長：見方というと？

杏：中国子会社はずっと赤字ですよね。日本の当局は、まず、これは子会社の支援のためではないかという目で見て、寄附金として課税しよ

うとするかもしれません。また、中国当局から見れば、広告費が親会社負担であれば問題ありませんが、ロイヤルティを払って赤字になっていることに加え、広告費まで負担することなど、絶対に認めないと思います。

部長：八方塞がりだな。

杏：ですから、後付けではなく、最初の段階から、こうしたことを想定して、中国子会社が契約当事者として支払いを行うと共に費用負担者となるなど、事前に十分な対策を講じておくことが大切ですね。

部長：そうだね。後から理屈を考えるのって、本当に大変だからね。もっと早い段階から税務に相談してもらえるような仕組み作りを早急に検討してみるよ。

 ***Tax Café*** ㉜

赤字子会社からのロイヤルティ徴収を免除できる？
（無形資産の評価方法）

部長：さて、最後に赤字子会社からのロイヤルティを免除することについて教えてもらおうかな。

新二：こちらもボクの方から事実関係についてご説明します。これは、タイの子会社の話なのですが、ここは設立して5年、日本の親会社から技術やノウハウの供与、商標の使用許諾を受けて、現地でタイ国内向けの部品の製造販売を行っています。売上自体は順調に伸びてきているのですが、まだ固定費を回収できるだけの規模の売上には至らず、設立以来赤字を脱却できていない状況です。先日の事業部の戦略会議では、この子会社について「事業を支援し、現地のモチベーションを高めるためにも、当面の間、子会社から徴収すべきロイヤルティを免除する」との説明があったので、ビックリしてしまったんです。

杏：その免除の根拠は「赤字子会社の支援」ということだけなのですか？

部長：彼らの説明によると、本当にそれだけの理由らしく、実際に決算の数字を見ると、ロイヤルティを免除すれば、ほんのわずかだけど黒字になるんだよね。とはいえ、ロイヤルティを免除するなんてまずいと思うんだな。

新二：それでボクがその会議の席で、「そんな処理をしたら日本の当局から調査を受けて否認されてしまう」ということを説明したのですが、事業部の部長がタイで聞いてきた話を披露したら、一気に「問題ない」という流れになってしまって、それ以上反論できませんでした。

杏：そのタイで聞いてきた話というと？

部長：部長が現地の企業情報交換会で、「タイの当局はタイで赤字（納税額が発生していない）企業が外国にロイヤルティを支払っている場合、それは超過収益に貢献していないという理由からロイヤルティの全額を否認してくる。」ということを耳にしたらしいんだよ。でも、日本での調査の際には「必ずしも収益に貢献しなければいけないわけではなく、無形資産に価値があるものであれば、ロイヤルティを収受すべき」と聞いたこともあるから、そうしたことを総合的に検討しないといけないと思うんだよね。それなのに、いきなりロイヤルティ免除なんて決定をしちゃうんだから、信じられないよ。

新二：杏さん、そういう話は、実際にあるのでしょうか。

杏：確かにそうした課税はあります。新興国全般にいえることなのですが、「ロイヤルティはあくまで利益への対価である」という考えが根底にあるので、赤字企業だけでなく、利益が十分に出ていない企業であればロイヤルティを支払う必要はないという結論になってしまうようです。また、長期間赤字のままでいると、親会社が利益を多く取りすぎていると判断されて、課税を受けることもあります。

部長：じゃあ、新興国にある子会社が赤字だったり、収益が十分出ていない場合には、必ず課税されてしまうということなの？　でも、「子会社が赤字だから」という理由でロイヤルティを免除したら、今度は日本で課税されてしまうよね。どっちに転んでも課税されるなんて、納得できないな。

杏：そうですね。無形資産に価値がある限り、やはり使用の対価としてのロイヤルティは必要となると思います。ただ、海外での課税を見ると、手をこまねいているわけにはいきませんから、できる限りの備えはしておくべきですね。

新二：でも、備えといっても、どうしたらいいのでしょうか。

杏：それではいくつか思いつくものを、（図4-14）にまとめてみますね。

（図4-14）

	無形資産取引に関し、今やるべきこと
1	提供している技術等がどのようなものであるかを契約書等を締結することにより明確にし、その対価については独立企業間価格であることを立証できるような検討資料を準備しておく
2	提供している技術等がロイヤルティを支払う価値のあるものであることを丁寧に説明できるように文書などを準備しておく
3	ロイヤルティ支払いの対象となっているもの（無形資産）がどの利益に貢献しているものかを文章で明らかにし、準備しておく
4	外－外取引が把握もれになることが多いので、子会社への聴き取りを十分に行うと共に、子会社自身が判断できるように教育を行う。また、判断の助けとなるようにマニュアル、問答集などを作成し配布しておく
5	日本企業はとかく「営業ありき」で、事業部門が取引を行って問題が起きた時に初めて税務に知らされることが多いので、取引前から税務が関与できる仕組みを構築しておく
6	本社や地域統括会社がグループ全体の税務リスクをコントロールできる体制を構築する
7	子会社の税務担当者自身が積極的に税務に関与できるような仕組み作りと教育を行う
8	取引価格の決定は、事前に親子会社の機能・リスクの配分を検討してから行うよう、事業部門に徹底してもらう

部長：うーん、言われていることは分かるけれど、何だかぼんやりしているんだよね。

杏：では、上から順番に、もう少し具体的なお話をしていきますね。まずNo.1ですが、実際にインドやタイの調査で問題になった例をお話ししましょう。子会社の工場の立上げ支援や技術指導のために従業員を派遣し、これをIGSとして役務提供の対価を請求するというのはよくある話だと思います。ところが、タイの調査では、この従業員を介してノウハウや技術などの知的財産が子会社に移転した、つまりその派遣の対価はロイヤリティに準ずるものだとして日本への支払いの際、源泉徴収を求めてきました。一方、日本側はIGSとして処理していますし、日本当局も積極的にこれをロイヤリティの対象だと認定することはないので、外国税額控除の対象とはならず、二重課税が残ることとなってしまいました。こうした課税は頻繁に行われているのですが、それに巻き込まれないためには、どうしたらいいと思いますか？

部長：うーん、どうしたらと言ってもねぇ。新二君はどう思う？

新二：ええと、No.1にあるように、契約書等でロイヤリティやIGSの内容を明確にしておくということでしょうか。

杏：はい、そうですね。契約書に明記しておけば課税されないわけではありませんが、少なくとも有効な反論の材料にはなったと思います。

新二：会社として認識しているロイヤリティやIGSの対価の範囲を明らかにしておけば、海外当局から範囲外のことを言われた場合には、少しは反論できますものね。

部長：確かに、会社として何がロイヤリティの対象なのか、何がIGSなのかを整理することにもなるし、意味のあることだね。

杏：よくある包括契約などは、その範囲が広すぎて、海外当局が主張するものも含まれると解せざるを得ないような状況になり、逃げ道がなくなることもあります。決して包括契約がダメということではありま

せんし、包括契約の方がいい場合もあるので、契約書作成の段階から、こうした課税があることを念頭において契約内容を決めていくことが大切ですね。

新二：はい、分かりました。

部長：それから№2については、意味は分かるけれど、実際にやるとなると、難しいんじゃないかな。

杏：確かに皆さんが悩まれるところですね。これについては、一般的な無形資産の評価方法というものがありますので、それを使用して価値があること（ないこと）を説明できると思います。

部長：一般的な評価方法というと？

杏：三つあるのですが、ここで簡単な表にしてみますね（図4-15）。

図4-15

無形資産の評価方法		
評価手法		実務では……
コストアプローチ	この無形資産を作るのに必要なコストの総額を参照して無形資産を評価する方法	①この無形資産を創出するスタート時点からゴールまでの実際にかかった（かかる）費用を算出する ②この無形資産をこれから創出する場合の費用を算出する
マーケットアプローチ	この無形資産を売買しようとした場合の価格を参照して無形資産を評価する方法	この無形資産に類似するものを第三者と売買するケースを探してその価格を参照する
インカムアプローチ	この無形資産が将来どれくらいの収益を生み出すかを算出し、DCF（ディスカウント・キャッシュフロー）などの方法で現在価値に引き直した金額を参照して無形資産を評価する方法	将来予測収益やキャッシュフローを使用して、この無形資産が将来どれほどの収益等を生み出すのかを算出し、それを現在価値に引き直す

部長：うーん、簡単に書いてくれてはいるけれど、内容を見るとやはり難しい感じだね。

杏：それぞれに向き、不向きというのがありますし、OECDで推奨さ

れていないものもあります。

新二：それから、No.4 ですが、この「外－外取引」とは何ですか？

杏：海外子会社と、別の海外子会社等の取引のことです。IGS などの場合も同様ですが、親会社が知らないうちに子会社同士が勝手に役務の提供や無形資産の供与を行っていることも多く、各国当局から指摘の多い事項です。

部長：うーん、確かにそんなことがあったな。新興国の子会社に出張した時に、工場にも行ったんだよね。そうしたらそこに別の子会社の技術者が来ていて、何をしているのかと思ったら、工場の新しい生産ラインの立ち上げを手伝っているんだよ。そんなこと、親会社は何も聞いていなかったから慌てて役員や税務担当者を呼んで、フィーの検討をきちんと行っているかを聞いたんだよね。すると、全員が口を揃えて「グループ会社内なんだから、困ったときにはお互い様。フィーなんて考えたこともない。」なんて言っているんだから、絶句しちゃったよ。本当に、教育の大切さを実感したね。

新二：そうでしたね。たまたま工場に行ったから分かりましたけど、そうでなかったら、当局から指摘されてから知ることになったかもしれませんよね。

杏：だからこそ……。

部長：あっ、もう杏さんの言いたいことは分かっているよ。No.5 から 8 までは、何度も言われていることだからね。これらの点については、社内でちゃんと検討を行っているところなんだよ。ちゃんとできたら、具体的な取り組みをご披露するね。

杏：わあ、楽しみにしています。

新二：ところで、今回はタイの子会社が赤字という理由だけでロイヤルティを免除する場合のリスクや、課税を回避するための対策を教えていただきましたが、実際にロイヤルティを免除できる場合なんてあるのでしょうか。

杏：免除ということではありませんが、その無形資産が陳腐化している場合などはロイヤルティを取る必要がないというケースがあります。何年も前に供与した技術を改めて検証してみたら、海外子会社では、使われてはいるものの、あまりに古い技術で、とても価値のあるものではないと判断されたようなケースがありました。先ほどご紹介した無形資産の評価方法でも、そうした陳腐化を考慮する必要があり、その結果「価値のないもの」となれば、ロイヤルティを収受する必要ないということになります。

部長：なるほどね。

杏：それから、最後に国別の課税の傾向などについても意識しておく必要があるということをお伝えしておきますね。

部長：国別というと？

杏：例えば、タイであればロイヤルティ料率が３-５％を超えると、移転価格調査の対象となる、ブラジルのロイヤルティ料率の上限は５％などです。新興国は、とにかく税収確保という姿勢で、いろいろな手を打ち出してきますから、日頃から積極的に情報収集をして、早め早めに対策を講じることが大切です。

部長：こうした料率での締め付けを見ると、ロイヤルティという形ではなく、製品等の価格に含まれるようにすることも考える必要があるかもしれないし、とにかく帰ってから、いろいろ検討してみるよ。

● 本日のデザート ●

　今回のお話は、平成 25 年 9 月に経済産業省貿易経済協力局貿易振興課が作成した「新興国における課税問題の事例と対策（詳細版）」の一部を参考にしています。かなり古いものではありますが、現在も同様の課税が行われており、新興国に子会社をお持ちの企業担当者の方には大変参考になると思いますので、一度ご覧になってみてください。

第5章

無形資産の考え方の
センスを身に着けよう

　移転価格税制に限らず、無形資産の評価に関する問題は企業収益への影響も大きく、ロイヤルティ料率を決定する際に、避けては通れない分野です。少しでもリスクを減らすためには、なるべく多くの事案や問題を経験して、様々な考え方を知ることが重要です。一朝一夕には行かないかもしれませんが、課税のインパクトも大きい分野ですので、この章の事例を見て、無形資産の考え方のセンスを身に着けていきましょう。

Tax Café ㉝

研究開発及びマーケティング活動

＊このお話は、「移転価格税制の適用に当たっての参考事例集 【事例11】（研究開発及びマーケティング活動により形成された無形資産）を基にしています。

部長：今日はインド子会社のことで相談に乗って欲しいんだよね。

杏：はい、もちろんです。インドで何か問題が起きたのですか。

新二：実は昨年の9月くらいから、当社の子会社がインド当局から調査を受けていたようなんです。ただ、日本には一切連絡してこないくせに、12月に課税されることが決定的になった途端、慌ててこちらに泣きついてきたんですよ。

杏：当局からの指摘事項はどういったものだったのですか？

新二：それが無形資産に係る指摘で、日本に払うロイヤルティを否認すると言っているようです。

杏：それは大きな問題ですね。

部長：正直なところ、無形資産に関しては、何か特別に勉強したわけではないし、何となくここまで来ただけだから、これを機に、きちんと勉強するのもいいかなと思っているんだよ。

杏：確かに、無形資産については、本もたくさん出ていますし、OECD

　ガイドラインの記載も刷新されましたが、なかなかそれを読んで理解するのは大変ですよね。ある程度のセンスを身に着けるには、いろいろな事案を経験することが大切ですので、確かにいい機会かもしれません。

部長：センスか。そうだね、じゃあしっかりセンスを磨いて帰ろう。

新二：はい、頑張ります。

杏：では、まず全体の概要から説明していただけますか。

部長：今日はちゃんと事前に取引図を書いてきたんだよ。新二君、これを使って杏さんに説明するといいよ。

新二：はい、ありがとうございます。では、まず 図5-1 をご覧ください。インド子会社は、日本の親会社が製造販売しているのと同じ製品を製造販売しているのですが、一部の部品は日本から購入し、他から購入したものと合わせて製造を行っています。製造過程で使用されている技術は日本の研究所が開発した独自技術で、日本からは特許権と製造ノウハウの使用許諾を行っており、その使用許諾契約には、親

図5-1

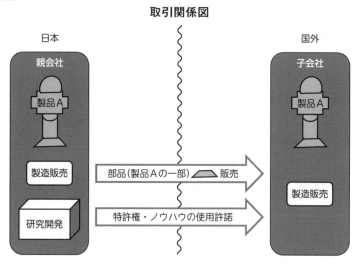

会社が子会社に行う技術指導も含まれています。

部長：新二君、そういう前提条件をずらっと話していくと、段々分からなくならないかな。

新二：確かにそうですね。

部長：今日はね、杏さんに理解してもらいやすいように、前提条件も一覧にしてきたんだよ（図5-2）。

新二：えっ、部長、いつの間に。

杏：うわぁ、とても分かりやすいですね。部長、ありがとうございます。

部長：いやいや、これくらい、たいしたことないよ。

新二：では、この前提条件の一覧（図5-2）を見ながら続きをお話ししますね。

杏：はい、お願いします。

新二：№1から№5までは先ほど申し上げたとおりですが、子会社が親会社から仕入れている部品について補足しておくと、この部品は製品Aの根幹をなす、親会社の研究開発の粋を集めた重要なものなんです。

杏：つまり、製品Aの価値の相当部分を、この部品が支えているということですね。

新二：はい。また、親会社の研究開発活動によって生み出された効率的かつ効果的な製造ノウハウを子会社に対して使用許諾しているのですが、これを使用すれば製造原価をかなり抑えることができます。

部長：改めてこう考えていくと、親会社が子会社にしてあげていることって、かなり大きい感じがするね。

新二：製造に関する親会社から子会社への貢献はこれくらいですが、製造の分野以外でも貢献している部分があります。

部長：それが№8以降だね。

新二：はい。製品Aには会社のロゴマークが付いているのですが、実

図5-2

No	活動内容等	親会社	子会社
	子会社の製造販売活動に関してそれぞれが果たす役割及び事実関係		
1	製造活動	部品（製品Aの根幹をなすもの）	親会社から独自技術が集約された主要部品を購入し、他の部品と合わせて製造を行っている
2	製造した製品	部品	製品A
3	研究開発活動	製造の独自技術を生み出した（特許）効率的な製造方法を生み出した（製造ノウハウ）	研究開発部門なし
4	特許権等の使用許諾	上記の研究開発活動の成果を子会社に対し使用許諾している	―
5	子会社への技術指導	特許権等の使用許諾契約の範囲内で子会社に対し技術指導を行っている	―
6	子会社が親会社から購入した部品	―	親会社の独自技術が集約された主要部品
7	製造ノウハウの効果		親会社から使用許諾された製造ノウハウのおかげで製造原価を抑えられている
8	社名や会社ロゴマークの認知度	全世界的な大規模の会社イメージ広告を行った効果で、各国では一般に広く知られている	―
9	製品Aの認知度	全世界でTV・雑誌・インターネット等による大規模な広告宣伝を行った効果で、子会社の所在国でも認知度は高い	―
10	営業活動		多数の営業担当者を配置し、小売店や最終消費者向けに様々な販売促進活動を行っている
11	販売網	―	独自に開発した小売店舗網を持っている
12	子会社所在国における製品Aの販売状況	―	一定のマーケットシェアを確保するとともに概ね安定した価格で販売されている

はこれがインドで売れている要因のひとつです。というのも、親会社として全世界的なイメージ広告を長年やってきているので、ブランド力、信用力はかなり高く、この分野での世界的なシェアも安定してとれています。

部長：当社の社名や会社のロゴマークは、世界のどこの地域に行っても目にするからね。

新二：それに加えて、製品 A に関する広告も TV、雑誌、インターネットなどあらゆるメディアを使って親会社が行っています。

杏：そういえば海外旅行の際に、どこの国の TV コマーシャルでも流れていたので、製品 A のコマーシャルメロディがしばらく頭から離れなかったことを思い出しました。

部長：インドの子会社がわざわざ宣伝しなくても、相手はすでに製品 A を知っているんだから、苦労せずに売れるっていうことだな。

新二：ただ、そうは言っても、インド独自の商慣習等もあるので、キャンペーンや営業戦略は子会社に任せています。№ 10、11 にもあるように、インド子会社では、多数の営業担当を雇用して、小売店や消費者向けの販売促進戦略を強化していますし、地域ごとに大型で最新技術を駆使したショールームを置いて販売網も広げています。

部長：その努力のおかげで、インドでは独自の小売店舗網を構築できていると、先日のグローバル会議では言っていたね。

杏：なるほど、事実関係については、よく分かりました。それでは、今までお話いただいた中で、無形資産となるものは何だか考えていきましょうか。

新二：日本から使用許諾している製造技術と製造ノウハウは無形資産ということでいいですよね。

杏：はい。

部長：それから当社のマークもそうなんじゃないの？

杏：社名や製品の認知度、つまりブランドも無形資産ですね。他はどう

でしょうか？

新二：うーん、思いつかないなぁ。

杏：子会社が構築した小売店舗網というのも無形資産に当たるんですよ。

部長：えっ、そんなものまで無形資産として考えるの？

杏：はい。実際に法令でも、一般的に無形資産とされている特許権、実用新案権、無形固定資産、その他の無形資産のうち重要な価値のあるものも含むとされています（措通 66 の 4（3）-3（注 1）参照）。

部長：まあ、かなり価値のあるものだからね。

新二：では、ここで頭の中を整理するために、先ほどの部長の表の中で、無形資産となるものに色をつけておきますね。（図 5-2 のあみ掛け部分参照）それから、各々の持つ無形資産もまとめておきます（図5-3）。

（図 5-3）

	各社の持つ無形資産	
	親会社	子会社
1	製造技術	充実した小売店舗網
2	製造ノウハウ	―
3	ブランド、商標	―

杏：では、無形資産を把握したところで、どのように検討していくべきかをご説明しますね。

新二：お願いします。

杏：無形資産の検討をする際には、親会社又は子会社の利益が何によって生み出されたものか、特に両社が有する無形資産によるものかどうかを検討する必要があります。

新二：具体的に言うと……？

杏：全体として稼得した利益が親会社から提供された無形資産から生み

出されたのか、子会社が構築した無形資産から生み出されたのかを検討しなければならないということです。

新二：ということは、今回のケースの場合、無形資産はどちらも持っているので、両者がどれだけ利益に貢献したかによって各社が受け取る利益が決まるということですか。

杏：はい、そうです。また、ひと口に無形資産といっても、その価値は様々ですので、どのくらいの「重要な価値」があるのかを考える必要があります。検討する際の具体的な判断材料も、ここでまとめておきますね（図5-4）。

（図 5-4）

無形資産として「重要な価値」を有するかどうかの判断材料		
1	技術革新を要因として形成される特許権、営業秘密等	技術革新に関する無形資産
2	従業員等が経営、営業、研究開発、販売促進等の企業活動における経験等を通じて形成したノウハウ等	人的資源に関する無形資産
3	生産工程、交渉手順、開発、販売、資金調達等に係る取引網等	組織に関する無形資産

移転価格事務運営指針 3-12 前段部分参照

新二：こうしたことを全部洗い出して、利益への貢献があるのか、ないのか、あるのであればどれくらいなのかということを考えていかなければならないんですね。

杏：はい、そうです。

部長：でも、実際にどれくらいの貢献があったかなんて判定するのは難しいよね。点数化でもすれば見えてくるのかな。

杏：いろいろなやり方がありますので、どれが正しいということはないのですが、例えばその無形資産を構築するためにかかったコストから価値を考えるとすると、そのコストに時間的価値も加味して算出し、割合を出す方法もあります（第4章 （図4-15） 参照）。

部長：あっ、それは確か、すごく難しいやり方なんだよね。素人には無理だよ。

杏：いえいえ、価値の算出方法については後ほど具体的にご説明しますが、少しずつやっていけば大丈夫ですので、とりあえず今は無形資産が何であるか、どのように考えていくかをもう少し考えてみましょう。

新二：はい、分かりました。

杏：先ほどお話ししたように、利益が何によって生み出されたかについて検討していくわけですが、その前に、ここでいう利益とは、どの利益のことを言っているか分かりますか。

部長：どのって、普通に子会社の営業利益でいいんじゃないの。

杏：いいえ、実は子会社の営業利益の中には無形資産が全くなかった場合の「基本的な利益」と「無形資産があることによって上積みせされた利益」が含まれます（図 5-5）。

図 5-5

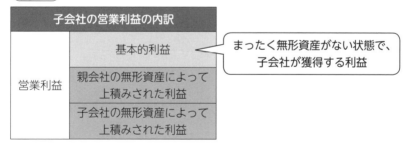

部長：利益の部分も色分けしないといけないってことか。

杏：無形資産の貢献を考えるときには、子会社の利益から、基本的な部分を除いて、無形資産によって上積みされた利益をそれぞれの貢献度によって、配分していく必要があるんです。

部長：やっぱり難しいなぁ。

杏：大丈夫ですよ。今は頭の訓練の段階ですから、こうした事例をいく

184

つか経験していけば、感覚がつかめると思います。

新二：（図5-5）のように利益を色分けすることは分かりましたが、こ
れをなぜ分けなければいけないのかというと、ええと……。

杏：基本的利益は無形資産が全くない状態で、元々子会社が獲得できる
利益ですから、これは子会社の取り分でいいですよね。子会社の無形
資産によって上積みされた部分も子会社の取り分です。

部長：そうなると、親会社の無形資産によって上積みされた部分は親会
社の取り分ということだから……。分かった！　この部分をロイヤル
ティとして親会社が回収すればいいということだね。

杏：はい、そのとおりです。

新二：でも、それぞれの部分の金額の算出方法はどうしたらいいので
しょうか。

杏：まず基本的利益の部分ですが、データベースでコンパラを選んで、
その利益率をもって基本的利益の利益率とします。その選定方法の例
を一つご紹介しておきますね（図5-6）。

部長：この選定の仕方は、もう分かるよ。いつもやっているコンパラ選
定と同じようなものだよね。

杏：はい、そうです。このように基本的活動のみを行う法人をコンパラ
として選定し、その利益率を算出して、子会社の取り分である基本的
利益の部分を求めます。そして、営業利益からこの利益率を差し引い
た残りを、親子会社のそれぞれの貢献度に応じて配分して、親会社が
ロイヤルティとして回収しなければならない部分を求めるという流れ
になります。

部長：無形資産って、本当に考えなくてはいけないことがたくさんある
ね。この段階でヘトヘトになってしまったよ。本当にセンスなんて磨
けるのかな。

杏：大丈夫ですよ。私が付いているじゃないですか。

図 5-6

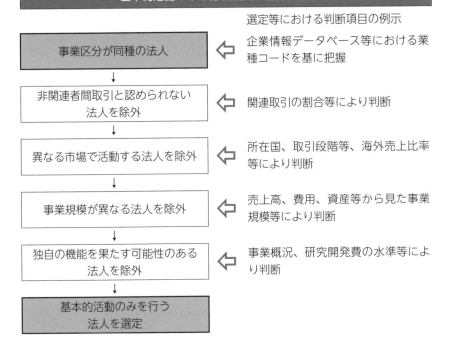

基本的活動のみを行う法人の選定手順の例

選定等における判断項目の例示

事業区分が同種の法人　　←　企業情報データベース等における業種コードを基に把握

↓

非関連者間取引と認められない法人を除外　　←　関連取引の割合等により判断

↓

異なる市場で活動する法人を除外　　←　所在国、取引段階等、海外売上比率等により判断

↓

事業規模が異なる法人を除外　　←　売上高、費用、資産等から見た事業規模等により判断

↓

独自の機能を果たす可能性のある法人を除外　　←　事業概況、研究開発費の水準等により判断

↓

基本的活動のみを行う法人を選定

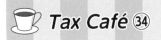

Tax Café ㉞

販売網及び品質管理ノウハウ

＊このお話は、「移転価格税制の適用に当たっての参考事例集　【事例 12】（販売網及び品質管理ノウハウに関する無形資産）を基にしています。

杏：御社のインド子会社にかかる無形資産について整理できたところで、今度は別の事例について無形資産の考え方を見ていきましょうか。

部長：インドの件だけで、頭の中は大混乱だよ。

新二：でも、今日は無形資産の考え方のセンスを磨いて帰るんでしたよね。

部長：うーん、じゃあ、もう少しだけ頑張るか。

杏：では、早速ですが、初めに取引の概要についてご説明しますね（図5-7）。

（図 5-7）

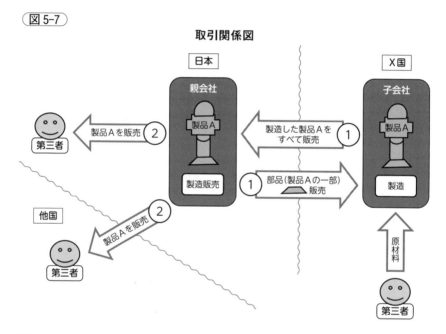

新二：はい、お願いします。

杏：日本の親会社が製品 A を製造販売していること、そして子会社が日本の親会社から部品を仕入れて、現地で仕入れた材料と合わせて製品 A を製造していることまでは、先ほどのインド子会社の例と一緒です。

新二：ただ今回は、子会社が製造したものをすべて親会社が買い取って、世界各国への販売はすべて親会社が行っているということですね。

杏：はい、そうです。また、このケースでの製品 A は装置産業的側面

が強い製品を想定しています。

新二：それは、どういう意味ですか？

杏：装置産業というと、一番分かりやすい例は電気、水道、ガスなどの産業ですね。これらの産業は、いったん設備を構築してしまうと、あとは最低限の保守や修理などを行えば収益を得ることができます。つまり、製造原価に占める固定費の部分が大きいので、売上が大きくなればなるほど、利益が得られるという構造になっているということです。

部長：ということは、この場合の製品 A は、設備を構築してしまえばあとはマーケティングなど販売する方に注力していけばいいパターンということだね。

杏：また、話を単純化するために、前回のインド子会社の時のような研究開発は、今回のケースでは考慮していません。

部長：練習だから、検討材料は少しでも少ない方がいいね。

杏：では、取引が分かったところで、まず考えなければいけないのは……。

部長：それぞれが果たす役割でしょ。

杏：そのとおりです。では、それぞれがどのような役割を果たしているかについて、一覧にしてみましたので、　図5-8　をご覧ください。

新二：これを見ると、①親会社は販売を行っていて、果たす役割は販売網を構築したこと、②子会社は製造を行っていて、果たす役割は品質管理に関するノウハウを構築したこと、という整理になるんですね。

部長：ちょっと待って。「果たす役割」とサラッと簡単に言っているけれど、何に対して果たす役割ということなんだっけ？

新二：えっ、改めてそう言われると、困りますね。

杏：では、ここでいったん頭を整理しておきましょうね。「果たす役割」、つまりそれぞれが持つ機能を検討する時には、（1）どの取引を検討しているのか、（2）どの収益を対象としているのかをきちんと押

188

図 5-8

No	活動内容	具体的活動内容	効果
親会社	販売網の構築	早くから海外展開している	基本的活動のみを行う法人よりも広範に構築された親会社のグローバルな販売網により、グループは全世界で高いマーケットシェアを構築している
		綿密な市場調査を行って世界各地で有望な販売市場と見込まれた国に販売支店等を設置してきた	
		自社販売拠点の無い国でも代理店経由で販売している	
		新規販売国を開拓して販売網をさらに拡張するため、営業企画部門が中心となって各国それぞれのマーケットニーズに適した営業戦略を策定している	
子会社	品質管理に関するノウハウ	製造部門とは別に品質管理部門を設置している	このような品質管理体制により検査効率が大幅に改善した
		社員の1割以上が製品Aの品質を管理するため、製品チェックや製造ラインの点検等を行っている	仕損じ品の発生割合が減少した
		品質管理部門では、20年間の製造活動の中で発生した品質上の問題点とその改善方法をノウハウとして蓄積している	仕損じ品発生の減少によって製造原価が低減した
		独自に開発した検査技術や検査機器により製造過程の主要段階で品質及び製造ライン自体をチェックできるようになった	仕損じ品発生の減少によって製品Aに対する最終ユーザーからの製品クレームが減少した
		製造過程に問題が生じた場合、上記のノウハウを基に直ちに改善を指示できるような品質管理体制を構築している	上記の効果として故障の少ない製品との評価が確立され、販売面で他社製品より優位となっている

さえてから考えていかないと、自分が今、どこの検討をしているのかが分からなくなってしまいますよ。

部長：確かにそうだね。

新二：ではまず、（1）どの取引の検討をしているのかという点について
は、日本の親会社と海外子会社の間の取引について、どのように価格
を決めていったらいいのかを検討しているということでよろしいです
よね。

杏：はい。（図 5-7）でいうと、①の矢印の部分ですね。

新二：それから、（2）どの収益を対象としているのかについては、収益
を得られるのは第三者への販売だから、②の矢印の部分でよろしいで
すよね。

杏：はい、そうです。

部長：ということは、もう分かったよ。前回も言われたけれど、収益を
検討する際には、それが何によって生み出されたものか検討する必要
があるから、まずは　②の収益を生み出すために、それぞれがどのよ
うな役割を果たしているか検討しなければならないということだよ
ね。

杏：はい、そうです。

新二：では、改めて（図 5-8）に戻ると、それぞれが果たす役割が【親】
は販売網の構築、【子】は品質管理に関するノウハウの蓄積というこ
となので、これがそれぞれの持つ無形資産になるということですね。

杏：はい、そういうことになります。

部長：でも、販売網を構築していない会社なんてないし、どこの会社
だって何らかの品質管理を行っているよね。それなのに、このケース
ではそれらを無形資産と考えるということなの？　何だかしっくりこ
ないなぁ。

杏：もちろん部長のおっしゃるとおりで、何も無形資産を持っていない
「基本的活動のみを行う法人」と比較する際に、本当に販売網や品質
管理が無形資産として価値のあるものかについては、しっかり考える
必要があります。

新二：ひと口に販売網といっても、構築されたものによって価値が発生

する、しないというのがあるということですか？

杏：数学のように、ここからは価値がある、ここからは価値がないという線引きはできないのですが、収益を分配する場合には、こうしたことを丁寧に積み上げて、その価値を算定していく必要があることということなんです。

部長：何だか分かるようで分からないな。

杏：今回のケースでのポイントは、製品Aが装置産業的なものだということです。

新二：それはどういうことですか？

杏：(図5-8) を見ていただくと分かるとおり、親会社はグローバルの販売網を構築していることにより、全世界で高いマーケットシェアを確保していますよね。ということは、全世界で大量に販売できているということです。

部長：それが装置産業的なことと、どうつながるの？

杏：つまり、装置産業は、原価が固定的ですので、売上が伸びるほど多くの利益が得られることから、販売網を構築したということに価値があると考えることができます。

新二：なるほど、そういうことですか。つまり、業態によって、重要なものも変わってくるということですね。

部長：でも、販売網はそういう理解でいいかもしれないけれど、品質管理の方はどうなるの？

新二：これはボクに答えさせてください。つまり、子会社の品質管理を徹底した効果として、故障の少ない製品だと市場で評価されたため、同じ製品を買うなら製品Aを買おうということになって、たくさん売れるようになった。だから、売上に貢献しているので価値があるという判断になるということですね。

杏：はい、そうです。新二さん、すごい！

部長：いや、それくらい私だって分かっていたよ。

杏：今回のケースでは、装置産業的製品と仮定してお話したので、より判定がしやすくなっていますが、そうでない製品に関して検討する場合にも、こうした販売網が他には見られないユニーク（独自）なものであったり、品質管理ノウハウについても基本的活動のみを行う法人と比較した場合独自性がある場合には、収益に貢献する無形資産となることもありますので、（図5-8）のように事実関係や活動状況を丁寧に積み上げて、無形資産となるものは何であるのかを判定していってくださいね。

新二：実際に、こうした作業をする場合には、やはり現場に聴き取りをしないといけないのでしょうか。

杏：もちろん、そうですね。調査の際などにも、現場の方に聴き取りをする場面が多いと思いますが、実際に何が行われているかを把握するというのは、何よりも大切です。分かっているようでも、実際に聴き取りをしてみると新たな発見や、今まで誰も価値があるなんて思ってもいなかったようなものが見つかるかもしれません。

新二：そうですね。聴き取りをしてみて、その中で何が価値のあるものかは、こちらで判断していけばいいわけですし、これからは現場への聴き取りも大切にしていきたいと思います。

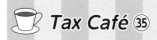

Tax Café ㉟

従業員等が蓄積したノウハウ

＊このお話は、「移転価格税制の適用に当たっての参考事例集 【事例13】（従業員
　等の事業活動を通じて企業に蓄積されたノウハウ等の無形資産）を基にしていま
　す。

杏：さて、次は少し切り口を変えたパターンの取引を見てみましょう。

部長：どれどれ、どんな取引かな。

杏：まずは、こちらの取引関係図 （図5-9）をご覧ください。

新二：とてもシンプルな取引ですね。日本の親会社も海外子会社も生産
　　　設備の製造販売を行っていて、それをただ第三者に売っているという
　　　ことだけですね。

部長：なんだ。それなら、親会社が子会社に役務を提供している部分だ
　　　けを検討すればいいということだよね。つまり、IGS（Intra Group
　　　Service）を検討するケースだ。

新二：IGSって、以前に杏さんから教えてもらったグループ間で行われ

（図5-9）

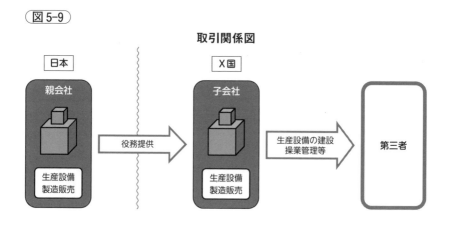

取引関係図

る役務提供のことですよね。でも今回は無形資産を考える訓練をして
いるはずなのに、どういうことなのでしょうか？

杏：それが今回のポイントになります。

部長：えっ、ということは、この役務の提供は IGS と考えてはいけな
いということ？

杏：通常は IGS として検討を始めると思います。ただ、そこに無形資
産が絡んでくると、IGS ではなく無形資産取引として検討しなければ
ならない場合も出てきます。そうしたことを、この取引で見ていきた
いと思います。

部長：なるほど、そういうことだったのか。

杏：では、まず初めに親子会社それぞれがどのような役割を担っている
のか、いつものとおり整理していきますが、「子会社が受注できたの
は誰のおかげなのか」「子会社の収益に貢献しているのは誰なのか」
ということを、いつも頭のすみに置きながら考えていってください
ね。

新二：そのあたりの考え方は、少し身に着いてきたような気がします。
つまり、子会社が第三者から得た収益のうち、親会社の貢献による部
分があれば、その分を子会社からロイヤルティなどで回収する必要が
あるから、そのことを常に考えておかないといけないということです
よね。

杏：そのとおりです！　そこまで分かっていらっしゃるのであれば、も
う私の解説なんて、いらないですよね。

新二：えへへ、そこまでではないですよ。

部長：なんだ、私も同じことを言おうとしたのに、先に言われちゃった
よ。

杏：それでは、親会社、子会社のそれぞれの役割や活動をまとめました
ので、（図5-10）をご覧ください。

部長：こう見ていくと、親会社がいなかったら、子会社は何ひとつ自分

図5-10

No	活動内容	親会社	子会社
1	概況	設立以来、日本及び世界各地で各種生産設備に係る計画、設計、調達、建設、メンテナンス等を行っている	10年前に親会社によってX国に設立された
2		子会社に対し、経営指導等の役務提供を行っている	X国において生産設備の受注を受け、契約から建設、メンテナンスまですべてを行う
3	情報収集受注	世界各地に支店、駐在事務所等の情報収集拠点を置き、各地の生産設備の建設計画に係る情報を収集、蓄積している	親会社の情報収集の成果を最大限に活用
4		上記活動において、X国の大型生産設備建設計画をいち早くキャッチした	親会社の各部署*と連携し、助言を受けながら顧客との折衝を行い、受注を獲得した *設計、機器調達、建設、操業管理等の部署
5	営業活動	長年の営業活動で顧客との良好な関係を構築している	親会社の営業活動の成果を最大限に活用
6		受注交渉に係るノウハウ、事業の採算性に係る分析ノウハウ等を蓄積している	
7	生産設備の建設	子会社に対して各部署がサポートしている業務①設計②機器の選定・調達③建設計画の策定④施工業者の選定⑤施工管理等における判断	左記業務に関し、親会社からサポートを受けるとともに、親会社の構築した独自のノウハウや取引網を活用している
8	操業管理等	子会社に対して建設完成後の操業管理、メンテナンス等の支援を行っている	左記支援を受けるとともに、親会社の蓄積してきたアフターサービス事業に係るノウハウを活用している
9	事業判断等	子会社に対し建設作業に係る適切な指示、アドバイスを行っている	左記のとおり、指示やアドバイスを受けるだけでなく、質問に対する回答や資料提供等も親会社から受けている

で、できることがないように見えるね。

新二：確かにそうですね。受注の前段階から情報をキャッチしているのは親会社ですし、その後の営業に関しても、実際に行っているのは子会社の営業担当者ですが、受注交渉や事業の採算性の説明のノウハウは親会社が築いてきたものを使用しているようですからね。

部長：受注だけじゃないよ。その後だって、ほとんどおんぶに抱っこじゃない。親会社がいなかったら成り立たないよね。

杏：おっしゃるとおりで、親会社は子会社の収益の根幹部分を担っていると思われます。

部長：ということは、親会社はかなり回収しないといけないな。

新二：あれっ、でも、まだ役務の提供の話だけで、無形資産が見えてきていないように思いますが。

杏：では、無形資産となりそうなものを探してみていただけますか？

部長：うーん、無形資産ねえ……

新二：前回、ノウハウなども無形資産になると学んだので、そうしたものですかね……。

杏：はい、そのとおりです。では、先ほどの親子会社の活動内容から、無形資産となるものピックアップしてみますね（図5-11）。

部長：そうか、以前教えてもらったとおり、取引網も無形資産になるん

図5-11

無形資産となるもの		
No	無形資産の種類	無形資産の内容
1	ノウハウ	受注交渉に係るノウハウ
2		事業の採算性に係る分析ノウハウ
3		親会社の蓄積してきたアフターサービス事業に係るノウハウ
4		生産設備の建設にかかる独自のノウハウ
5	取引網	生産設備建設に係る取引網

だよね。

杏：ただ、取引網があるから、即、無形資産ということではなく、以前もお伝えしたとおり、収益にどれくらい貢献するようなものがあるのかを、きちんと検討してから判定してくださいね。

新二：はい、分かりました。

杏：今回の検討のポイントは、役務提供と共に無形資産を使用している場合には、IGS の検討だけではなく、無形資産の使用にかかる対価もきちんと検討する必要があるということです。（事務運営指針 3-8（1）本文）。

部長：うーん、もう少し具体的に言うと？

杏：つまり、今回のケースのように、①親会社の従業員が構築し、蓄積してきたノウハウ等を役務提供に併せて一体的に提供している場合や、②親会社の従業員の営業活動等において形成された取引網を使用しつつ役務の提供が行われる場合には、どのような無形資産があり、それが役務の提供だけの場合と比べて、どれくらい子会社の獲得した収益に影響を与えているかを検討する必要があるということです。（事務運営指針 3-9（1）（注））。

新二：子会社に役務提供していると聞くと、「ああ、IGS だな」と単純に思っていましたが、そこで無形資産になるものが一緒に提供されていないか、きちんと確認しないとダメだということですね。

杏：はい。ここで前回学んだ「無形資産として重要な価値を有するかどうかの判断材料」（図5-4）を改めて見ていただければ、より理解しやすいと思います。

部長：そうか。改めてみると、従業員等が形成したノウハウ等って書いてあったね。

新二：研究開発の場合には、当然ノウハウを無形資産と考えますが、経営、営業、販売促進などは見落としがちなので、これからは気をつけるようにします。

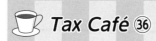

形成・維持・発展への貢献

*このお話は、「移転価格税制の適用に当たっての参考事例集　【事例14】（無形資産の形成・維持・発展への貢献）を基にしています。

部長：まだまだ無形資産の話は続くのかな。ゴールが見えないから疲れてきちゃったよ。

杏：移転価格全般に言えることですが、考え方のセンスを身に着けるためには、本を読むよりいろいろな事案を経験することが一番の近道ですから、もう少し頑張りましょう。

部長：そうだね、じゃあ次の取引を説明してもらおうかな。

杏：はい。では早速ですが、こちらの取引関係図（図5-12）をご覧ください。

図 5-12

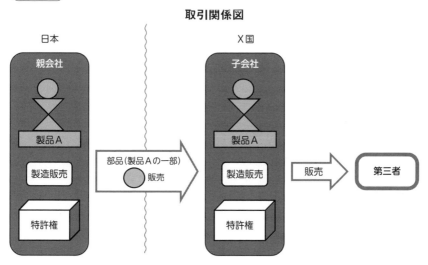

取引関係図

部長：製品 A の話は前にやったのと同じだね。日本の親会社が研究開発をして製造販売を行うと共に部品の一部を子会社に販売していて、子会社がそれをもとに製造販売を行っているということだね。

新二：前回と違うのは、双方が特許権を持っているということですかね。

杏：はい、そうですね。ここで、子会社の製造販売活動に関してどのような事実関係があり、双方がどのような役割を果たしているのか表にまとめてみましたので、（図5-13）をご覧ください。

新二：No.1，2の「親会社から独自技術が集約された主要部品を購入し、他の部品と合わせて製造を行っている」という部分は、前回と同じですね。また、No.6にあるように、親会社から購入している部品には親会社の独自技術が集約されているというのも同じですよね。

杏：はい、そうですね。

部長：ただ、今回はNo.3にあるように、子会社も独自の研究をやっていて、特許も保有しているということが前回との相違だね。

杏：おっしゃるとおり、前回のケースでは、子会社は親会社の研究開発した技術の使用許諾を受けて製造を行っていましたので、そのあたりが大きな違いとなります。

新二：研究開発に関しては、親会社の方の規模が明らかになっていませんが、それなりの大きな研究開発部隊を持って、独自技術を開発しているものと思われます。一方、子会社の方は10人程度の研究者で研究開発を行っているということですから、やれることも限られてくるのではないかと思いますね。

部長：人数ももちろんだけど、No.5を見ると、親会社は子会社が行う研究開発の方針や担当分野の割当てまで決めているようだし、子会社はその管理下で研究を行っているにすぎないということのようだね。

杏：まさに、そこが今回のポイントです。

部長：ポイントといっても、まだピンと来ないなぁ。

図5-13

No	活動内容等	親会社	子会社
	子会社の製造販売活動に関してそれぞれが果たす役割及び事実関係		
1	製造活動	―	親会社から独自技術が集約された主要部品を購入し、他の部品と合わせて製造を行っている
2	製造した製品	―	製品A
3	研究開発活動	製品Aに関し、独自技術を生み出した（日本において特許登録）	約10名研究者が所属する製品開発部門を有し、製品Aの一部は子会社の製品開発部門が開発した（X国において特許登録）
4		各々、製品Aの販売後も性能改善等のための研究開発を続けている	
5	研究開発活動に対する役割	研究開発方針の策定、具体的担当分野の割当て、研究開発の進捗管理と継続（又は中止）の判断、研究者の業績評価等については、すべて親会社の研究開発部門の業務管理担当が行う	製品開発部門の業務は、親会社の研究開発業務管理担当者の管理下で行われている
6	子会社が親会社から購入した部品	親会社の独自技術が集約された主要部品	―
7	製品Aの収益の源泉	親会社が開発した独自の技術性能が売上の拡大をもたらし、X国において一定のマーケットシェアを確保するとともに、概ね安定した価格で販売されているといえる	―

杏：こうしたケースで間違えやすいのは、双方が研究開発を行い、特許権も双方の国で登録している、だからそれぞれが重要な無形資産を有しており、貢献度も双方が高いと考えてしまうことです。

部長：でも、実際に子会社が特許権を持っていたら、研究開発もそれなりにやっているということだから、収益もたくさんとっていいと判断

してしまいそうだな。

新二：確かに、ボクも子会社が特許権を持っていたら、収益の配分においては、当然大きく配分してしまいそうです。

杏：では、ここで、(図5-14) を見ていただけますか？

(図5-14)

親子会社の収益に対する貢献内容		
	親会社	子会社
1	特許権を有する	特許権を有する
2	特許権の形成・維持発展に貢献している	特許権の形成・維持発展に貢献している
3	研究開発活動の大部分と開発の意思決定及 びリスク管理を行っている	研究開発の一部のみを行っている

部長：これだと、双方の違いはNo3ということなんだろうけど、そもそも意思決定とか、リスク管理って、具体的にはどういうことを意味しているの？

杏：「意思決定」とは、具体的開発方針の策定・指示、意思決定のための情報収集等の準備業務などを含む判断の要素のことを指します。また、「リスク管理」とは、無形資産の形成等の活動に内在するリスクを網羅的に把握し、継続的な進捗管理等の管理業務全般を行うことによって、これらのリスクを一元的に管理する業務のことを指します。

部長：つまり、(図5-13) のNo5にあるようなことは、この意思決定とリスク管理になるというとなんだね。

新二：確かに、研究開発の根幹の部分である意思決定やリスク管理を親会社がすべて担っているとなると、子会社が特許権を持っていたとしても、機能は親会社の方が圧倒的に大きいということになりますね。

杏：今回のケースのように特許権を持っている者と、その形成・維持・発展への貢献を行った者が同じではないというケースは実務上多々見受けられます。そうした場合に収益への貢献度を考えるためには、誰

が所有しているということだけに着目するのではなく、誰が特許権を
形成し、維持発展させているかということを、必ず考える必要があり
ます。実際に、事務運営指針 3-13 では「無形資産の形成等への貢献
の程度を判断するに当たっては、当該無形資産の形成等のための意思
決定、役務の提供、費用の負担及びリスクの管理において法人又は国
外関連者が果たした機能等を総合的に勘案する」としています。

部長：なるほどね。つまり、今回のポイントは特許権を保有していると
　いう形にとらわれてはいけないということなんだね。

杏：はい、そうです。また、この指針にある「費用負担の状況だけでな
　く」という部分にも注意を払ってくださいね。

新二：費用を負担したんだから、それなりの貢献度があるんだと単純に
　考えてはいけないということですね。

杏：はい、そのとおりです。特許権を保有している、費用を負担してい
　る、こうした事実を把握することは大切ですが、それと収益への貢献
　度は別ですので、きちんと機能とリスクを考える必要があるというこ
　とです。

部長：でも、費用を負担しているということは、リスクを負っている部
　分もあるわけだから、その点は考慮してもいいんだよね。

杏：もちろんです。そうしたリスクや機能を積み上げて、どちらがどれ
　だけ貢献しているのかを考えるようにしてくださいね。

新二：はい、分かりました。

第**6**章

ロイヤルティ料率の 検証方法

　移転価格税制の中で最も難しいと考えられているのが無形資産の評価であることは第5章でお話ししました。この章では、実際に今取引されているロイヤルティ料率をどのように検証し、正当性を主張していったらいいかをお話しします。最も簡単な方法はこれからお話しするTNMMを使用した検証方法です。また、双方に重要な無形資産がある場合の検証方法は残余利益分割法（Residual Profit Split Method：RPS法またはRPSM）がよく使われています。実際に米国当局は、この検証方法を推進していくというような話もあり、今後使用される場面が増えていくように思います。「RPSMは素人では無理だ」という印象を持たれている方も多いようですが、基本を押さえれば決してできないものではありませんし、そもそも企業自身が取り組めないようなものでは意味がありません。この章を参考に是非自社で取り組んでみて下さい。また無形資産の評価については Tax Café ㉜ でも扱っていますので、そちらもご覧になって下さい。

TNMM を使用した検証方法

＊このお話は、「移転価格税制の適用に当たっての参考事例集　【事例6】（取引単位営業利益法を用いる場合）を基にしています。

部長：先日、どんなものが無形資産になるか教えてもらったよね。

杏：はい。これから実際にその対価の算定方法について説明しようと思っていたのですが、何か気になることでもあったのですか？

部長：それがね、先日、他社の部長と話していたら、「うちは TNMM でロイヤルティ料率を算定しています」なんて言うから驚いてしまったんだよ。だって、無形資産に係るロイヤルティを決めるためには、

利益分割法などの難しい手法を使わないといけないんでしょう？
TNMM なんかで算定できるのかなと思って。

杏：では、利益分割法での検証方法をご説明する前に、TNMM を使う
四つのパターンについてお話ししながら、なぜ無形資産取引に
TNMM が使えるのかをご説明しますね。

新二：はい、お願いします。

杏：それでは、今申し上げた四つのパターンをご覧ください（図 6-1）。

部長：この № 1 のパターンは散々やっているから、もう分かるよ。

図 6-1

	取引単位営業利益法（TNMM）を用いる場合の 4 つのパターン
1	棚卸資産の売買取引の場合（売上高営業利益率を利益指標とする方法が最も適切な場合）
2	棚卸資産の売買取引の場合（総費用営業利益率を利益指標とする方法が最も適切な場合）
3	棚卸資産の売買取引の場合（営業費用売上総利益率を利益指標とする方法が最も適切な場合）
4	無形資産の使用許諾取引の場合

杏：本当ですか？　では、私が № 1 について取引関係図（図 6-2）を書
いてみますので、なぜ TNMM を使用できるのかについて説明してい
ただけますか？

新二：まず、親会社が研究開発や製造を行っているのに対し、子会社は
販売を行っているだけですので、「この子会社は親会社に比べて機能
が単純であると言える」というのが一つ目の理由です。また、親会社
の独自技術は製品 A にしか使われていない、つまりこの製品 A に使
われている技術と同じ技術が使われている製品を販売している会社は
他にはないということになりますし、第三者には製品 A を販売して
いないということですので、「全く同じ取引はない」というのが 2 つ

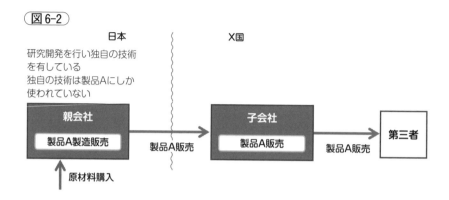

図6-2

日本　　　　　　　　　　　　　　X国

研究開発を行い独自の技術
を有している
独自の技術は製品Aにしか
使われていない

親会社
製品A製造販売
製品A販売

子会社
製品A販売
製品A販売

第三者

原材料購入

目の理由です。

部長：ということは……、思い出したぞ。独立価格比準法（CUP）を
使用できないってことだよね。

杏：はい、そのとおりです。

新二：あとは、「子会社は販売しているだけで、それほど価値があるよ
うな活動は行っていない」ということくらいですかね。他にも何かあ
りますか。

杏：TNMM より比較可能性が高い再販売基準法（Resale Price Meth-
od:RP 法）も検討してみる必要があるかもしれませんね。

部長：それって、どんな手法だったかな。

杏：要は、海外の関連者から仕入れて販売する際、同じ国から同じ製品
を仕入れて販売している第三者があった場合に、その利益率を参照す
るという方法です。

新二：同じような製品ということでしたら、販売している企業は他にも
ありそうですよね。

杏：ただ、この方法は類似性が高く求められるので、①製品の類似性が
高く、②販売者の売上規模や商流、販売機能（広告宣伝、販売促進、
アフターサービス、包装、配達等）もおおむね同様であることが必要
です。

新二：そこまで似るのは、なかなか難しいと思いますので、その方法も使えないということになりますよね。

杏：ではここで、TNMMを採用できる場合の条件をまとめておきますね（図6-3）。

（図6-3）

TNMMを使用できるケース
1　子会社の機能が親会社に比べて単純である
2　親会社が販売している製品と全く同じ製品を販売している第三者はいない
3　子会社と同じように、日本から同様の製品を輸入してい販売している第三者はいない

部長：ところで、（図6-1）をよく見ると、No.1からNo.3の違いは、利益指標が違うだけのようだけど、これは2章（図2-7）でやったことだよね。

杏：そうですね。それぞれがどのような取引に使用するのが適切なのかは、そこで述べたとおりですが、ひと口にTNMMと言っても、このように、内容によって使う利益指標が違うということだけ、ここで改めて認識しておいてください。

新二：一番気になるのは（図6-1）のNo.4ですが、これはどういうことか教えていただけますか。

杏：これについては、取引関係図を書きましたので（図6-4）をご覧ください。

（図6-4）

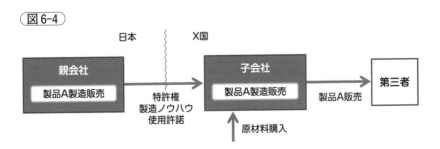

部長：これはどこの会社でもよくあるケースだよね。

新二：そうですね。親会社には特許権や製造ノウハウを子会社に使用許諾して、子会社はそれをもとに現地で製造販売しているので、ロイヤルティを回収しなければならないと思いますが、それを TNMM で算定するのですか？

杏：はい、そうです。

部長：ということは、まず最初に、先ほどの TNMM を採用する際の条件（図6-3）に当てはめる必要があるよね。

杏：はい。この場合の条件についてはもう少し詳しく解説をつけて書いておきますね（図6-5）。

部長：No.1 の「子会社の方が単純な機能だ」っていうのは、分かるよ。それから、No.2 の CUP 法というのも、この取引と全く同じ技術を持っている会社が、どこかの会社に使用許諾していたら、その営業利益率などを参照して、この取引にも当てはめるということでしょう。

杏：はい、そのとおりです。

図6-5

無形資産の使用許諾取引に TNMM を使用する場合の条件	
1	子会社の機能が親会社に比べて単純である。	親会社は製造販売をし研究開発もしている。一方、子会社は製造販売を行っており、親会社と比べるとより単純な機能を果たしている。
2	親会社が子会社に使用許諾している技術と同じ技術を提供している第三者はいない。	この技術は親会社の研究開発活動によって生み出された独自技術であるため、同じ技術を提供している第三者はいない＝ CUP 法を使用できないということ。
3	公開情報から子会社が行う製造販売取引と比較可能性のある第三者間取引を見つけることができる。	比較対象取引を行う企業（いわゆるコンパラ）を見つけることができる。

新二：さすが部長！　もう移転価格の達人ですね！

部長：Tax Café で散々勉強しているからね。

新二：では、№ 3 についてはボクが解説しますね。これは、つまり……
　あれっ、これはいつもやっているコンパラを選んで子会社の利益率レ
　ンジを決めるというやり方のことですか？

杏：はい。

新二：でも、そうなるとロイヤルティの話はどこに行ってしまったので
　しょうか？

杏：TNMM で子会社の利益を決めるということは、子会社の機能に見
　合う通常の利益を算定するということですよね。

部長：うん、まあそういうことだね。

杏：ということは、それを超える子会社の利益については、使用許諾が
　あったことによる利益ということになりますよね。

新二：あっ、分かった。ということは、その「超える利益」をロイヤル
　ティという形で親会社が回収するということですね。

部長：そして、回収すべき利益を対象となる売上で割れば、ロイヤル
　ティ料率が求められるということか。

杏：はい、そのとおりです。

部長：理屈は分かったけど、実務に落とし込めるかは心配だな。

新二：大丈夫ですよ。ボクが計算式を Excel で作ってみますから。

杏：TNMM というと、子会社の利益を決めるだけのイメージがありま
　すが、こんな使い方もあるんだということを。ここで覚えておいてく
　ださいね。

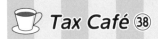

残余利益分割法（RPSM）を使用するケースとは？

＊このお話は、「移転価格税制の適用に当たっての参考事例集 【事例8】（残余利益分割法を用いる場合）を基にしています。

部長：それでは、いよいよ難しい方法の説明をしてもらおうかな。

新二：ただ、そんな難しい方法なんて、素人にはできないんじゃないですかね。

杏：そんなことはありません。新二さんができない方法なんて意味がないですからね。あくまで主役は企業の皆さんですから、専門家にしかできない手法だと思わず、理屈をしっかり理解するようにしていけば、きっと新二さんも抵抗なく使うことができるようになると思います。

新二：そうかなぁ。自信はありませんが、頑張ってみます。

杏：では、いつものように、まずは前提となる取引を図にしてみましたので、 図6-6 をご覧ください。

部長：こうした取引なら、当社でもいくつかの子会社とやっているよね。

新二：はい。部品ではなく、半完成品などを供給している場合もありますが、どちらにしてもこの図と同様に、それを使って現地で製造販売

図6-6

図6-7

S社における製品Aの製造販売に関するそれぞれの機能		
項目	P社の果たす役割	S社の果たす役割
研究開発	独自技術で製品Aを生み出した。	研究開発部門はない。
保有特許等	製品Aの製造に係る特許権及び製造ノウハウを保有している。	P社から製品Aに係る特許権・製造ノウハウの使用許諾を受けている。
製造	部品aを製造	P社から購入した部品aに、他の部品を加えて製品Aを製造している。 P社から供与された独自技術及び製造ノウハウに基づいて製造を行っている。
営業	－	営業計画を自ら行い、営業担当者も多数配置している。
広告宣伝販売促進	－	自ら企画した戦略に基づき、小売店や最終消費者向けに広告宣伝・販売促進活動を行っている。
販売	S社に対して製品A用の部品aを販売	自ら構築した販売網を使用して、X国の第三者の小売店約200社に対して販売を行っている。

しているケースはいくつかありますね。

杏：取引の全体像はこの図のとおりですが、更に細かい両社の果たす機能をまとめてみましたので、**図6-7**も併せてご覧ください。

部長：このそれぞれが果たす機能というのは、「子会社であるS社が製品Aを製造販売することに関して」という観点で考えるんだよね。

新二：そうか、だから親会社のP社には、営業とか広告宣伝などの欄が空欄になっているんですね。

杏：はい、そのとおりです。

部長：P社は日本で生み出した技術で部品aを作るとともに、製品Aを作る技術を子会社に使用許諾している、S社は部品aとP社の技術を使って製品Aを製造販売するということなんだね。

新二：それから、営業や広告宣伝等に関しては、P社の関与はなく、S

図 6-8

製品Ａの特長
性能が高い
認知度が高い
Ｘ国における小売店舗網が充実している
Ｘ国において一定のマーケットシェアを確保している
概ね安定した価格で販売されている
製品 a の特長
Ｐ社が開発した独自技術を用いて製造されている

社自身の戦略や企画に基づいてやっているというわけですね。

杏：はい。おっしゃる通りです。では、事実関係やそれぞれの果たす機能が分かったところで、製品 A と部品 a について、どのような特徴を持っているかについても、ここでまとめておきますね（図6-8）。

部長：なんだ、簡単なことしか書いてないし、こんなことをわざわざ書く意味なんてあるのかな。

杏：おっしゃる通り、簡単なことではありますが、これから手法の細かい部分に進んで行く際には、ここに立ち返って、機能やリスク、そして製品の特長に見合ったものになっているかを確認することが大変重要になってきます。ですから、こんなことくらい……と思わずに、きちんとまとめておくようにしてくださいね。

部長：そう言われてみると、確かにそうだね。手法に気をとられていると、そもそも何をしようとしているかも分からなくなってしまうことも多いから、頭を整理する上でも、このようにまとめておくといいかもしれないね。

杏：では次に、今までまとめた事実関係等をもとに、今回のケースに、どのような移転価格算定方法を使用するのが適切なのかについて、順番に見ていきますね（図6-9）。

図 6-9

| | 独立企業間価格の算定方法の選定のための機能リスクの判定 | | |

関連法令：租税特別措置法第 66 条の 4 第 2 項、措置法通達 66 の 4(2)-1、同 66 の 4(3)-1、同 66 の 4(3)-3、事務運営指針 3-1

	事実関係	判定	PS 間の取引に関して独自の価値ある寄与
1	P 社が S 社に使用許諾している特許権等は、P 社の研究開発活動によって生み出された独自技術であり、部品 a はこの独自技術を使用して製造されたものである。	P 社は S 社の利益に貢献しているといえる。	あり
2	上記技術は独自のものである。	以下の方法を適用するための比較対象取引の候補を見出すことができない。 ・独立価格比準法 ・原価基準法 ・取引単位営業利益法	―
3	S 社は営業計画を自ら行っており、営業担当者も多数配置するなど営業努力をしている。	S 社は S 社の利益に貢献しているといえる。	あり
4	S 社は自ら企画した戦略に基づき、小売店や最終消費者向けに広告宣伝・販売促進活動を行っている。	S 社は S 社の利益に貢献しているといえる。	あり
5	自ら構築した販売網を使用して、X 国の第三者の小売店約 200 社に対して販売を行っている。	S 社は S 社の利益に貢献しているといえる。	あり

部長：No.1 の判定については、当たり前のことだよね。日本で開発した独自技術が S 社の製造販売に大きく貢献しているんだから、当然 P 社は S 社の利益に寄与していると言えるよね。

新二：一番右の欄の独自の価値ある寄与って、何だかすごく大袈裟な感じですね。

杏：移転価格独特の言い回しですが、部長さんのおっしゃるとおり大き

く貢献していると思いますので、ここは「あり」としています。

新二：No.2については、どういうことなのでしょうか。

杏：P社で開発した製品Aに関する特許権や製造ノウハウは独自のものであるというのは、同じようなものが市場には存在しないということを意味しています。

部長：あっ、分かったぞ。つまり、ここに書いてある三つの方法は、比較対象取引やそれを行う企業を探してきて、それを使うわけだが、それが見つからない、つまりこれらの手法は使えないということを言いたいわけだね。

杏：はい、そのとおりです！

新二：取引単位営業利益法というのは、いわゆるTNMMのことですよね。これが一番馴染みがありますが、これが使えないということか。

杏：TNMMを使用するときの条件を思い出していただきたいのですが、P社とS社のどちらかが比較的単純な機能を果たしている場合に、その単純な方を検証対象としてましたよね。

新二：はい、確かにそうですけど。

杏：では、その下のNo.3から5を見ていただけますか。

部長：つまりP社だけでなく、S社もそれなりに重要な機能を有しているということだね。

新二：どちらにしてもTNMMはまったく使えないということですか。

部長：ということは……ん？　どうしたらいいのかな？

杏：このようなケースの場合に、残余利益分割法（RPSM：Residual Profit Split Method）を使用するというのが、今回のお話のスタートです。

部長：えーっ、ここがスタートってことは、まだまだ大変なことがありそうだな。

杏：大丈夫です。ちゃんとわかるようにお話ししていきますから。それから、今回のケースでは、S社では研究開発はしていませんが、S社

で研究開発を行っていた場合でもこの手法で独立企業間価格を求めることができます。

新二：つまり、両者がそれぞれ重要な役割を果たしている場合には、こうした手法を使うということなんですね。

杏：はい、そのとおりです。

部長：入口だけで疲れてきちゃったな。

新二：部長、しっかりしてくださいよ。

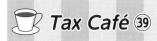 **Tax Café ㊴**

RPSM のイメージをつかみましょう

＊このお話は、「移転価格税制の適用に当たっての参考事例集　【事例 23】（残余利益当の分割要因）を参考にしています。

杏：ここからは、RPSM でどのような計算をしていくのかを具体的にご説明しますね。

新二：難しいのかなー。ドキドキしますね。

杏：実際に見ていただくと、イメージがしやすいと思いますので、　(図6-10) をご覧ください。

部長：うーん、分かるようで、分からないな。

新二：まず、Step1 では、分割対象利益を算出するということですが、これは単純にこの取引に係る双方の損益を求めるということですか？

杏：はい。具体的なやり方は、のちほどご説明しますが、この取引に係る切出損益をそれぞれ求める必要があります。

新二：切出損益は第 2 章 Tax Café ③の解説でやりましたね。この取引に係る損益を抜き出して P/L を作るようなイメージでしたよね。

杏：はい、そうです。

図 6-10

RPSM における移転価格分析から取引価格設定までの流れ

Step1　分割対象利益を算出する。　　　　　　　←　対象となる取引において、それぞれの損益を求める。

Step2　それぞれの基本的利益を求める。　　　←　基本的利益とは、無形資産を持っておらず、基本的な活動のみを行っているとした場合の利益のこと。

Step3　残余利益の配分割合を求める。　　　　←　配分割合に使用する指標は、貢献した活動のコスト等をベースとする。

Step4　残余利益を配分し、それぞれの利益を決定する。　　　←　基本的利益＋配分された残余利益

Step5　ロイヤルティ料率を乗じるベースとなる売上等を決定する。　　　←　グループから外へ出る際の外部売上等をベースとする。

Step6　現状の利益と決定した利益との差額からロイヤルティ料率を求める。　　　←　利益の差額÷ロイヤルティベースとなる売上等

部長：Step2 は、そもそも言っていることが分からないな。基本的利益というのは、どういう意味だっけ？

杏：第 5 章 Tax Café ㉝の中でも少し触れましたが、ここに書いてあるとおり、無形資産等を保有するなどの重要な役割は持っておらず、基本的な活動のみを行っている場合の利益ということです。もう少しイメージしやすいように図にしてみましたので、**図 6-11** をご覧ください。

杏：この図では、重要な機能を持つ企業の収益構造の考え方を示しています。つまり、こうした企業の得た利益というのは、「無形資産を有しておらず、単純な機能しか有していない企業が稼得する利益部分（基本的利益）」と、「無形資産等の重要な機能を持つことによって、

図6-11

各々の損益構造の考え方

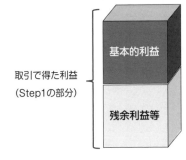

基本的利益：無形資産を持っておらず、単純な活動しかしていない場合の利益

取引で得た利益（Step1の部分）

残余利益等：無形資産を持っていることにより、機能が高まり、単純な活動の場合よりも多く得られる利益

単純な機能しか持っていない企業が稼得する利益より多く得られる利益（残余利益等）」の二つで構成されると考えられます。

新二：なるほど。そう考えると、Step1 の利益が取引全体で得られた利益で、そこから Step2 で求めた基本的利益を引くと、残りは残余利益等になるということですね。

杏：そして次に、この残余利益等をそれぞれに配賦するために、配分割合を求める必要があります。

部長：杏さんが言うと簡単に聞こえるけど、配分割合を求めるなんて、きっと難しいんじゃないのかな？

杏：おっしゃるとおり、この割合を何にするかで、双方の利益が大きく変わってしまいますので、大変重要な要素ですし、何を指標とするのかは、議論の多い部分になります。

新二：分割割合もそうですけど、先ほどの基本的利益だって、求めるのは難しいのではないでしょうか。

杏：そうですね。Step1 の分割対象利益にしても、どれを対象にするかによって最終的な損益に影響してきますので、算出する際には注意が必要です。

部長：考えることが山ほどある手法だね。できれば、使いたくない手法だな。

218

新二：でも、双方が重要な機能を持っている場合には、使わざるを得ない場面も出てくるでしょうから、ここでしっかり覚えておきましょうよ。

杏：部長さんの顔が曇ってきてしまいましたので、ここで分かりやすいように Step3 までの計算のイメージを作りましたので （図6-12）をご覧ください。

部長：なるほどね。こうして見ると、何だかイメージがつかめてきた気がするよ。

新二：確かに分かりやすいですね。①それぞれの利益を合わせてこの取引から得る全体の利益、つまり分割対象利益を求める、②そこから双方が基本的利益を先取りする、③残った利益をある割合で配分する、④ここで配分された残余利益と、先取りした基本的を合わせると、そ

図6-12

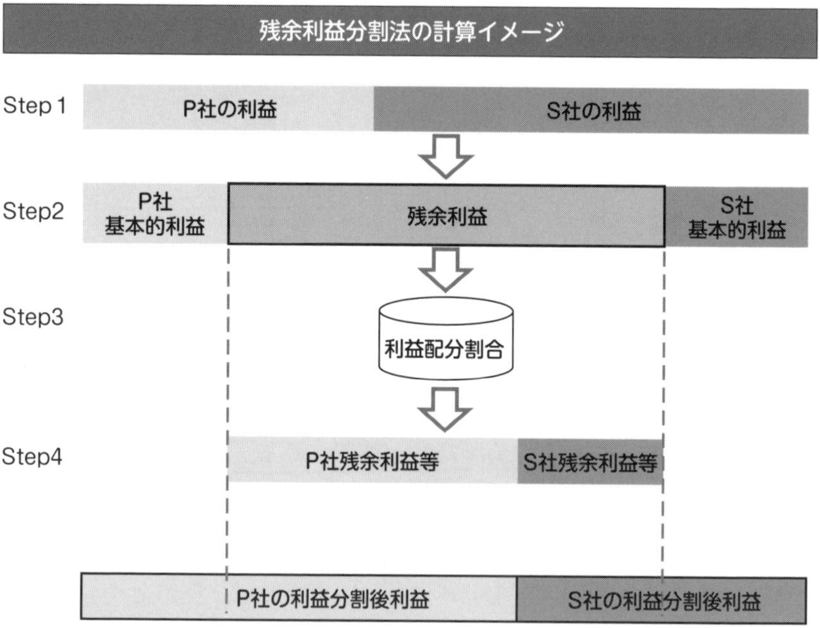

残余利益分割法の計算イメージ

| Step 1 | P社の利益 | S社の利益 |

| Step2 | P社 基本的利益 | 残余利益 | S社 基本的利益 |

Step3 — 利益配分割合

| Step4 | P社残余利益等 | S社残余利益等 |

| P社の利益分割後利益 | S社の利益分割後利益 |

ここでは、双方が利益が出ている前提で「利益」としていますが、正確には「損益」です。

れぞれが受け取る利益となる、ということですね。

杏：そのとおりです！

部長：ふう、ようやく 図6-10 の Step4 まで理解できたよ。

杏：ここまで来たら、あとは 図6-10 の Step5 でロイヤルティ料率を乗じるベースとなる売上等を決めます。

新二：ここで、「グループから外へ出る際の外部売上等」としているのはどうしてですか？

杏：グループ内の取引価格は、第三者価格とは言えませんし、価格の操作もできてしまうことを考えると、やはりここは第三者に販売する売上等をベースにすべきだからです。

部長：それから、最後の 図6-10 Step6 はどういう意味なの？

杏：最終的にはロイヤルティ料率を求めたいわけですよね。ですから、子会社側の最終的に算出された利益と元々の利益（Step1 の利益）の差額をロイヤルティとして回収するために、ロイヤルティ料率を乗じる売上等から逆算してロイヤルティ料率を求めるということです。

新二：理屈は何となく分かってきました。

部長：私は、頭が飽和状態だね。

杏：最初のイメージさえつかめれば、あとは粛々とそれぞれの要素を求めていくだけですので、諦めずに先に進みましょう。

親会社の分割対象利益を求めます

＊ここでは、「移転価格税制の適用に当たっての参考事例集」の【事例18】（分割対象利益等の算出）のうち、親会社の分割対象利益の算出について解説しました。

部長：ようやくRPSMの全体像が見えたから、早速、実際の計算に進んでみようか。

杏：では、 (図6-10) のStep1 分割対象利益を求めるというところから初めていきましょう。まず初めに、いつものとおり取引関係図 (図6-13) を書いて、そこからどのように求めていくかについてご説明しますね。

部長：親会社も子会社も製品Aを製造販売しているんだね。

新二：そして、子会社が製品Aを製造するための技術と部品は、親会社が提供しているということですね。

部長：それとは別に、子会社は第三者から仕入れた製品Bも販売しているんだね。ということは、どう考えたらいいのかな。よく分からなくなってきてしまったよ。

(図6-13)

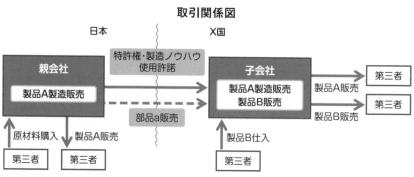

杏：そんな時にはどうしたらいいんでしたっけ？

新二：「各社の機能とリスクを表にまとめる！」ですよね。

杏：そのとおりです。では新二さん、その表を書いてみていただけますか？

新二：子会社が製品Aを販売することに関する両社の機能とリスクを書けばいいのですよね。

部長：そうだね、まずどの観点で検討するかを考えないとおかしなことになってしまうからね。

新二：考えられる機能とリスクは 図6-14 のとおりです。

図6-14

各社の機能		
	P社	S社
製造	製品Aの製造販売（日本国内）	製品Aの製造販売（X国内）
	―	製品Bの販売
	製品Aに関する研究開発	―
	S社へ部品aを販売	―
	製品Aの製造に係る特許権及び製造ノウハウをS社への使用許諾	―
販売	―	多数の担当者による営業活動
	―	様々な販売促進活動
	―	X国内で大規模な広告宣伝活動

構築したもの	特許権　製造ノウハウ	高い認知度　充実した小売店網

結果（現状）	製品AはX国において一定のマーケットシェアを確保するとともに、概ね安定した価格で販売されている。

222

杏：取引関係図からは分からない追加情報については、私が書き加えてみました。

部長：これを見ると、子会社は販売に関することは自社で全部やっていて、親会社は一切関与していないということかな。

杏：はい、そうですね。また、こうした活動によって両者がどのようなものを構築してきたのか、そしてその結果、X国における製品Aの販売はどのような状況であるかもその下に記載しました。

新二：こうして見ると、両者が子会社の製品A販売に関して、重要な役割を果たしていることがよく分かりますね。

部長：だから、このRPSMを使うということなんだね。

杏：両者の機能とリスクが分かったところで、いよいよSTEP1の分割対象利益を求めてみましょう。まずは、親会社の方の損益計算書から、この取引に関係するものを抜き出していきます。

新二：切出損益を作成するということですね。

杏：はい、そうです。では親会社の損益計算書を見ながら、 図6-15 のとおり一緒に作業してきましょう。

新二：よろしくお願いします。

杏：まず、売上高のうち、部品aの販売と受取ロイヤルティが直接関係するものになりますので、そのまま抜き出します。

部長：あれっ、でもこの部分は内部利益ということでしょう。そこはどう考えたらいいのかな。

杏：親会社、子会社双方でX国での子会社の販売に係る利益を算出するわけですから、この部分は子会社の方で原価等になるため相殺され、結果的に分割利益からは除かれますのでご安心ください。

新二：そうか、確かにそうなりますね。

部長：では、そこは気にせず、どんどん抜き出していけばいいんだね。

新二：ただ、研究開発費とその他の経費については、この子会社との取引以外にも関係してくると思いますので、配賦する必要がありますよ

（図6-15）

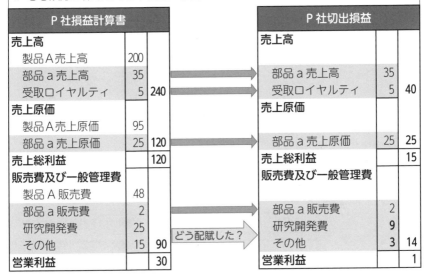

ね。

杏：これについては、適切な配賦と、そうでない場合を例示してみましたので、（図6-16）をご覧ください。

部長：右側は子会社の損益計算書なんだね。

杏：はい、そうです。

新二：これを見ると、研究開発を配賦する場合の配賦基準については、親会社の製品Aの売上高200と部品の売上高35で案分するというのはダメだということですね。

杏：それはなぜだか分かりますか。

部長：なぜと言われても、うーん、部品aにだって、研究開発の成果

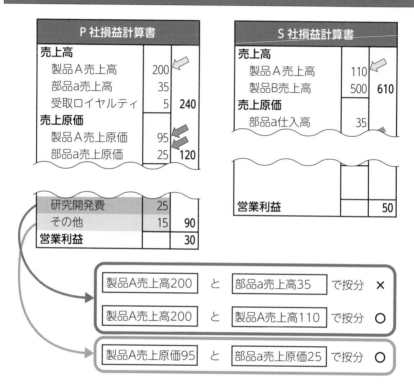

図6-16

研究開発費とその他の経費の適切な配賦の仕方

【按分結果】　研究開発費 25×110/(110＋200)＝**9**
その他販売管理費 15×25/(25＋95)＝**3**

は使われているんだし、いいような気もするけどね。

杏：部品 a は誰に販売しているんでしたっけ？

部長：それは子会社でしょ。

新二：あっ、もしかしたら部品 a は子会社に売っている、つまり関係会社間取引になるので、そこには恣意的なものが入っているかもしれない、だから使えないということではないですか？

杏：そのとおりです！こうした按分の指標を使う時には、あくまでも第

三者との取引を使うということが大切です。

新二：親会社が国内に売る製品A売上高200と子会社がX国で販売する製品A売上高110が、今おっしゃった第三者との取引に該当しますよね。そして研究開発費は、その両方に貢献しているので、その割合で按分するのが適切だということなのですね。

部長：なるほど、部品aの売上にも研究開発費は使われているけれど、それは結局X国での子会社の売上に含まれてしまうわけだから、最終的にグループの外に出るもので考えればいいということだね。

新二：さすが部長！ビシッと決まりましたね。

部長：でも、その他の経費については、製品Aの売上高と部品aの売上高で按分していいの？

杏：これは経費ですので、研究開発費のようにX国での販売に貢献するものではないため、製品Aの売上原価と部品aの売上原価で按分しているということです。また、両方とも関連者間取引ではありませんので、按分に使用する指標としては問題ないということになります。

部長：これでようやく、親会社の損益を切り出せたということだね。

杏：なお、直接配賦できない間接的なものの配賦基準は、一例にすぎませんので、国外関連者取引を配賦基準に使わないようにしつつ、ケースバイケースで適切な基準を使用するようにしてください。

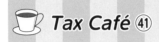

子会社の分割対象利益を求めます

＊ここでは、「移転価格税制の適用に当たっての参考事例集」の【事例19】（分割対象利益等の算出）のうち、子会社の分割対象利益の算出について解説しました。

部長：親会社の分割対象利益を求めたから、今度は子会社についてだね。

杏：はい。では、まず最初に、親会社の分割対象利益を求める際にお伝えした大切なポイントを復習してみましょうか。

部長：ポイント……？

新二：親会社の時には、まず損益計算書の中から取引に直接関係する損益を抜き出して、その後に研究開発費と営業費を親子会社それぞれに配分しましたよね。その中で大切なポイントと言えば……分かった！配分方法のことですか？

杏：正解です。親会社の研究開発費や営業費は、子会社との取引だけでなく、それ以外の取引にも関係するものでしたよね。つまり共通費ということになります。これを配賦する際の配分割合をどのように決めるかということが重要なポイントになります。

部長：配分割合によっては、それぞれの利益が大きく変わってしまうからね。

杏：それから、もう一つ大切なことがありましたが覚えていらっしゃいますか？

新：この配分割合を決める際に、関係会社間取引の数値を使用してはダメだということですか？

杏：そのとおりです！そこが一番気を付けていただきたい点ですので、忘れないようにしてくださいね。それでは、実際に子会社の損益計算

書を使用して、（図6-17）のとおり親会社との取引に関係するものを
抜き出してみましょう。

部長：ここに書いてあるように、子会社の損益には製品Aと製品Bに
係るものが含まれているから、製品Aに係るものをだけを抜き出す
ということだね。

新二：ではまず、ボクが直接関係するものに網かけしてみますね。

部長：部品aの仕入やロイヤルティは取引に直接関係するものになる
のかな。

杏：はい。今やろうとしている計算の目的は、子会社が技術の使用許諾
を親会社から受けて製造し、それを販売することに係る利益を配分し

図6-17

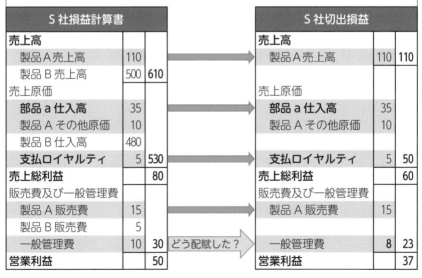

切出損益（S社の全体損益からP社との取引分を切り出す）						
1. S社の全体損益の中には①製品A売上と②製品B売上に係るものが含まれている						
2. この中から①製品Aに係る損益を切り出す。　◀ 切出しの目的はこれ！						
3. 直接関係するものはそのまま切り出す。						
4. ①②双方に係るものは、適切に按分して切り出す。						

S社損益計算書				S社切出損益		
売上高				**売上高**		
製品A売上高	110			製品A売上高	110	110
製品B売上高	500	610				
売上原価				売上原価		
部品a仕入高	35			**部品a仕入高**	35	
製品Aその他原価	10			製品Aその他原価	10	
製品B仕入高	480					
支払ロイヤルティ	5	530		**支払ロイヤルティ**	5	50
売上総利益		80		**売上総利益**		60
販売費及び一般管理費				販売費及び一般管理費		
製品A販売費	15			製品A販売費	15	
製品B販売費	5					
一般管理費	10	30	どう配賦した？	一般管理費	8	23
営業利益		50		**営業利益**		37

ようということでしたよね。ですから、「製品 A に係るもの」という意味は、「子会社の製品 A 製造販売に関する損益に係るもの」ということになりますので、当然部品 a の仕入やロイヤルティも直接関係するものになります。

部長：なるほど、そういうことか。

新二：では、仕入など直接関係するものをドンドン抜き出していきますね。

杏：直接費の抜出しが終わったら、最後に共通費の配分をしなければいけませんが、この中で共通費になるものはどれでしょうか。

新二：これは簡単だな。販売費及び一般管理費の中の一般管理費ですよね？だって、あとは製品 B の販売に係るものですから。

杏：はい、そうです。では、この一般管理費をどのような按分基準（分割ファクター）で配賦すればいいでしょうか。

新二：親会社の研究開発費を按分する際には、親会社の製品 A 売上高と子会社の製品 A 売上高を使って按分しましたよね。ということは、今回も製品 A 売上高と製品 B 売上高で按分すればいいんじゃないですかね。

部長：そうだね。どちらも第三者への売上だから、関係者間取引ではないし、それで大丈夫だと思うよ。

杏：確かに、間違ってはいませんが、もう少しよく考える必要があります。

部長：えっ、それはどういうことなの？

杏：何かの費用を按分する際に、売上高でやればいい……と思いがちなのですが、分割ファクターは、より適切なものを用いる必要があります。

新二：ということは、この場合、もっと適切な分割ファクターがあるということですか？

部長：売上高しか思いつかないよ。

杏：よーく損益計算書を見てください。

新二：あっ、分かった！　同じ「販売費及び一般管理費」の中の製品A
　　販売費と製品B販売費の割合を使用するということじゃないですか？

杏：新二さん、すごい！　そのとおりです。

部長：なんだ、それくらいなら、私だって分かっていたよ。

新二：もう、部長は負けず嫌いなんだから。

杏：では、この子会社の一般管理費の適切な配賦の仕方を 図6-18 に
　　まとめてみましたので、ご覧ください。

新二：②に×がついているのは、関係会社間取引を含んでいるからです
　　よね。

杏：はい、そうです。部品a仕入高35は親会社からの仕入ですからね。

部長：それは分かったけれど、①の売上高を使用する場合が△で、先ほ
　　ど新二君が言っていた③の販売費を使用する場合が○なのは、どうし
　　てなの？

杏：今回は、一般管理費を配分したいのですよね。この一般管理費が売
　　上高に連動するものなのか、それとも製品A販売費や製品B販売費
　　に連動するものなのかを考えてみてください。

新二：どちらかというと、販売費に連動しそうですよね。

部長：だから、この場合は、販売費の方がより適切だということか。

杏：もちろん、この管理費の中身を検討して、売上高により強く連動す
　　るものであると判断すれば、売上高で配分することも可能です。

新二：ボクは、いつも売上高でやっていれば、問題ないかなと思ってい
　　たけれど、そうでもないんですね。

部長：按分結果を見ると、何を分割ファクターにするかによって、結果
　　が1.8か7.5かに分かれてしまうんだね。

新二：本当だ、全然違いますね。

部長：売上で配分していたら、調査で「より適切なのは販売費だ」なん
　　て言われるかもしれないから、注意をしないといけないな。

図6-18

一般管理費の適切な配賦の仕方

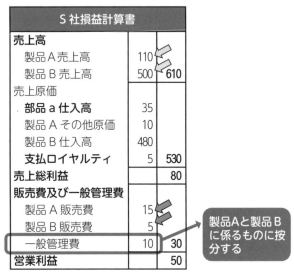

共通費はこれのみ⇒

製品Aと製品B
に係るものに按
分する

【按分方】

① 製品A売上高 110　と　製品B売上高 500　△

【按分結果】 一般管理費 10×110/(110+500)=**1.8**

② 製品A売上高 110（仕入35＋原価10）　と　製品B原価 480　×

③ 製品A販売費 15　と　製品B販売費 5　○

【按分結果】 一般管理費 10×15/(15+5)=**7.5**

杏：では、最後に切出損益を作成する上で大切なことを **図6-19** にま
とめておきますね。

部長：これでようやく分割対象利益が求められたね。

(図6-19)

切出損益を作成する上で大切なこと	
1	可能な限り個々に区分する。
2	区分できないものは適切なあん分基準（分割ファクター）で按分する。
3	按分基準（分割ファクター）に、関連者間取引に係るものは使わない！
4	売上高であん分しがちだが、もっと適切なファクターがないか必ず検討すること！

 **Tax Café ㊷**

親子会社双方の基本的利益を求めます

＊ここでは、「移転価格税制の適用に当たっての参考事例集」の【事例22】（基本的利益の計算）について解説しました。

部長：さて、分割対象利益は求められたから、今度は何をしたらいいのかな。

杏：次は基本的利益を求めます。

部長：ん？　基本的利益って、なんだっけ？

新二：いろいろやったので、今自分が何をしなければならないのかが分からなくなってしまいましたね。

杏：それでは、もう一度、RPSM の計算の全体像 (図6-10) を見ながら、これからどの部分をやろうとしているのかを確認しておきましょうね。

部長：えっ！　あんなにやったのに、まだ Step2 なの？

新二：終わる気がしなくなってきましたね。

杏：大丈夫です。少し大変なのは、Step1 と Step 3 ですし、今回のStep 2 の基本的利益は、TNMM に慣れてきた皆さんにとっては、と

ても簡単に感じられるはずですよ。

部長：そんなことを言って、油断させようとしているんじゃないだろうね。

新二：油断させても仕方ないじゃないですか。ともかく、どのように計算するのか教えていただけますか？

杏：はい。では、基本的利益の考え方について振り返ってからその後に計算方法のご説明をしますね。

新二：はい、よろしくお願いします。

杏：まず最初に、RPSM の計算全体の流れを思い出していただきたいので、 図6-12 をご覧ください。

部長：そうかっ、思い出してきたぞ。つまり、この親子間の取引で儲けた分を集めたのが Step1 だよね。そこから、それぞれの基本的利益を求めて、残った利益を利益分割割合で配賦するということだったよね。

新二：流れは確かにそうですが、その利益を分ける作業の前に、基本的利益を求める必要がある理由については忘れてしまったので、もう一度説明していただけませんか？

杏：はい、もちろんです。そこが分からないと先に進めませんから、 図6-11 をご覧になって、思い出してみてください。

新二：あっ、分かった。この取引において、親子会社それぞれが稼いだ利益は、二つの部分で構成されていると考えられる。つまり、①無形資産のような利益に影響を与える重要なものを持っておらず、単純なことしかしていなかった場合に稼げる利益と、②無形資産を持っていることによって、価値が高まってプラスアルファで上乗せされる利益の二つで構成される。だから、全体の利益から基本的利益を引いたものがプラスアルファの部分、つまり残余利益であり、これを何かしらの指標でそれぞれに分配するということですね。

杏：すごい！ そのとおりです。

部長：そうか、 図6-12 で言うと、全体の利益から、それぞれが基本

的利益を先取りするようなイメージだね。

杏：先取りという言葉が分かりやすいかもしれませんね。この収益構造
　　の考え方を復習したところで、いよいよ基本的利益を求めてみましょ
　　う。

部長：でも、理屈が分かったとしても、どのように求めるのかさっぱり
　　分からないよ。

杏：今までやってきたことで求めることができるんですよ。

新二：そんなこと、やってきましたっけ？

杏：では、ヒントです。単純な機能しか持っていない企業の利益を求め
　　るには……？

新二：TNMM（取引単位営業利益法）のことですよね。

杏：はい、そのとおりです。

部長：ということは、親子会社の基本的利益については、それぞれ
　　TNMM で求めるということなのか。

新二：そうは言っても、どのような比較対象企業（コンパラブル）を選
　　べばいいのかが分かりませんね。

杏：TNMM におけるコンパラブルの選定ルールを思い出していただき
　　たいのですが、独自の機能を果たしていない非関連者間取引から選定
　　する必要がありますよね。つまり比較的単純な機能を持っている企業
　　を選ぶということですが、今回の取引図 （図6-13） で見ると、比較的
　　単純な部分とはどこになるでしょうか。

部長：うーん、重要な機能というと特許権・ノウハウの使用許諾という
　　部分でしょう？　ということは……。

新二：親会社は部品 a を製造販売している部分、子会社は製品Ａを製
　　造販売している部分が単純な機能ということになると思うので、もし
　　かしたら両社とも製造販売会社を選べばいいということですか？

杏：はい、そのとおりです。

部長：なんだ、そういうことか。

杏：ただし、それぞれの国に所在する製造販売会社の中から比較的単純な機能を有している企業を選んでくださいね。

新二：選定する作業以外に何か注意することはありますか？

杏：あとは、使用する利益指標にも注意が必要ですね。

部長：利益指標というと、売上高営業利益率とか、そいうものでしょ？

杏：はい。今回のような両社の営業利益の合計額を配分するような場合においては、売上高営業利益率又は総費用営業利益率を用いることになります。

新二：どちらでも好きに使っていいということですか？

杏：いいえ、以前にもお伝えしたように、その指標の計算の中に関連者取引が入らないようにすることが大切です。

新二：ということは、親会社の方は、売上先が子会社になってしまっているので売上高営業利益率（営業利益÷売上高）は使えませんよね。ということは総費用営業利益率（営業利益÷総費用）を使う。子会社の方は親会社から仕入れているので費用に関連者取引が入ってしまっている。だから売上高営業利益率（営業利益÷売上高）を使用するということですね。

杏：はい。このように利益指標についても注意を払うようにしてくださいね。

部長：ただ、ちょっと気になるのが、いつもコンパラブルは一つではなく複数を選んで利益率レンジを作っているけれど、この基本的利益についてもやはりレンジを作る必要があるの？

杏：原則は平均値を使用します。ただ、いつもやっているように四分位で中位値を出した場合には、それを使用することも可能です。基本的利益をレンジで求めると、最終的な利益配分もレンジになってしまいますが、それで問題ないということもありますので、ケースバイケースで検討していただけたらと思います。

利益配分割合を求めます

＊ここでは、「移転価格税制の適用に当たっての参考事例集」の【事例 23】（残余利
　益等の分割要因）について解説しました。

部長：さて、いよいよ利益配分割合についてだね。

杏：はい、ここさえできれば、ほとんど終わったも同然ですので、頑
　張っていきましょう。今どこをやっているかについては、 図6-10
　で確認してくださいね。

新二：まだ Step3 だったんですね。

杏：Step4 以降は、計算が主体となりますので、本当に大切な、この
　Step3 が理解できれば、あとはそれほど難しくないと思います。

部長：そうだといいけどね。

杏：ここでは利益配分割合の考え方にフォーカスしたいので、簡単な取
　引図 図6-20 で考えたいと思います。

新二：これは以前にもやりましたよね。日本の親会社は「製品Aに係る
　部品 a を販売すると共に、製品A製造に係る技術やノウハウの使用
　許諾を行う」、子会社は「親会社から仕入れた部品 a と、使用許諾さ
　れた技術などを使って製品Aを製造し、第三者に販売する」というこ

図6-20

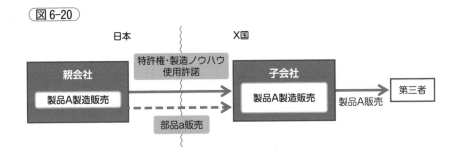

図6-21

	検討事項	検討内容	法令
	配分割合を決定するための検討プロセス		
1	分割要因（ファクター）として何を使用するか決める。	無形資産の形成・維持・発展の活動を反映する各期の支出費用等の額	所得の源泉となっている無形資産の寄与の程度を用いる（措置法通達 66 の 4 (5) -4）
2	支出費用等を使用する場合にどの費用を使用するのか決める。	図 6-22 参照	―
3	使用する費用の期間はどうするのかを決める。	①その無形資産が形成され始めた時点からのを合計額を使用する、②毎期の形成費用を使用するなど	―

とですよね。

杏：はい、そのとおりです。この前提条件を基に、どのように利益分割割合を求めていくのかを 図6-21 にまとめました。

部長：まず初めに、分割ファクターを決めるということだけど、ここに書いてあるように、無形資産に関係する費用を使わなければいけないのかな？

杏：はい、そうですね。思い出していただきたいのですが、Step2 では、無形資産を持たず基本的な活動しかしていない場合の収益を算出しましたよね。

新二：基本的利益のことですね。

杏：ということは、残りの利益は、基本的な活動だけをしている場合より高い収益を生み出す活動からもたらされたものと考えることができます。

部長：それが双方の持っている無形資産ということになるんだね。

新二：でも、それぞれが保有している無形資産って、何になるんでしょうか。

杏：親会社は特許権や製造ノウハウの使用許諾している部分になります。また、子会社は、製品Ａを売るためにマーケティング活動をしていて、それがより高い収益を生むための源泉になると思われますから、無形資産ということができます。

部長：マーケティングなども無形資産になるの？

杏：特許権や技術などは通常、無形資産となりますが、マーケティングに関しては、それが無形資産になるのかどうか議論のあるところではあります。今回のケースでは、マーケティングが収益に大きく貢献しているという前提ですので、無形資産として扱っていますが、当局によっては認めないところもありますので、必ずしも無形資産になるわけではないということに注意してください。

新二：はい、分かりました

部長：無形資産になるものが分かったところで、これを分割ファクターとして使うためには、今度はその金額を算出しなければいけないな。

新二：それが 図6-21 の№2の「どの費用を使用するか決める」という部分になるわけですね。

杏：はい。法令では、「所得の源泉となっている無形資産の寄与の程度を推測するに足りるものを用いる（措通66の4 (5)-4)」となっていますので、コストよりもふさわしい要因があるのであれば、そちらを使用する方がいい場合もあります。ただ、一般的には、コストを集計して、その割合をもって分割ファクターとすることが多いと思います。

部長：今回のケースでは、技術供与とマーケティングがそれぞれの無形資産ということだから、それに係るコストを分割要因として使用するということか。

新二：次はどの部署のコストを使用するかを考えないといけませんね。

杏：これについては、具体例を 図6-22 に書いてみましたので、こちらをご覧ください。

238

（図 6-22）

どの部署のコストを使用するかの具体例		
	無形資産の種類	関係部署
1	特許権、製造ノウハウなどの製造に係る無形資産	研究開発部門、製造部門
2	ブランド、商標、販売網、顧客リスト等のマーケティングに係る無形資産	広告宣伝部門、販売促進部門、マーケティング部門
3	事業判断、リスク管理、資金調達、営業に関するノウハウなど上記1，2以外の無形資産	企画部門、業務部門、財務部門、営業部門、その他主体となって関係している部門

部長：ここは、悩むようなことはなさそうだな。それぞれ関係した部署のコストを足し上げていけばいいということだよね。

新二：親会社は技術などの使用許諾を行っているわけですから、研究開発部門のコストを使用する、子会社はマーケティングを行っているわけだから、広告宣伝部門やマーケティング部門などのコストを使用するということですね。

杏：はい、そういうことになります。

部長：でも、よく考えたら、こんなに単純なケースなんてあるわけないよ。実際には、一つの部門のコストの中にはいろいろなものが入っているわけだし、もっと複雑なんだから、コストを決定するのは、かなり大変な作業だと思うよ。

杏：おっしゃるとおり、これは机上の話で、なかなかこのとおりにはいかないと思います。ただ、こうした考えの基本を押さえておけば、どんなに複雑なものになったとしても、コストに含めていいのか悪いのかは自ずと、はっきりしてくると思いますよ。

部長：部門コストの中には直接的に無形資産に関係するものもあれば、そうでないものもあるので、そうしたものを特定していけばいいんだね。

新二：ところで、研究開発はずっと昔からやっているのですが、コスト

図 6-23

両社の機能・活動等から考えるコストの特定方法			
	親会社	子会社	解説
研究開発	製品Aに係る研究開発を継続的に行っているが、管理会計上、個々の特許権や製造ノウハウの開発のために要した研究開発費の個別管理は行っていない。	―	個々の特許権・製造ノウハウ・マーケティング無形資産の形成費用を特定することができない。ただ、毎期の支出がおおむね一定していることから、単年度ごとの支出費用の額を分割要因とすることが妥当であると判断される。
広告宣伝活動	―	すべて製品Aに係るものであり、子会社のマーケティング上の無形資産の形成に貢献している。	
損益計算書	研究開発費は毎期売上高の7%ほどである。	広告宣伝費は毎期売上高の8%ほどである。	

を集計する際には、どの時点のコストを使ったらいいのでしょうか。

杏：一つの例として、　図 6-23　のようなケースを考えてみてください。

部長：これは要するに、両社は費用に関しては個別の管理はしていないということを言いたいわけだね。

新二：そこは分かりますが、一番下の損益計算書の欄は、どのような意図があるのでしょうか。

杏：これについては、どの費用を使用するかについての考え方をお話しした後に、改めてご説明しますので、まずは次の三つをご覧ください。

① 【無形資産の取得・形成・維持・発展に要した各期の費用を使用する場合】
　　無形資産がどれくらい収益に貢献しているかを測るためには、その無形資産の絶対額を求めることは必ずしも必要ではなく、それぞれの会社が有する相対的な価値の割合で足りるとされています。ですので、無形資産の取得・形成・維持・発展に要した各期の支出額をファクターとするという方法が考えられます。

②【費用の個別管理をしておらず、無形資産に係る費用を特定することが困難な場合】

　実際には、こうしたケースは多いと思いますが、無形資産の形成・維持・発展に係る研究開発が継続的に行われており、研究開発費の発生状況が比較的安定している状況であれば、各期の研究開発費の額を分割ファクターとすることは合理的であると考えられます。

③【各期の研究開発費等の費用の変動が大きい場合】

　各期の研究開発費の変動が大きい場合には、②のように各期の費用を使用することは適切ではありません。その場合には、次のような方法が考えられます。

Ⅰ．合理的な期間の費用の平均値を使用する

Ⅱ．合理的な期間の費用を合計し、それを一定の年数で配分した額を使用する

部長：①の考え方は、費用の合計額を分割ファクターとすることは問題ないということだよね。

新二：②については、先ほどの 図6-23 の損益計算書の欄のことですね。

杏：はい、そうです。本来であれば、費用を個別に特定して分割ファクターとするべきなのですが、なかなかそうはいかないケースが多いと思います。そうした場合に、毎期の費用に変動がないのであれば、ある事業年度の費用の額を分割ファクターにしてもいいよということです。

新二：だから、売上の7％云々という記載になっているんですね。

杏：ただ、実際には、毎期毎期、同じだけの費用が発生するということはなく、時の経過とともに減少していくケースも多いのではないかと思います。その場合には、③の「費用の額の変動が大きい場合」に記載してある方法をとることができます。

部長：でも、合理的な期間といっても難しいよね。

杏：これについても、特に決まりはありませんから、例えばその製品のライフサイクルを合理的な期間であるとすることも、一つの考えだと思います。

新二：ライフサイクルということは、過去から未来にかけての期間がライフサイクルとなることもありますよね。その場合には、未来の部分はどのように考えたらいいのでしょうか？

杏：例えば、DCF（Discount Cash Flow）法（第7章参照）を使用して、将来発生するであろう研究開発費等を割引率で割り引いたものを、過去の分と合わせて分割ファクターとして使用するということも考えられると思います。ただ、そこまで難しいことをしなくても、ライフサイクル終了時点までの研究開発費を事業年度ごとに予測し、過去の発生時から合計額を求めてそれを分割ファクターとするということも、選択肢の一つだと思います。

部長：新二君がDCF法をできるのであれば、それでもいいけど、私は合計額の方がいいな。

新二：できなくはないとは思いますが、会社として分かりやすいのは合計額を使用する方ですよね。

杏：注意点としては、予測を合理的に行うということと、予測した数値は毎期、実績に置き換える必要があるという点です。

部長：どちらも、大変ではあるけれど、まったく雲を掴むような話でもないし、何とかやれそうな気がしてきたよ。

新二：まあ、実務はボクがやるんですけどね。

杏：どのやり方が合理的なのかについては、取引形態や企業によっても異なりますので、まずはどの手法が自社にとって合理的なものであるかをじっくり考えて、採用するようにしてくださいね。

新二：はい、分かりました。

杏：今回は、たくさんの議論がある部分を含んだ項目でしたが、基本的な考え方を理解した上で、自社風にアレンジしていただけたらと思います。

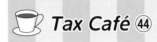 *Tax Café* ㊹

いよいよロイヤルティ料率を求めます

＊ここでは「移転価格税制の適用に当たっての参考事例集」の【事例 22】（残余利益等の分割要因）の計算例について解説しました。

部長：難関の残余利益の配分割合が終わったから、もう少しだね。

杏：はい、まずは、いつもどおり、これからどの部分をやろうとしているのかを　図6-10　で確認してから、先に進みましょう。

新二：Step4 から Step6 まで一気にやるのですね。

部長：ようやく終われると思うと、俄然やる気が出てくるよ。

杏：今回は計算が主となりますので、実際に前提条件を決めて計算をしてみたいと思います。前提条件については　図6-24　をご覧ください。

新二：Step1 は、この取引に係るそれぞれの利益を決定するということでしたよね。

杏：そうですね。詳しくは、分割対象利益の時にお話ししたことを復習していただきたいのですが、親子会社それぞれが、この取引で得た利益を算出します。まだこの段階では、どちらに利益を付けるかなどは

図6-24

前提条件			
Step1	P 社の利益	40	分割対象利益
	S 社の利益	60	
Step2	P 社の基本的利益	8	基本的利益
	S 社の基本的利益	12	
Step3	利益分割割合　P	80%	分割ファクター
	利益分割割合　S	20%	

考えずに、粛々と利益額を算出してください。

部長：Step2 は、それぞれの会社の基本的利益か。これは、利益の先取りとか言っていた部分だったよね。

新二：つまり、無形資産など重要なものを全く持っておらず、単純な機能しか有していなかった場合に得られる利益を、Step1 で求めた利益の合計額から、それぞれがまず先取りするということでしたよね。

杏：はい、そうです。この部分は、データベースなどから、同様の単純な機能しか有していない企業の利益を抽出して、それを使用することになります。

新二：Step3 では先ほど求めた利益分割ファクターを使用すればいいのですね。

部長：よし、これで前提条件は理解できたから、これをどう使って計算するのかを教えてもらおうかな。

杏：では、 図6-24 の数値を使って計算の流れ 図6-25 を見ていきましょう。

部長：これで全体の流れが分かるから、計算もしやすくなるね。

新二：早速やってみたいのですが、まず Step1 のところは、単純に前提条件の数値を記入すればいいですよね。

杏：はい、そうです。

部長：Step2 のところだって、もう基本的利益の数字は前提条件で示されているんだから、そのまま使えばいいんだよね。

杏：実際の計算の仕方は、以前にご説明しましたので、そこを参照されてくださいね。

新二：分割対象利益が親子会社合わせて 100 あって、そこから基本的利益を親子会社それぞれ 8 と 12 を先取りしたわけだから、残りは 80 となり、これを前提条件にある利益分割ファクターの 80：20 の割合で分ければいいんですよね。

図 6-25

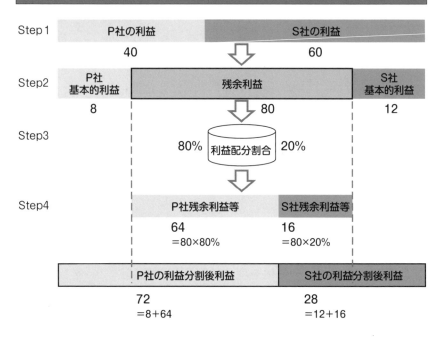

残余利益分割法の計算イメージ

部長：80を8：2で分けるということは、64と16ということだな。

新二：そして、最後に先取りした基本的利益と合わせれば、それぞれの
　　会社の利益が72と28になるというわけですね。

部長：なんだ、簡単なことじゃないか。じゃあ、終了だね。

新二：部長、気が早いですよ。これだけだったら、ロイヤルティ料率が
　　分からないじゃないですか。

部長：あっ、本当だ。ということは、あとは何をすればいいのかな。

新二：それが 図6-10 の Step5 になるんですよね。

杏：はい、そうです。

部長：Step5には、ロイヤルティ料率のベースとなる売上を決定すると
　　書いてあるけれど、普通に売上を使えばいいだけだから、特に考える

ことなんていらないんじゃないの？

杏：そこが、間違いを起こしやすいポイントですので、まず（図6-26）をご覧ください。

（図6-26）

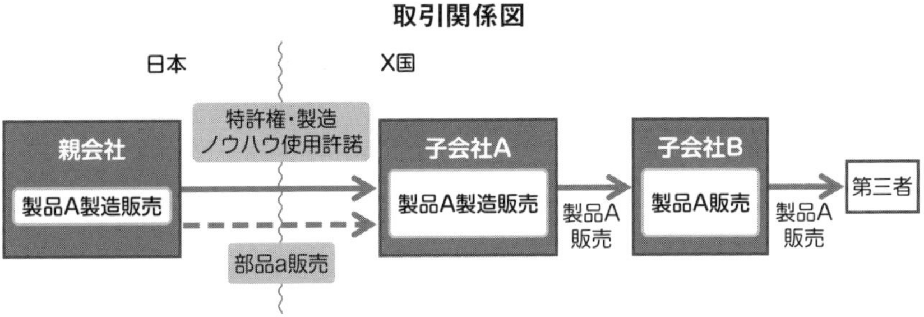

取引関係図

部長：これのどこが問題なのか、分からないよ。

杏：以前にもお伝えしましたが、ロイヤルティベースとなる売上をどこにすればいいのか、もう一度考えてみていただけますか？　。

新二：うーん、売上という意味では、①親会社から子会社への部品aの製造販売、②子会社Aから子会社Bへの製品Aの製造販売、③子会社Bから第三者への製品Aの販売の三つがありますね。ただ、①の売上に関しては、特許権・製造ノウハウの使用許諾に関するロイヤルティには直接的に影響するものではありませんから、②か③のどちらかということですかね？

杏：何かの数字を使う時には、どのような点に気をつければいいんでしたっけ？

部長：どんな点って、どうだったかな。新二君、君なら分かるよね。

新二：あっ、分かった。答えは③の売上を使用するということですよね。

杏：はい！　正解です。

部長：どういうことなの？　私には②と③の違いが分からないよ。

新二：移転価格の計算を行う時には、関連者取引を使用してはいけない

ということでしたよね。この図で言えば、①も②も関連者への売上ですから、これは使えないということになります。ということで、答えが③ということなんだと思います。

部長：ああ、そうか。関連者取引だと、第三者同士の取引価格と違って、恣意的なものが入るおそれもあるから、ダメだったんだよね。

杏：はい、おっしゃるとおりです。これで（図6-10）Step5 のロイヤルティを乗じるベースとなる売上は決定できましたので、あとは計算になります。

新二：最後の計算くらいは、ボクにやらせてください。

部長：おっ、さすが若手のエースだね。じゃあ、（図6-27）に書いてもらおうかな。

新二：ええと、まず現状が Step1 で求めたとおり、親会社の利益が40、子会社の利益が60 ですよね。そして、RPSM で計算した結果は親会社が72 で子会社が28 となりました。つまり、差額の32（60 － 28）を子会社から親会社に移動させないといけない。ということは、この 32 をロイヤルティで回収しなければいけないということになる

（図6-27）

RPSM の結果を受けてのロイヤルティ料率の決め方

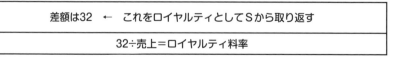

| Step 1 | P社の利益 | S社の利益 | ← 現状 |
| | 40 | 60 | |

| 結果 | P社の利益分割後利益 | S社の利益分割後利益 | ← あるべき姿 |
| | 72 | 28 | |

差額は32　←　これをロイヤルティとしてSから取り返す
32÷売上＝ロイヤルティ料率

ので、32 を第三者売上で割れば、ロイヤルティ料率が求められるということです。

部長：いやー、分かりやすい説明だね。うん、確かにそういうことだ。長い道のりだったけれど、これでようやくロイヤルティ料率が求められたね。

新二：残余利益分割法なんて聞くと、絶対に自分には無理だと思っていましたが、こうしてやってみると、何とかできそうだということが分かりました。

杏：現実の計算では、もっと悩むこともたくさんあると思いますが、必ずこの原則の計算に戻って、決めるべきことはある程度の割り切でやれば、決してできないわけではありませんので、是非挑戦してみてください。

新二：はい、分かりました。

RPSMの注意点　人件費の安い国に製造移管した場合

＊ここでは「移転価格税制の適用に当たっての参考事例集」の【事例20】（人件費較差による利益の取扱い）について解説しました。

杏：では、残余利益分割法の最後に、注意すべき点について、いくつかお話ししますね。

部長：なかなか終わらないね。

新二：でも、あと少しですから頑張りましょう。

杏：初めに、人件費の安い国に製造機能を移管したケースについて、どのように扱ったらいいのかをお話ししますね。いつものとおり取引関係図（図6-28）と取引の概要について（図6-29）にまとめてみましたので、こちらをご覧ください。

部長：取引関係図を見ると、製造機能を移管する前には、親会社は自社で製造し、子会社へ製品Aを販売、子会社はそれを第三者に100で販売していたということだね。

杏：はい、そうです。

部長：製造機能の移管後は、子会社が親会社から特許権・製造ノウハウなどの使用許諾を受けて自分で製造するようになったということだね。ただ、第三者への販売額は100のままということか。

新二：製造の原価は移管後に安くなっているようですが、この要因はどのようなものなのでしょうか。

杏：X国は新興国をイメージしているので、人件費や仕入れなど様々なものが安いことから、製造原価が低くなったと考えられます。ただ、今回はお話を単純化するために、主な要因が人件費であると考えてください。

図6-28

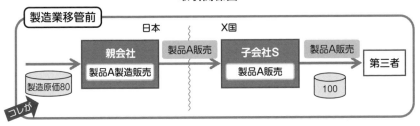

取引関係図

図6-29

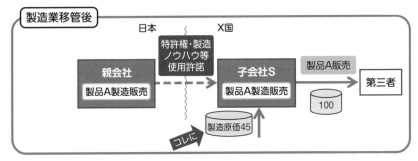

子会社の製品A販売に係る前提条件		
	親会社	子会社
事業概況	製造した製品Aを子会社へ販売していたが、5年前に現地生産に切り替えることを決定し、子会社に製造ノウハウ等独自技術の使用許諾を行った	親会社から仕入れた製品Aを販売していたが、製造業務の移管を受け、製品Aの製造販売を行っている
製品A	親会社の研究開発活動の成果である独自技術が使用されている	
製造原価	移管前は80	移管後は45
製品Aの販売価格	―	移管前後で変わらず100
合算損益	移管前は20（＝100-80）、移管後は55（＝100-45）	
研究開発	製品Aに関する研究開発を行う	―
広告宣伝販売促進	―	従来から販売会社として大規模な広告宣伝や販売促進活動を行っている

部長：（図6-29）については、今言った取引の概要に加えて、研究開発は親会社のみで行っており、それが製品Aに使用されている、また子会社は自身で広告宣伝や販売促進などマーケティング活動を積極的に行ってきたということだね。

新二：合算利益については、どう考えたらいいのでしょうか。

杏：単純化するために、利益は第三者への販売価格100のみ、費用はここに記載している製造原価のみとしています。ですから、

① **移管前の合算利益**：販売額100－製造原価80＝20

② **移管後の合算利益**：販売額100－製造原価45＝55となります。

新二：ということは合算利益が35増加したということですね。

杏：はい、そうなります。そして次に、利益をどのように配分するか考えなければいけませんが、このような事実関係がある場合、どのような手法を使えばいいかお分かりになりますか？

部長：もちろん残余利益分割法（RPSM）でしょ。

杏：それはどうしてですか？

部長：どうしてって。それは新二君から説明してもらおうかな。

新二：この取引に関する貢献、つまり親子会社それぞれの機能を考えると、親会社は研究開発、子会社はマーケティングということなので……。

部長：両者が独自の機能を有している場合には、RPSMを使用するということだったよね。

杏：はい、そうです。

新二：肝心なところを持っていかれちゃったな。

杏：機能という移転価格らしい言葉を使われたのはさすがですね。新二さんのおっしゃったそれぞれの機能は、利益を配分するための利益配分割合に使用することになりますので、ここで（図6-30）に改めてまとめてみますね。

新二：今までやってきたRPSMでは、この表にあるとおり、親会社が

図6-30

親子会社それぞれの機能		
	機能	売上への貢献内容
親会社	研究開発活動で構築した独自の技術	一定のマーケットシェアを確保 / 概ね安定した価格で販売されている
子会社	従来から行っていた販売会社として大規模な広告宣伝・販売促進活動	高い製品認知度 / 大規模な販売網による販売競争上の優位性を有している
	X国の低い人件費	合算利益が20から55へ増加した

これを子会社の貢献としてもいいのか？

研究開発活動、そして子会社がマーケティングを行っているということだったので、それぞれの費用を算出して利益分割割合としていましたよね。

部長：でも今回は、人件費が安い国に製造を移管して、結果的に利益が増加したという要素が加わっているから、それをどちらの貢献とみるかを考えなければいけないわけだね。

杏：はい、そうです。

部長：製造移管は通常、親会社が事業判断として決定しているんだろうし、親会社の貢献になるんじゃないかな。

新二：でも、人件費が安くなったのは現地の問題ですし、子会社の貢献として考えてもいいような気がしますけどね。

部長：どちらにしても、こうしたそれぞれの貢献を費用の中から抽出して数字で表すとなると、なかなか難しい問題だよね。

新二：親会社が製造移管を決めたことに関する費用ということは、会議に参加した人の旅費とか日当になるのかな。それから、現地で人件費が安いということに関連する費用となると……。

部長：そんなの抽出不可能だよ。

杏：はい、おっしゃるとおりです。このように様々な要因が複合的に絡み合って生じた利益については、その費用を区分することは困難です。ですから、費用を区分することなくこの貢献を表わす方法を考えなくてはなりません。

部長：考えるといっても、まったく分からないね。

杏：例えば、人件費の水準が低い国で製造活動だけを行う第三者企業のケースを考えていただきたいのですが、その企業が得る利益というのは、通常の機能に見合ったものであると考えることができます。

部長：えっ、どういうこと？

杏：つまり、市場や事業内容が類似する法人であれば、どの企業も同様の利益を享受できるということです。

新二：今回のケースで言えば、人件費が安い国で製造を行っている企業は、だいたいどこも同じような利益を得ているということをおっしゃっているのですね。

部長：それはいいけど、これがさっきの話と、どうつながるの？

杏：つまり、製造業務の移管によって人件費の恩恵を受けているとしても、現地で製造活動を行っている限り、その利益は同国で製造活動を行っている他の法人と同水準になるはずです。したがって、人件費が安くなったことによる恩恵に関しては、基本的利益の比較対象企業（コンパラ）を選定する際に、同様の法人を選定すれば、そこでこの影響を評価しているということになります。

新二：ということは、基本的利益のコンパラについては、通常どおり現地で製造している企業を選べば、それでこの件は終了ということなんですね。

部長：じゃあ、製造移管に関係する費用を抽出するような作業は必要ないということか。

杏：はい、そういうことになります。

新二：結論を聞くと、なんだか拍子抜けしてしまいますね。

部長：とはいえ、この話を知らなかったら、製造移管があった場合に、その影響をどうしたらいいのか社内で大騒ぎになりそうだったから、ここで考える機会があって良かったよ。

Tax Café ㊻

RPSM の注意点　需要の変動が大きい製品の場合

＊ここでは「移転価格税制の適用に当たっての参考事例集」の【事例21】（市場特性、市況変動等による利益の取扱い）について解説しました。

杏：では最後に、「残余利益分割法の注意すべき点」について、もう一つお話ししますね。

部長：ようやく、これで最後か。

新二：ラストスパートということで、頑張りましょう。

杏：まずは、いつものとおり取引関係図 （図6-31） をご覧ください。

部長：これは、いつもやっているような事例だよね。

杏：確かに同じように見えますが、実はちょっとした違いもあるので、それぞれの果たす役割をまとめたもの （図6-32） と一緒に、考えていきましょう。

（図6-31）

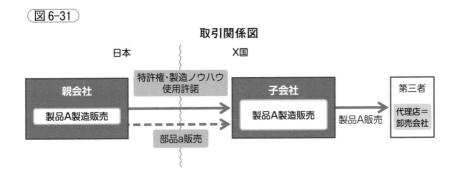

(図6-32)

各社の機能		
	P社	S社
製造	製品Aの製造販売（日本国内）	部品aに他の部品を加えて製品Aを製造販売（X国内）
研究開発	製品Aに関する研究開発	技術者10名程度から成る技術開発部門を有して、製品Aに係る一部の開発を行っている
	製品Aの製造に係る特許権及び製造ノウハウをS社へ使用許諾	
販売	S社へ部品a（P社の独自技術が集約された主要部品）を販売	代理店へ販売（＝子会社独自で広告宣伝・販売促進活動は行っていない）
市場の状況	P社グループの属する製品A業界は世界的に需要の変動が大きい業界として知られている	
	製品Aの需要の変動には一定のサイクルがある＝そのサイクルに連動して、各社の損益状況も変動する	
	X国における業界平均の利益水準は世界平均よりも高い＝政府の価格規制によって国際水準価格より高く維持されているため	

新二：分かりました。

杏：まず、取引の概要ですが……。

部長：親会社が製品Aの製造販売と研究開発を行っており、製造ノウハウや特許権を子会社に使用許諾している、子会社はそれを使って製品Aを製造し、第三者に販売しているということだよね？　何度も見ているものと変わらないような気がするけど。

新二：親会社が製造した部品aを子会社に販売し、子会社はそれを使用して製品Aを製造しているというところも以前のものと一緒ですよね。

杏：取引関係図だけだと分かりにくいと思いますので、(図6-32)の各社の機能も見ていただけますか？

部長：子会社の研究開発のところに、技術者10名程度から成る技術開発部門を有しているから、今回は子会社もそれなりの開発活動を行っ

ているということか。

新二：だからこそ、RPSM を使うんだということを言いたいわけです
ね。

杏：はい、そのとおりです。

部長：子会社側の販売の項目や取引図では、代理店へ販売すると書いて
あるけれど、これはどんな意味があるの？

杏：前回は、小売店等に販売しており、そのために行っている広告宣伝
が、子会社の独自の機能だということで RPSM を使用したケースで
した。今回は、代理店へ販売ということなので、子会社独自で広告宣
伝や販促活動はやっていません。その代わりに、子会社は研究開発を
やっているということですので、そのあたりが以前のものとと少し違
う点になります。

部長：なんだ、それだけの違いなんだったら、わざわざここで検討する
必要なんて無いような気がするな。

新二：でも、一番下のところに市場の状況という項目がありますよ。そ
こに書いてあることは、今まで触れたことがない内容ですよね。

杏：見ていただくと分かるとおり、今回のケースのポイントは、扱って
いる製品の需要が変動の大きいものであった場合、どう考えたらいい
かということです。

部長：なるほど、そういうことか。

杏：前提条件として、まず製品 A の業界自体が、需要の変動が大きい
ものであり、その変動には、ある一定のサイクルがあるということが
挙げられています。

部長：うちの部品業界は、それほど需要に大きな変動はないけれど、そ
ういう業種もあるのかな。

新二：政府の価格規制によって、価格が高く維持されているというのも
前提条件になっていますが、こうしたケースは少ないような気がしま
すよね。

部長：医薬品などが、こういうケースに該当するかもしれないね。

新二：どちらにしても、当社にはあまり関係ないかな。このような特殊なケースをやる意味ってあるのでしょうか。

杏：確かにレアケースのように感じられるかもしれませんが、こうした考え方を経験しておくだけで、自社で特殊なケースに遭遇した場合でも、きちんと答えが出せるようになりますので、RPSM の練習問題だと思って、もう少し考えてみましょう。

部長：そうだね。では次は何をしたらいいのかな。

杏：この前提条件をもとに、子会社の営業利益に影響を与える要因はどのようなものがあるか考える必要がありますので、まずは 図6-33 をご覧ください。

部長：No.1 の親子会社それぞれの研究開発で形成された無形資産というのは、利益に直結するものだし、先ほども話していたとおりだから、これは分かるよね。

新二：No.2 の市況サイクルの中で生じた需要の変動というのも、当然子会社の利益に影響を与えますよね。需要があればそれだけ売れるので、利益も上がりますし、需要がなければその逆ですしね。

部長：No.3 も特殊な話だけど、政府が価格を高水準で保とうとしているんだから、世界的な水準に比べて価格が高いのも当然だよね。

図6-33

S 社の営業利益率に影響を与える要因		
	要因	追加情報
1	親子会社それぞれの研究開発活動により形成された無形資産	—
2	市況サイクルの中で生じた需要の変動	このサイクルは X 国だけでなく、日本を含む世界でも同じようなすう勢を示している
3	政府の価格規制により維持されている高い価格水準	X 国の水準が世界的な水準に比較して高い

新二：これが分かったところで、こうした事実を RPSM の中でどう活用すればいいのでしょうか？

杏：ではヒントです。X 国内の同じ業界に属する企業のことを考えてみてください。

部長：同じ業界ね……。

新二：あっ、分かった。前回の「生産拠点を人件費の安い国に移した場合」の考え方と一緒なんじゃないですか？

部長：えっ、どういうこと？

新二：つまり、同じ国の同じ業界の企業は、どこも需要の変動や政府規制も等しく受けるわけですよね。だから、基本的利益を決定する比較対象企業を選ぶ時に、同国の同業他社を選べば、それでこれら要因の影響はすべて表現できるということなのではないですか？　。

杏：すごい、新二さん！　そのとおりです。

部長：なんだ、またそんな単純な話か。

新二：前回も単純な結論でしたが、実際にこうした問題に直面するとなかなか答えが出せないような気がしますので、練習問題をすることができて、良かったです。

部長：とりあえず、道のりは長かったけれど、RPSM についての話は、これで終わったということだね。

杏：RPSM はハードルが高いように思われがちですが、今回お話ししてきたことを順番にやっていただければ、決してできないものではありませんので、親子会社が共に独自の機能を有している場合には、RPSM という選択肢も検討してみてくださいね。

新二：はい、分かりました。

第7章

その他の論点

　2020 年 4 月 1 日以後に開始する事業年度から、移転価格算定方法に新たな手法である DCF（ディスカウント・キャッシュ・フロー）法が加わりました。この DCF 法は、以前から企業価値評価などに使用されてきた手法で、特段目新しいものではありませんが、独立企業間価格算定手法のいずれの手法でも算定が困難な場合に使用できるとして、租税特別措置法施行令第 39 条の 12 第 8 項第 6 号に規定されています。

　事例集では DCF を使用できるケースとして無形資産の譲渡が紹介されています（Tax Café ㊼参照）が、この他に利益分割法と同様の考え方で使用するケース（Tax Café ㊾参照）や、事業譲渡取引のように無形資産が他の資産等と一体として譲渡されるケースも想定されています。無形資産のみを単独で譲渡するケースよりも、事業譲渡取引に使用される場面が多くなるのではないかと思いますが、どちらにしても、どのような場面の使用が多くなるのか、今後の動向を見極めていく必要があります。

Tax Café ㊼

DCF 法を使用できるケースとは？

＊このお話は、「移転価格税制の適用に当たっての参考事例集 【事例 9】（ディスカウント・キャッシュ・フロー法に準ずる方法と同等の方法を用いる場合）を基にしています。

部長：移転価格の算定手法というのは、たくさん教えてもらったけれど、法令改正で、また新しい手法が導入されたそうだね。

杏：これは従来から M&A などの時に企業価値評価をするために用いられていた手法ですので、それほど目新しいものではありません。

部長：何だか難しい計算をするやつだよね。ただ、そもそも DCF 法って、どういうものなのか、改めて教えてもらえるかな。

杏：はい、もちろんです。DCF 法とは、無形資産などの使用により生ずる予測利益の金額を、合理的な割引率を使って割り引くことにより、現在価値を算出するものです。

部長：えっ、余計意味が分からなくなっちゃったよ。

杏：では、もう少しかみ砕いてご説明しますね。例えば、100 万円を年利 10 ％で運用すると 1 年後には 110 万円、2 年後には、110 万円×110％で 121 万円と、複利で増えていきますよね。ということは、逆に考えてみると 1 年後に 100 万円欲しかったら、今は 90.9 万円（100 万円÷1.1）持っていればいいということになります。この計算が「割り引く」ということで、90.9 万円が現在価値ということになります。

部長：ふーん、何となく分かるような、分からないような感じだな。

新二：実際の計算方法については、また後で教えていただくとして、まずは、この DCF 法を移転価格算定のどういう場面で使用するのかが、よく分からないので、具体的な事例で教えていただけると助かります。

杏：では、まずはいつものとおり、取引関係図 （図7-1） と機能分析についてまとめた （図7-2） をご覧ください。

部長：研究開発と広告宣伝・販売促進活動の欄に記載してある内容の意図するところは、何なのかな。

新二：ここは、子会社に独自性のある活動がないとなっていますから、結局子会社には、たいした機能がないということを言いたいのではないですか？

部長：なるほど、そういうことか。

新二：製造販売のところを見ると、元々は本社で開発した特許や製造ノウハウを使用許諾していたのですが、それを譲渡したということです

取引関係図

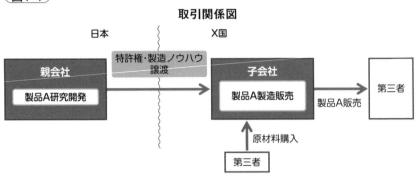

（図7-2）

各社の機能リスク分析				
	\multicolumn{2}{}{譲渡前}		\multicolumn{2}{}{譲渡後}	
	P	S	P	S
研究開発	S社に対して製品Aの製造に係る特許権・製造ノウハウの使用許諾を行っていた	研究開発部門はない	—（譲渡済）	譲渡前と同じ
広告宣伝 販売促進活動	行っていない	独自性のある広告宣伝・販売促進活動は行っていない	譲渡前と同じ	譲渡前と同じ
製造販売	—	X国で原材料等を購入して**P社から使用許諾を受けた**特許権等を使用して製品Aの製造を行いX国の第三者へ販売	—	X国で原材料等を購入して**P社から譲り受けた**特許権等を使用して製品Aの製造を行いX国の第三者へ販売

ね。

部長：これが DCF 法の具体例だということは、無形資産の譲渡価格が正しいかどうかを検証するのに DCF 法を使用するということなのかな？

杏：はい、そうです。

部長：なんだ、そんな簡単なことか。じゃあ、この話はこれで終わりだね。

新二：部長、気が早すぎますよ。

杏：確かに、「無形資産の譲渡対価を算定するのに DCF 法を使用する」ということですが、使用する前にいくつか検討すべきことがありますので、 図7-3 の表をご覧ください。

新二：このプロセスというのは、先ほど見たような取引があった場合に、DCF 法ありきではなく、この順序でどのような手法が使えるかを考えていく必要があるということですね。

杏：はい、そうです。

新二：№1 に記載してある、「特許権・製造ノウハウは、無形資産である」という部分は問題ないですよね。№2 は、比較対象取引、つまりこの取引と似た無形資産の譲渡を行っているような取引が見つからないということですね。

図7-3

DCF 法の使用決定プロセス	
1	特許権・製造ノウハウは P 社の研究開発活動によって生み出された独自技術であり、製品 A の製造販売事業の所得の源泉となる無形資産であると言えることを確認する
2	この無形資産については、CUP、RP、CP、TNMM において、比較対象取引が見つからないため、使用できないことを確認する
3	S 社は単純な製造販売機能しか有していないため、RPSM 等の利益分割法も使用できないことを確認する
4	DCF 法の適用を検討する

部長：そして、機能リスクで見たように、子会社はたいしたことをしていない、つまり単純な機能しか有していないため、利益分割法も使用できないということか。

杏：ということで、ここでいったん整理しておくと、DCF法が使える場面というのは、①比較対象取引が見つからず、②親子会社それぞれが独自の機能を持っているわけではないため、利益分割法も使えない場合であるということが言えます。移転価格の算定手法は様々ありますが、どの手法も使えなかった時に、初めて使うことができる手法ということです。

新二：最後の砦ってことですね。

部長：今説明してくれたプロセスを経て、DCF法の適用を検討するとなった場合に、何か注意しなければならないことはあるの？

杏：はい、これについては、把握しなければならない要素がいくつかありますので、 図7-4 をご覧ください。

新二：ここで取締役会で承認されたとなっているのは、どういう意味なのでしょうか。

杏：これは、「客観的に合理的と認められる事業計画であること」が必要なためです。ですから、外部の評価機関で検証されたものであるなど、合理的なものであれば、それでも結構です。

新二：それから、No.2はどのような意味なのでしょうか。

杏：予測利益から、特許権・製造ノウハウを有しない場合の予測利益を

図7-4

DCF法を適用する場合の条件
1	取締役会で承認された事業計画により予測利益の金額が把握できる
2	特許権・製造ノウハウを有しない場合の予測利益を計算することができる
3	譲渡対象の特許権の残存有効期間を予測することができる
4	市場データ等から合理的と認められる割引率を把握できる

控除すると……。

部長：特許権・製造ノウハウに係る予測利益が算出できるということ
じゃないかな。

杏：はい、そのとおりです。

新二：そして、№ 3 と№ 4 については、現在価値を出すための計算に必
要な要素ということですよね。

部長：移転価格において DCF 法を使用するケースについては、何とな
く分かった気がしてきたよ。

新二：あとは、DCF 法を使用するデメリットについても、教えていた
だけませんか？

杏：デメリットと言えるかは分かりませんが、この手法は、使用する数
値（予想収益、割引率など）によって結果が大きく変動してしまいま
す。自由度が高いとも言えますが、調査で数値を否定されることもあ
るかもしれませんので、使用する数値の根拠は常に明確にしておくこ
とが必要です。

新二：よく分かりました。

部長：大体イメージはつかめたけれど、他にはどういう場合での使用が
想定されるのかな？

杏：そうですね。私の経験では、残余利益分割法（RPSM）を適用す
る際、残余利益をどのような配分割合で配賦するかを決める利益分割
割合を算出するために使用しました。

新二：そういえば、BEPS が始まるきっかけとなった米国の大手 IT 企
業が、米国内で構築してきた IT 技術等の無形資産を米国外子会社と
共同開発することにした際の費用分担契約に関するケースでも話題に
なりましたよね。

部長：それはどのようなものなの？

杏：費用分担契約、つまりコストシェアリング契約とは、無形資産 を
開発するために必要な費用を分担して、その成果に対する持分をその

費用分担額に応じて取得する契約のことです。共同開発するといっても、その無形資産は長年、米国で構築してきたものですから、共同開発に参加するためには、移転持分に対する対価を親会社に支払わなければなりません。この支払はバイ・イン支払ともいい、この支払額を算定する場合に、DCF を使っていたようです。

部長：何だか難しいことばかりだけど、徐々に慣れていくしかないね。

DCF 法の具体的な計算方法

杏：それでは、DCF 法の具体的な計算方法についてご説明しますね。

部長：いや、それはいいよ。だって、説明されたって、おそらく理解できないと思うからね。

新二：でも、計算方法がどのような流れになっているかなど、大枠を把握しておく必要はあると思いますので、やはりお話を伺っておいた方がいいですよ。

部長：それもそうか。では、説明をお願いしようかな。

杏：では、まず法令の中で DCF がどのように定められているかを確認した上で、どのような計算行う必要があるのかを見ていきましょう。

新二：法令でしたら、ボクが読みあげますね。DCF 法は、租税特別措置法第 39 条の 12 第 8 項第 6 号で、「国外関連取引に係る棚卸資産 の販売又は購入の時に当該棚卸資産の使用その他の行為による利益（これに準ずるものを 含みます。）が生ずることが予測される期間内の日を含む各事業年度の当該利益の額として当該販売又は購入の時に予測される金額を合理的と認められる割引率を用いて当該棚卸資産の販売又は購入の時の現在価値として割り引いた金額の合計額をもって当該

国外関連 取引の対価の額とする方法」と規定されています。

部長：これを聞いただけでは、さっぱり分からないな。

杏：法令は棚卸資産取引をベースに規定されていますが、実際には比較
　対象取引を探すことが困難な無形資産取引に使用されることが多いと
　思います。ですから、正確には「DCF法と同等の方法」又は「DCF
　法に準ずる方法と同等の方法」を使用するということになりますが、
　こうした用語はともかく、どういったケースに使用されるのか、改め
　て図にしましたので（図7-5）をご覧ください。

（図7-5）

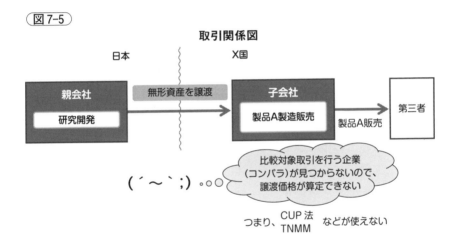

部長：なんだ、これだけのことね。ホッとしたよ。

新二：法令を見たら混乱してしまいましたが、要は、親会社が開発した
　無形資産を子会社に譲渡する場合の譲渡価格を決めるために、DCF
　法を使うということですね。

杏：はい、そうです。では取引が分かったところで、今度は「計算する
　ために必要な要素」というものを（図7-6）で見てみましょう。

新二：ここに書いてある式を見ると、適正な譲渡価格を求めるには、予
　測利益から算出した譲渡無形資産の現在の価値を求めないといけない
　ということだから、まずは、予測利益を決める必要があるんですね。

図7-6

適正な譲渡価格
（独立企業間価格） ＝予測利益から算出した譲渡無形資産の現在の価値

重要な計算要素			
OECD ガイド ラインでは	1	財務予測	
	2	成長率	
	3	割引率	
	4	無形資産の 耐用年数	
今回の改正では	1	予測期間	無形資産を使用して利益が生じることが予測される期間。例：一定の耐用年数を見積もる
	2	予測利益	基本的には親会社、子会社の双方で生じることが想定されるが、両社以外で生じる可能性がある利益も含む
	3	割引率	合理的な割引率。例：WACC（株主資本コストと負債資本コストの加重平均）をベースにしながら、資本構成を考慮した割引率を推計

部長：また、その下の欄を見ると、予測利益だけでなく、予測期間や割引率も必要になるということだね。

杏：はい、そのとおりです。

新二：ちなみに、「OECD ガイドラインでは」と書いてある部分は、どういう意味なのでしょうか。

杏：そもそも、こうした規定は BEPS プロジェクトの最終報告書（行動8-10）に基づいて改定された OECD ガイドラインに準拠する形で整備されてきたものです。DCF 法についても、同様に OECD ガイドラインに沿った形で法令に追加されました。ただし、OECD ガイドラインでは財務予測、成長率、割引率、無形資産の耐用年数等について詳細な説明が追加された一方、日本の法令では、DCF 法の計算に欠かすことのできない三つの要素、つまり予測期間、予測利益、割引率のみが規定されました。ですから、企業が譲渡価格を算定する際に、この基本的な三つの要素だけでなく、OECD ガイドラインで規

定されている成長率などの要素を使用しても、特段問題はありません。

部長：まあ、私が使用することは絶対にないけどね。

新二：ただ、三つの要素だけでも精一杯なのに、それ以上の要素を使うとなると、負担も大きくなりませんか？

杏：確かに、要素が多くなればなるほど、検討事項は増えますし、その要素のわずかな数値の違いだけで、最終的な評価額に大きな相違が出ることも想定されます。「要素が多い方がより精緻だ」という考え方もありますが、落としどころはなかなか難しいですね。

新二：ところで、予測期間というのは、この無形資産を利用して利益が生じると予測される期間のことで、例としては耐用年数を見積もるということですが、それも結構難しいのではないでしょうか。

杏：はい。確かに、耐用年数の概念は簡単でも、実際の算定はとても難しいと思います。無形資産の価値が継続する期間、つまり無形資産の価値が時間の経過と共に減少し、価値がほぼ無くなるまでの期間を見積もる必要があるからです。何をベースとして見積もるかは、ケースバイケースで考えていく必要があると思います。

新二：予測利益については、文字通り、この無形資産を使用して得られる将来的な利益を予測すればいいということですね。

杏：はい。ただし、取引の主体となっている親子会社だけでなく、他にもこの無形資産から生じる利益がある場合には、それも含める必要があることに注意してください。

部長：割引率については、WACC（株主資本コストと負債資本コストの加重平均）を使用するということなの？

杏：どのような割引率を使用するかは、「合理的な割引率」とのみ法令で規定されています。株式評価などの実務ではWACCを使用するのが一般的ですが、無形資産の評価では、WACCをベースにしながら、資本構成などを考慮して算定する必要があります。

部長：難しいねえ。

杏：細かいことをここで覚える必要はまったくありませんが、無形資産の譲渡価格を算定するには、こうした手法もあるんだということを知っておいていただきたいと思います。

新二：次は、いよいよ計算ですか？

杏：はい、そうですね。まずは前提条件となる予測期間と予測利益を具体的に書いてみましたので 図7-7 をご覧ください。

図7-7

無形資産の使用による予測	1年目	2年目	3年目	……	X年目
売上	100	90	80	……	x x
費用	60	55	50	……	y y
利益	40	35	30	……	z z

新二：なるほど、売上は年々落ちていく、そして利益も減少していくというストーリーで計算するのですね。

杏：計算式については、 図7-8 をご覧ください。

図7-8

$$現在価値 = \frac{50}{(1+r1)} + \frac{40}{(1+r1)(1+r2)} + \frac{30}{(1+r1)(1+r2)(1+r3)} + \cdots + \frac{○○}{(1+r1)(1+r2)\cdots(1+rn)}$$

rn ＝割引率：無形資産を使用する事業に係るリスク、期待利回り等を勘案して決定される利率など

$$= \frac{50}{(1+r)} + \frac{40}{(1+r)^2} + \frac{30}{(1+r)^3} + \cdots + \frac{○○}{(1+r)^n}$$

新二：上の式と下の式の違いはどういうことなのでしょうか。

杏：上の式は割引率が毎年異なる場合、下の式は一貫して一つの割引率を使用した場合です。どちらが正しいということではなく、使用する割引率が合理的であれば、どちらを使用しても結構です。

部長：全体的なことは分かったけれど、やはり、こんなことを自分でや

るなんて絶対に無理だよね。

新二：もしも、こうした手法が必要になった場合には、また杏さんのお

力をお借りしたいと思いますので、よろしくお願いいたします。

杏：はい、もちろんです。

┌ ●本日のデザート● ─────────────────────┐

　ここでは財務省の「令和元年度税制改正の解説」と OECD ガイドラインを基に解説しました。実際に企業の担当者が計算するというよりは、委託先が行った計算を主体となって理解し、社内にノウハウを蓄積できるようにしていただけたらと思います。

└────────────────────────────────┘

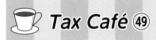

Tax Café ㊾

所得相応性基準とは？

部長：令和元年の改正では、無形資産に関する改正があって、DCF 法については先ほど説明してもらったけれど、もう一つ聞きなれない言葉があったよね。

新二：確か、所得相応性基準とか言っていたような。

部長：：それだよ、それ。でも、さっぱり理解できなかったので、それについても説明してもらえないかな。

杏：では、より理解しやすくするために、まずは、なぜこういう改正が行われたかという背景からご説明しますね。

新二：よろしくお願いします。

杏：ご存知のように、BEPS プロジェクトの最終報告書が OECD から出されたことによって、移転価格文書を作成しなければならなくなっ

272

たり、その他の法令が随時改正されていきました。今回の改正は、ま
だ手当てされていなかった行動計画 8 - 10 の無形資産に関して、
OECD 移転価格ガイドラインを反映したものとなっています。

新二：DCF についてもその一つということになるのですか？

杏：はい、そうですね。次に、今回の改正のうち、無形資産に係る改正
の全体像が理解しやすくなるように、関係する税制改正事項を抜き出
してみましたので、 図7-9 をご覧ください。

新二：No.1 の価格算定方法の整備については、今やった DCF 法を導入
したということだと思いますが、そもそもこれを導入した意図という
のは何なのでしょうか。

杏：従来、OECD の移転価格ガイドラインでは、取引時の無形資産の
価値を評価することが困難な場合の解決策として、DCF 法を容認し
ていました。ところが、日本の法令ではこの点について明確に定めて
いなかったため、今回の無形資産に係る法令改正に合わせて、追加さ

図 7-9

	令和元年税制改正の無形資産に係る改正事項		
	改正事項		改正内容
1	価格算定方法の整備	DCF 法の導入	独立企業間価格の算定方法として、DCF 法を追加
2	評価困難な無形資産取引に係る価格調整措置の創設	いわゆる所得相応性基準の導入	評価困難な無形資産取引について、予測と実際の結果が相違した場合には、税務当局が実際の結果を勘案して当初の価格を再評価できるようにした（但し、再評価後の価格が当初の価格の 20％を超えて相違した場合のみ）。
3	無形資産の定義	移転価格における無形資産の定義を明確化	移転価格税制における無形資産は、有形資産及び金融資産以外の資産で、独立の事業者の間で通常の取引の条件に従って譲渡・貸付け等が行われるとした場合に対価の額が支払われるべきものとする

れたということです。

新二：なるほど、そうした背景があったのですね。

部長：それよりも、問題は№ 2 だよ。改正事項の欄に書いてある価格調
　　整措置というのも意味が分からないし、全体的に理解ができないよ。

杏：改正内容のところにも書いてあるとおり、企業が DCF 法などを使
　　用して無形資産取引の価格を算定し、その価格に基づいて取引をした
　　ところ、何年か経って、DCF 法で使用していた予測収益が現実の数
　　値と大きく異なってしまったというケースを考えてみてください。そ
　　うした場合には、税務調査などで実際の収益に基づいて評価され、否
　　認されるかもしれないということです。

部長：えっ、そういうことなの？

杏：実際にこの規定がどのように使われ、調査が行われるかについて
　　は、まだはっきりしていませんが、意味としては、そういうことにな
　　ります。

新二：でも、そうなると、かなりリスクのあることのように思えます
　　が、どうしてこうした規定が導入されたのでしょうか。

杏：OECD ガイドラインでは、「納税者は当該取引に関する広範な知
　　識・情報を有しているのに対し、税務当局は納税者が提供する情報等
　　に依存せざるを得ないという納税者と税務当局との間の情報の非対称
　　性という問題の存在」を指摘しています。つまり、当局側は納税者側
　　よりも、価格の算定においては情報入手の観点から不利であり、その
　　解決策として、この方法が定められました。

新二：随分厳しいものですし、何だかしっくりきませんね。

杏：実際に米国の当局（IRS）は、すでに所得相応性基準を導入してい
　　ますが、無形資産の譲渡後に無形資産に係る所得に大幅な変動があっ
　　た場合には、その対価の修正を求めることができるとしています。た
　　とえ、移転時の評価が適正であったとしても、当局は後続年度での事
　　後的な情報を用いて価格の修正を求めることができるんです。

部長：それじゃあ、後出しジャンケン OK ということで、ずるいよね。

杏：ただ、譲渡時に実際の収益に見合った額をもらうべきだったと言われれば、確かにそうですので、正しい形に戻す作業だと思うしかないと思います。

新二：とはいっても、それに加算税などがかかるわけですから、やはり譲渡時の価格というのは、かなり慎重にやらないとダメだということですね。

部長：№3の無形資産の定義を明確にしたという件だけど、無形資産は、工業所有権とか特許権など、すでに法令に書いてあるよね。

杏：事務運営指針 3-12 でも無形資産について定められていますので、(図7-10) をご覧ください。

部長：こうしたものが無形資産になるわけだね。

新二：ただ、こうして明確に定められているのに、なぜわざわざ、再度明確化する必要があったのでしょうか。

杏：№2の所得相応性基準を導入することに伴って、無形資産の範囲を明確にしておかないと現場に混乱が生じることから、導入されました。先ほど部長がおっしゃったとおり、既に法令で定められている無形資産の例も分かりやすいのですが、無形資産になるものは他にもたくさんありますので、根本的にどういったものが無形資産に該当するのかを明確にしておく必要があったということです。

部長：なるほど、そういうことなんだね。

(図7-10)

移転価格事務運営要領 3-12 調査において検討すべき無形資産	
イ	技術革新を要因として形成される特許権、営業秘密等
ロ	従業員等が経営、営業、生産、研究開発、販売促進等の企業活動における経験等を通じて形成したノウハウ等
ハ	生産工程、交渉手順及び開発、販売、資金調達等に係る取引網等

新二：ちなみに、<u>図7-9</u> の№ 3 に記載されている金融資産とは具体的にはどういうものを言うのでしょうか。

杏：現金 、預貯金、売掛金、貸付金その他の金銭 債権、有価証券などが該当します。

部長：明確化した意図は分かったけれど、こうした定義だと、何でもかんでも無形資産になってしまわないか、心配になるな。

新二：確かに、そうですね。実際にどのように運用されるのかはこれからですし、今後注視していく必要がありそうですね。

┌─ ●**本日のデザート**● ─────────────────┐
　ここでは財務省の「令和元年度税制改正の解説」と OECD ガイドラインを基に解説しました。無形資産については、悩ましいことばかりですが、考え方のヒントの一つになればと思います。
└────────────────────────────────┘

 ***Tax Café*** ㊿

米国当局が導入したＦＣＤモデル

部長：大変だ、大変だよ。

新二：そんなに慌てて、どうしたんですか？

部長：聞くところによると、米国当局（IRS）が FCD モデルというものを公表しているみたいなんだけど、それが今までのローカルファイルの分析をひっくり返すようなものらしいんだよね。

新二：FCD モデルって、何ですか？

部長：それが分からないから困っているんじゃないか。

新二：ローカルファイルの分析を否定するようなものだなんて、穏やか じゃないですね。すぐに対応する必要があるものかもしれませんし、 早速杏さんにお伺いしてみましょうよ。

・・

杏：なるほど、FCD モデルについてお知りになりたいんですね。

部長：ちょっと調べてみたんだけど、あまり情報もないし、どのような ものかも良く分からないので、いろいろ教えてもらえると助かるよ。

杏：分かりました。それでは、FCD モデルの概要とその目的などにつ いて順番にご説明しますね。

新二：よろしくお願いします。

杏：FCD モデルというのは、Functional cost diagnostic model（FCD Model)の略で機能コスト評価モデルのことです。

部長：名前を聞いただけでは、何のことか分からないね。

杏：これは IRS の中の APA 担当部署である APMA が公表したもの で、Microsoft の Excel を使用して作成された分析ツールになりま す。

新二：Excel で作成されたものでしたら、そんなに複雑怪奇なものでは なさそうですね。少しホッとしました。

部長：でも、その Excel ファイルは、APA を申請するすべての企業が 作成しなければならないものなの？

杏：いいえ、これは申請された APA について、より深く分析するため の診断ツールであり、APMA から作成を要請された企業だけが作成 するものになります。

新二：ということは、APA の申請時には提出不要ということなんです ね。

杏：はい、そういうことになります。

部長：作成を要請されるということだけど、どんな企業が要請されるの

かな。

杏：それについては、FCD モデルが導入された背景からお話しした方が分かりやすいと思いますので、まずは、そこをご説明しますね。

新二：確かに、きちんと理解するためにも、導入経緯については、知っておく必要がありますね。

杏：今まで、日本親会社が米国子会社について移転価格の分析をする場合、米国子会社を検証対象とした TNMM や CPM を採用することが圧倒的に多かったと思います。

新二：当社のローカルファイルでも、米国子会社については、すべて TNMM で、売上高営業利益率のレンジを求めるような内容になっています。

杏：そうした手法が採用されたのは、米国子会社が獲得した利益の大部分は、日本の R&D 活動から生み出された高い技術によって稼得されたものであり、現地のマーケティングなどの努力によるものではないという考え方が根底にあったからです。

新二：米国子会社が販売会社だとすると、日本の技術力によって製造された付加価値の高い製品が米国子会社に供給され、それが米国内のマーケットで支持されたからこそ、子会社が高い収益を得ることができたということですね。

部長：まあ、現地のマーケティングなんて、どこでもやっていることだし、当然比較対象企業だってやっていることなんだから、それを比較対象として TNMM でやることについては、何も問題ないように思えるけどね。

杏：そんな中、2017 年に改訂された OECD ガイドラインでは、無形資産について大きく踏み込んだ内容となっており、無形資産から生みだされた利益を誰が享受すべきかについても具体的に言及されることとなりました。

新二：あっ、それは無形資産のことを教えていただいた時にやりました

よね、ええと、何て言ったかな。

部長：DEMPE じゃなかった？

杏：さすが部長！　よく覚えていてくださいましたね。

部長：言葉だけで、内容が何だったかは、ちょっと忘れてしまったけどね。

杏：DEMPE というのは、無形資産に係る開発（Development）、改良（Enhancement）、維持（Maintenance）、保護（Protection）、活用（Exploitation）のことをいい、この機能を持っている者は、無形資産から生みだされる利益を享受すべきだという考え方のことです。

部長：でも、これが先ほどの話と、何の関係があるの？

杏：先ほどマーケティングの話が出ましたが、従来、評価されてこなかった米国子会社の行うマーケティングは、実は米国で販売する製品のブランドという無形資産に対して、DEMPE という機能を有しているのではないかという考え方が出てきたんです。

新二：マーケティングという形でブランドに貢献しているのであれば、当然その分の利益を取るべきだということなんですね。

部長：なるほど、そういうことか。

新二：でも、マーケティングを評価するということと、FCD モデルは、どのようなつながりがあるのですか？

杏：今まで日本にだけ R&D という重要な機能があり、米国子会社には重要な機能が無いとして TNMM でやってきたものが、米国子会社にも重要な機能があるとなると、TNMM では検証できなくなります。

部長：となると、どんな手法でやることになるのかな？

杏：これも無形資産のお話の時にご説明しましたが、残余利益分割法（RPSM:Residual Profit Sprit Method）を使用することになります。

部長：うーん、もうすっかり忘れてしまったよ。

杏：では、ここで簡単に RPSM の復習をしたいと思いますので、(図7-11) をご覧ください。

図7-11

残余利益分割法（RPSM）の流れ

Step1	分割対象利益を算出する。	← 対象となる取引において、それぞれの損益を求める。
Step2	それぞれの基本的利益を求める。	← 基本的利益とは、無形資産を持っておらず、基本的な活動のみを行っているとした場合の利益のこと。
Step3	残余利益の配分割合を求める。	← 配分割合に使用する指標は、貢献した活動のコスト等をベースとする。
Step4	残余利益を配分し、それぞれの利益を決定する。	← 基本的利益＋配分された残余利益

部長：思い出したよ。確かにこんな計算をしたね。親子会社取引に係る両社の利益をまずは合算して、次にそれぞれが基本的利益というのを先取りして、残った利益をそれぞれの貢献度で配賦するということだよね。

杏：そのとおりです。このように、RPSM で検討しようとすると、TNMM と比べてたくさんの情報が必要となります。この情報を集めるツールが FCD モデルということになるんです。

新二：ということは、RPSM で検討するために必要となる情報を、企業自らが FCD モデルという Excel ファイルに入力していかないといけないということなんですね。

杏：そういうことになります。

部長：それじゃ、FCD モデルを入力するように言われたら大変なことになるな。

新二：こんなことを急に言いだすなんて、酷いですよ。

杏：確かに今回の FCD モデルの公表は唐突感があるかもしれません

が、考え方については、昔から普通にあることですので、そんなに特別なことではないんですよ。

部長：えっ、そうなの？

杏：米国だけでなく、日本の子会社が所在する国は、従前から自国で行うマーケティング活動についての評価がされないことに関して、かなり不満を持っていました。

新二：マーケティングにも価値を認めて、もっと自国に利益を落とすべきだと考えていたということですね。

杏：それが BEPS に伴って改訂された OECD ガイドラインを契機として、マーケティングを評価する機運が高まったということだと思います。

新二：そういうことなんですか。

杏：ちなみに米国子会社に重要な機能があって RPSM で検討する場合と、重要な機能がないとして TNMM で検討する場合とで、どれくらいの違いが出るかのイメージを作ってみましたので、 (図 7-12) をご覧ください。

部長：すごい差が出るものだね。

杏：この事例では、子会社の貢献がそれなりに大きいので、その貢献を考慮せずに TNMM で子会社に基本的な利益しか配分しないとすると、インパクトが大きい結果となっています。

部長：これじゃあ、APMA が RPSM を使いたくなるわけだね。

新二：全件について、こうした検討が要求されるようになるのでしょうか。

杏：いいえ、絶対に RPSM を使用しなさいということではなく、事前相談などの際に、米国子会社が重要な活動をしていないと判断されれば、TNMM での検討も当然認められることとなります。

部長：では、マーケティングを大々的にやっている会社は注意しないといけないね。

図 7-12

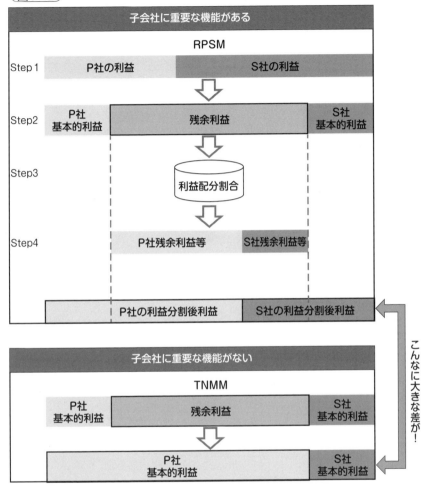

杏：マーケティングをやっているという事実だけでなく、①多額の広告
宣伝費を支出している、②技術等を生み出すような活動をしている、
③重要な営業を行っているなど、収益獲得に貢献しているような活動
を行っている場合には、RPSM での検討を求められる可能性は高い
と思います。

部長：とはいえ、当社ではまだ APA を申請していないから、あまり関

係なさそうだし、ホッとしたよ。

杏：FCD モデルは APMA が作成したものですので、今は APA 申請法
　　人に使用されていますが、この移転価格に関する考え方は、どこの国
　　でも、どの場面でも一緒ですので、移転価格調査でも使用される可能
　　性は十分にあります。

新二：ということは、米国子会社にそれなりの機能がありそうであれ
　　ば、事前にそうした検討もしておく必要がありますね。

杏：かなり大変な作業となりますが、米国に限らず、インパクトの大き
　　い拠点に関しては、先々 RPSM からの検討も必要になってくると思
　　われますので、今のうちに対策を講じておいてくださいね。

❖ ━━━━━━━━━━ **解　説** ━━━━━━━━━━ ❖

1.　FCD モデルの概要

　FCD モデルが公表されて以降、「IRS は RPSM に舵を切ったのか？」
「もはや米国子会社に関する TNMM の適用は認められないのか？」と
いう質問がいくつか寄せられています。また、「APA を申請していない
から、当社には関係ない」と考えていらっしゃる企業もありました。

　基本的な考え方としては、前述したとおり、急に現れた突拍子もない
ものではなく、以前から問題となっていたことについて、より明確な姿
勢を打ち出してきたものであるということが言えます。

　従来、日本側の立場としては、海外販売子会社の行うマーケティング
などの活動について、子会社利益に対する貢献を認めず、TNMM で一
般的な販売会社を比較対象企業として選定し、利益率レンジを求めると
いうのが一般的でした。しかしながら、海外子会社の所在国の立場とし
ては、マーケティング等の価値を認めないことについて大変疑問に思っ
ており、評価をしないことによって自国の利益が流出しているのではな
いかという点について、かなり危機感を募らせていました。

こうした状況の中、きちんとマーケティングなどについて評価しようとしたのがこの FCD モデルということになります。

2. FCD モデルの具体的な内容

FCD モデルは、米国子会社が多額の広告宣伝費を支出するなど、独自の機能を有していると想定される場合に、TNMM に代えて RPSM で検討し、米国子会社利益の適否を分析・検討するためのツールです。

ツールの意義や目的については、ここまでの説明でご理解いただけたと思いますが、そうは言っても実物を見ないとなかなか実体がつかめないと思いますので、ここでは FCD モデルが、どのような作りになっているのかを実際に見ていきたいと思います。

前述したとおり、FCD モデルは Excel を使用して作成されており、四つのタブで構成されています。それぞれのタブの概要については、(図7-13) に記載しているとおりですがこれについて、個々にご説明します。

(図7-13)

FCD モデルのワークブック概要

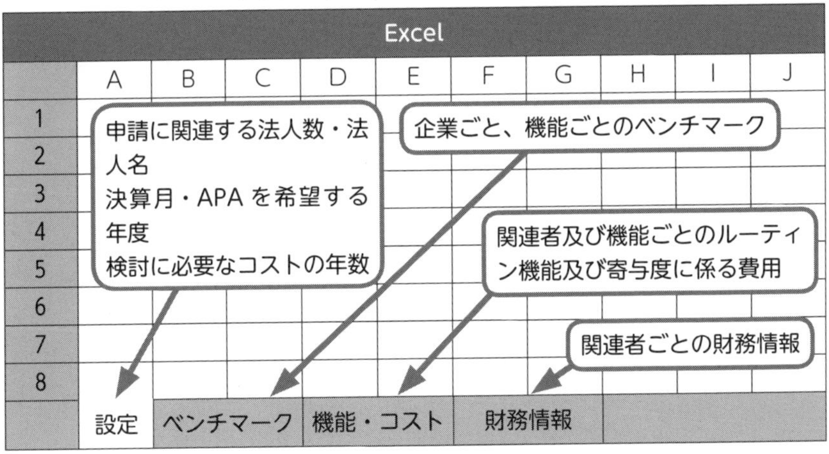

　一つ目のタブは（図7-14）にあるとおり、設定タブとなります。申請法人名、関係会社名、決算月や APA を希望する年度など、基本情報を入力するようになっています。また、各社の機能についても記載する必要があります。

図7-14

設定タブのイメージ

	A	B	C	D	E	F
1						
2	基本情報					
3	親会社名	P 社				
4	子会社名	S 社				
5	決算期	12 月				
6	分析対象年度	2019				
7		2023				
8	通貨	US ドル				
9						
10	各社の機能					
11	親会社	製造				
12		R&D				
13	子会社	販売				
	設定	ベンチマーク	機能・コスト		財務情報	

　二つ目のタブは（図7-15）にあるとおり、ベンチマークタブとなります。ここではイメージですので親子会社を一緒に記載してしまっていますが、本来は別々のタブに分けて、親会社のタブでは R&D と製造についてのベンチマークを記載、子会社のタブでは販売についてのベンチマークに係る情報を入力します。

ベンチマークタブのイメージ

	Excel									
	A	B		C	D	E	F	G	H	I	J
1					それぞれ 2019 年から 2023 年の数値を記入						
2	機能	利益指標	率		Sales	Benchmarked COGS	Benchmarked SG&A	Average Operating Assets	Average Equity	Target Operating Profit	Reported Operating Profit
3	親会社 R&D	–			–	–	–	–	–	–	–
4	親会社製造	ROA	11%								
5	子会社販売	OM	3%								
6											
7											
13											
	設定	ベンチマーク	機能・コスト		財務情報						

　三つ目のタブですが、（図7-16）にあるとおり、機能・コストタブになります。このタブは、APMA が一番知りたい情報を盛り込むタブとなっていますので、先ほどの二つのタブに比べると、作業量はかなり増えます。ここでは、①親会社の R&D に係るコストを記載するタブ、②親会社の製造に係るコストを記載するタブ、③子会社の販売に係るコストを記載する三つのタブを作成し、それぞれコストセンターごと、コストの種別ごとに分けて、コストの額を記載していきます。どのようにこのコストを把握するのか、どのように按分すべきかについては、大変悩むところだと思いますし、このコストの額は利益配分に大きく響くことになりますので、記載に当たっては、細心の注意を払う必要があります。

図7-16

機能・コストタブのイメージ

	A	B	C	D	E	F	G
	Excel						
1	親会社の R&D 機能に係るコスト（親会社の製造、子会社の販売についても別タブで記載）			過年分のコストを記載			
2	コストセンター	コスト種別		コスト	親子間取引に係るコストの割合	親子間取引に係るコスト	貢献割合
3	開発部1	販売管理費		1,000	30%	300	XXX
4	開発部2	販売管理費		XXX	XXX	XXX	XXX
5	開発部3	販売管理費		XXX	XXX	XXX	XXX
6							
12							
13							
	設定	ベンチマーク		機能・コスト		財務情報	

　最後に四つ目のタブですが、 図7-17 にあるとおり、財務情報のタブとなります。こちらに関しても①親会社の R&D タブ、②親会社の製造タブ、③子会社の販売タブに分けて切り出し損益を記入するわけですが、こちらも利益配分を分析する際の基礎となり、結果に大きく影響しますので、作成には大変な労力と注意が必要となります。また項目も見ていただくと分かるとおり、154 行までありますので、それだけでも作業量が想像できるのではないかと思います。

図7-17

財務情報タブのイメージ

	A	B	D	E	F	G
	Excel					
1	親会社のR&D機能に係る切出損益（親会社の製造、子会社の販売についても別タブで記載）					
2						
3			過年分の各年度			
4	1	P/Lの各項目	XXX	XXX	XXX	XXX
5	〜		XXX	XXX	XXX	XXX
6	12		XXX	XXX	XXX	XXX
7	13	B/Sの各項目	XXX	XXX	XXX	XXX
8	〜		XXX	XXX	XXX	XXX
9	51		XXX	XXX	XXX	XXX
10	52	上記を基に各指標で算出した調整金額	XXX	XXX	XXX	XXX
11	〜		XXX	XXX	XXX	XXX
12	154		XXX	XXX	XXX	XXX
13						
	設定	ベンチマーク	機能・コスト		財務情報	

3.　まとめ

　FCDモデルについては、前述のとおり、元々存在していた問題が顕在化したということであり、個人的にはAPAだけでなく調査でも用いられることは確実だと思っています。また、今回の米国の動きについては、元来こうした主張をしてきた欧州など他国への影響も避けられないものと思われます。企業としてこうした動きに備えるためにも、リスクがあると思われる拠点に関し、TNMM以外の観点から、検討を始めることが必要になってくるのではないかと思います。

　最後に、FCDモデルについてのよくあるご質問を一覧（図7-18）にしてありますので、こちらもご参照ください。

図 7-18

		FCD モデルに係る FAQ
1	FCD モデルとは？	Functional cost diagnostic model（FCD Model）の略で機能コスト評価モデル
		申請された APA についてより深く分析するために、IRS の事前確認・相互協議担当部署（APMA）が作成した Excel ベースのワークブックのこと
		企業に RPSM を強要するものではなく、あくまで診断ツール
2	誰に作成を要請するのか？	インバウンド・アウトバウンド問わず、APMA が必要と判断した企業
3	作成対象となりそうな企業は？（例）	多額の広告宣伝費を支出している米国子会社
		マーケティングを積極的に行っている米国子会社
		技術等を創出している米国子会社
		重要な営業を行っている者がいる米国子会社
		その他重要な機能を有すると思われる米国子会社
4	いつ作成を要請されるのか？	IRS が申請を受理した後、申請者に作成を求めてくるものであるため、申請時には作成不要
5	移転価格調査で使用される可能性は？	LF で米国子会社を検証対象とする TNMM を採用していたとしても、米国子会社に重要な貢献が認められれば FCD を使用して RPSM の検討が行われる可能性は十分にある。
6	FCD モデルが導入された背景は？	これまでは米国子会社を検証対象とする TNMM が圧倒的に多かった。
		その理由は、米国子会社の収益の源泉は、米国子会社のマーケティングなどではなく、日本親会社の R&D などによるものだとされてきた。
		そんな中、改訂された OECD ガイドラインで無形資産の評価に関しての詳細な指針が示された。（DEMPE の考え方）
		かなり広告宣伝をしている会社はブランドに関して DEMPE という機能を有していると考えられる。
		今まで米国子会社の持つバリュードライバーをきちんと評価してこれなかった。
		こうしたバリュードライバーを、コストの中から拾い出して再評価することが可能であると認識し、FCD モデルを作成した。
		要は、米国から利益が流出していないかということを、TNMM とは別の角度で検証したいということ。
7	RPSM が絶対的手法となるのか？	絶対に RPSM だということではなく、事前相談で米国子会社が重要な機能を持っていないことが分かれば、FCD を要求しない。
		＝ TNMM や CPM で OK

●**本日のデザート** ●

　元々、TNMM は、問題が多い手法だと言われていましたので、RPSM の議論が出てくるのは当然の流れだとは思います。ただ、そうはいっても企業側の負担が膨大に増えてしまいますので、実務としてRPSM がいいのかは、悩ましい問題だと思います。なるべく少ない負担で、より実態に合った分析・検討を行えるよう、私もいろいろな形で情報発信していきます。

参考資料

292

＊以下の資料は、「移転価格ガイドブック〜自発的な税務コンプライアンスの維持・向上に向けて〜（国税庁・平成29年6月）」より、本書を読むに当たって参考になると思われる部分を抜粋したものです（サンプル1のみ。サンプル2は省略）。

なお、便宜上、資料のページ数などは原文のままの表示としています。

Ⅲ　同時文書化対応ガイド
〜ローカルファイルの作成サンプル〜

（このサンプルを参照いただく際に留意していただきたい事項）

・　このサンプルは、移転価格税制に関する通達、事務運営指針（以下「関係通達等」といいます。）の一部ではなく、納税者が自らローカルファイルを作成する際の参考資料です。

・　このサンプルの取引例は、実在する企業や取引に関するものではありません。

・　このサンプルにおいて【添付資料】として表示している書類は、租税特別措置法施行規則（以下「規則」といいます。）第22条の10第1項（国外関連者との取引に係る課税の特例）の規定に基づく書類であり、納税者が保有している公表資料及び社内資料を基に作成した資料、独立企業間価格を算定する際に通常作成する資料等の名称を記載しています。実際の取引の内容、規模、重要性等に合わせて適宜ご準備ください。

・　独立企業間価格の算定方法の選択、算定に当たり留意する事項等は、別途移転価格税制に関する関係法令及び関係通達等をご参照ください。

・　ローカルファイルを作成する際には、法人税申告書別表17(4)（国外関連者に関する明細書）に記載している内容もご確認ください。

・　連結法人の場合は、規則第22条の74第1項（連結法人の国外関連者との取引に係る課税の特例）に規定する書類の参考としてください。

「 ロ ー カ ル フ ァ イ ル 」　サ ン プ ル 1
〜当社とA社との国外関連取引に係るローカルファイル〜
（自 2017 年 4 月 1 日至 2018 年 3 月 31 日事業年度）

※　添付資料 7、11、15、17、18、21 は参考となる例示を本文の後に添付しています。

\<\< 添 付 資 料 　 目 次 \>\>		
No.	内 容	頁
添付資料 20	当社の有価証券報告書【企業情報】【事業の情報】【研究開発活動】	-
添付資料 21	国外関連取引において使用している無形資産に係る整理表	102
5	**当社及びＡ社の事業方針等**	-
添付資料 22	当社の事業方針等を検討した社内会議資料、議事録	-
6	**市場等に関する分析**	-
添付資料 23	市場分析レポート（○出版）	-
添付資料 24	当社の 2017 年度決算説明会資料「為替の影響」	-
7	**独立企業間価格の算定方法等**	-
添付資料 25	検証対象損益	-
添付資料 26	検証結果	-
添付資料 27	差異調整関連資料	-
添付資料 28	母集団の法人リスト	-
添付資料 29	当選定基準を設けた理由	-
添付資料 30	選定除外法人リスト	-
添付資料 31	比較対象取引を行う法人の概要資料	-
添付資料 32	国外関連取引と比較対象取引との比較可能性に関する検討資料	-
添付資料 33	利益率の範囲の算定資料	-
8	**Ａ社との国外関連取引に密接に関連する取引について**	-
添付資料 34	Ｂ社の組織図	-
添付資料 35	Ａ社とＢ社の間の契約書「製品販売契約」	-
添付資料 36	Ｂ社の財務諸表（単体）	-
添付資料 37	Ａ社から輸入した製品Ｘに係るＢ社の損益	-
添付資料 38	Ｂ社がＢ国の権限ある当局から受けているＡ社との取引に関する独立企業間価格の算定方法についての確認通知	-

1 当社及びグループの概要

当社は、○年に日本で設立された東証一部に上場している法人で、当社グループは、自動車、ＡＶ機器やパソコンなどのデジタル家電、冷蔵庫などの白物家電などといった様々な工業製品に組み込む電子部品の製造販売等を行っています。2018 年 3 月期における連結グループ売上高は○○億円（当社単体ベース○○億円、アジア地域○○億円、欧州地域○○億円）で、全世界に○社の子会社（日本○社、アジア地域○社、欧州地域○社）があり、グループ全体での従業員は、○人（日本○人、アジア地域○人、欧州地域○人）です。

当社グループにおける主要な製品及び当該製品に係る主要な製造会社は下表のとおりです。

区分	主要な製品	主要な製造会社
自動車向け	製品Ｘ	日本：当社、○社 海外：Ａ社 （会社数　計○社）
デジタル家電向け	製品Ｙ	日本：当社、△社 海外：△△社 （会社数　計○社）
白物家電向け	製品Ｚ	日本：当社、□社 海外：□□社 （会社数　計○社）
その他	製品Ｑ	日本：当社 海外：××社 （会社数　計○社）

セグメント（地域別）の概要は次のとおりです。

〔日本〕

日本においては、当社が電子部品の製造販売を行うほか、当社子会社は当社から原材料の支給を受けて製造し、その全てを当社が購入して取引先に販売しています。当社の主力製品は製品Ｘで、自動車部品用に特化した製品になります（当社のシェアは国内○％、全世界○％）。

また、製品の設計や製造技術の研究については、当社の○○研究所（○県○市）が中心となって行っています。

〔アジア地域〕

アジア地域においては、Ａ国のＡ社に対して、当社から原材料の大半を支給し、現地の自動車メーカー向けに製品Ｘの製造販売を行っています。また、Ａ社が製造した製品Ｘのうち一部を、隣国のＢ国にあるＢ社へ販売しています。

〔欧州地域〕

欧州においては、主にデジタル家電や白物家電向けの電子部品の製造販売を行っています。

添付資料１　グループの資本関係図

添付資料２　当社の会社案内

添付資料３　当社の有価証券報告書【企業情報】【事業の内容】

添付資料４　当社の組織図

2　国外関連者の概要

　A国に所在する国外関連者A社は、当社の取引先である自動車メーカー甲社のA国への進出を機に、○年に設立した、当社が100%直接出資する子会社になります。2017年12月期におけるA社の売上高は○○億円で、従業員数は○人となります。

　A社では、当社から購入した金型、機械設備及び原材料を使用し、当社から製造技術等の提供を受けて主力製品である製品Xを製造し、甲社をはじめとする自動車メーカーや自動車部品供給業者（第三者）へ販売しています。

　また、A社は、製造した製品Xの一部を隣国のB国に所在する国外関連者B社に販売しています。これは、B国内で流通している自動車のアフターマーケット用の製品であり、B社及びその取引先である代理店（第三者）を通じて、エンドユーザーに販売されています。

　　添付資料5　当社とA社、B社の資本関係を示す図（添付資料1参照）
　　添付資料6　A社の組織図

3　国外関連取引の詳細

⑴　国外関連取引の概要

　当社がA社と行う国外関連取引は、次のとおりです。
　イ　A社に対し製品Xの製造で使用する金型及び機械設備を輸出する取引
　ロ　A社に対し製品Xの原材料を輸出する取引
　ハ　A社に対し製品Xを製造するための製造技術や商標等の無形資産を使用させる取引
　ニ　A社に対して行う機械設備の据付け、機械設備の操作の技術指導、その他従業員へのトレーニング等の役務提供取引
　　添付資料7　各国外関連取引の取引図

⑵　各国外関連取引に係る契約関係

　当社とA社の間の国外関連取引に関する契約は、以下のとおりです。また、各契約は5年毎に自動更新され、当事業年度（2018年3月期）に適用される各契約は全て、2017年4月1日に更新されています。

　　添付資料8　当社とA社の間の契約書「金型及び機械設備販売契約」
　　　　　　　　　　　　　　　　　　　「原材料供給契約」
　　　　　　　　　　　　　　　　　　　「製造技術等及び商標権の使用許諾契約」

⑶　各国外関連取引の内容と取引価格の設定について

　各国外関連取引の内容とそれぞれの取引価格の設定については、以下イ〜ニのとおりとなり、A国以外に所在する製造子会社との国外関連取引についても、同様の設定を行っています。また、毎期末に各国外関連取引の取引価格が独立企業間価格となっていることの検証を行っていますが、A社との各国外関連取引がそれぞれ密接に関係していることを考慮し、個別の検証は行わず、全ての取引を一体として検証を行っています（詳しくは下記7で説明します。）。

　なお、2017年3月期における当社とA社の国外関連取引に係る利益配分状況は、営業利益ベースで○：○（当社：A社）でした。

イ　A社に対し製品Xの製造で使用する金型及び機械設備を輸出する取引

当社がA社に輸出する金型は、A社がA国内で製品Xを製造するために使用するもので、この金型の設計、製造を当社が行い、A社へ輸出しています。

また、A社に輸出する機械設備は、製造工程上の重要な部分を担う機械設備のため、当社の図面に基づいて国内の機械設備製造業者（第三者）に組み立てさせた機械設備を仕入れ、A社へ輸出しています。年間取引金額はそれぞれ、○億円、○億円（どちらも取引条件はＣＩＦ、取引通貨は日本円）です。

当社は、A社との間で「金型及び機械設備販売契約」を締結しており、これらの販売価格は、当社が要した費用（金型については製造費、機械設備については購入費）に○％のマークアップを行った価格とすることを、同契約の中で規定しています。

ロ　A社に対し製品Xの原材料を輸出する取引

A社に輸出する原材料については、製品の品質を左右する主要な原材料を含め大半の原材料を、当社が一括して調達し、そのうちの一部をA社へ輸出しています。年間取引金額は○億円（取引条件はＣＩＦ、取引通貨は日本円）です。

当社は、A社との間で「原材料供給契約」を締結しており、販売価格は、当社の購入価格に○％のマークアップを行った価格とすることを、同契約の中で規定しています。

ハ　A社に対し製品Xを製造するための製造技術や商標等の無形資産を使用させる取引

当社がA社に使用させている製造技術、ノウハウ、特許及び商標等の無形資産については、A社との間で「製造技術等及び商標権の使用許諾契約」を締結しています。同契約の対象となる無形資産は、以下のとおりです。

・　製造技術及びノウハウ：製品Xの製造や販売に関する技術上、商業上の情報、データその他の情報で、当社が所有しているもの

・　特許：製品Xに関する意匠権を含む特許権及び実用新案権について、当社が所有又は第三者が当社に使用許諾しているもの（出願中のものを含む）

・　商標：製品Xに関する商標権であり、当社が所有しているもの（出願中のものを含む）

これら無形資産の対価の額については、A社が製造販売する製品Xの売上高の○％をロイヤルティとしてA社から当社に支払われることが、契約の中で規定されています。年間取引金額は○億円（取引通貨は日本円）です。

ニ　A社に対して行う機械設備の据付け、機械設備の操作の技術指導、その他従業員へのトレーニング等の役務提供取引

当社は、ハの「製造技術等及び商標権の使用許諾契約」に基づき、A社工場の立上げ時や製造ラインの導入時に、当社から技術担当者を派遣し、技術指導、A社従業員へのトレーニング等の役務提供を行っています。これらの役務提供を行う際には、A社から支援依頼書が発行され、役務提供の対価として、技術担当者の派遣に要した旅費交通費等の実費に加えて、１日当たり○万円の日当がA社から当社に支払われています。年間取引金額は○億円（取引通貨は日本円）です。

添付資料9　A社の顧客向け商品のパンフレット

添付資料10　A社の顧客向け商品のプライスリスト

添付資料11　各国外関連取引に係る取引金額等の詳細

添付資料12　2017年3月期の当社とA社の利益配分状況を示すもの

添付資料13　近年の取引価格の推移表

⑷　各国外関連取引に係る損益

　　当社とA社の間の国外関連取引に関する各損益は、添付資料14のとおりです。また、各損益の円換算には、A社の2017年12月期の期中平均TTMレートを使用しており、この為替レートは連結財務諸表を作成する際にも継続して用いています。

添付資料14　①A社の製造販売取引に係る損益（B社への販売損益を除く）

　　　　　　　②A社に対し製品Xの製造で使用する金型を輸出する取引に係る当社の損益

　　　　　　　③A社に対し製品Xを製造する機械設備を輸出する取引に係る当社の損益

　　　　　　　④A社に対し製品Xの主要な原材料を輸出する取引に係る当社の損益

　　　　　　　⑤製品Xを製造するための無形資産をA社に使用させる取引に係る当社の損益

　　　　　　　⑥A社に対して行う機械設備の据付け、機械設備の操作の技術指導、その他従業員へのトレーニング等の役務提供取引に係る当社の損益

添付資料15　当社の各国外関連取引に係る損益の作成過程（図）

4　国外関連取引に係る当社とA社の機能及びリスク

⑴　当社について

イ　機能

(イ)　製造

　　当社は、国内にある3か所の工場で、製品Xの製造を行っています。特に、○工場については、○○研究所を同敷地内に併設しており、新技術を導入し量産化するまでの軌道に乗せるマザー工場の役割を果たしていますので、グループの中で重要な役割を果たしている工場であるといえます。○工場の技術支援の担当者は、国内での製品の製造に従事しているほか、製品Xの製造を行う国外関連者の技術指導、トレーニングも行っています。

(ロ)　調達

　　購買部では、原材料の調達を行っていますが、特に製品の質を左右する原材料や部品の調達先の選定に力を入れています。その他、海外で製造を行う国外関連者が使用する原材料や部品の調達先の選定も行っています。

　　製造管理部では、機械設備の組立の依頼先や調達先の選定を行っており、国外関連者が製造ラインに新しく機械設備を導入する際には、機械設備を熟知している製造管理部の担当者を、据付け、稼働チェックや操作の指導のために国外関連者へ派遣しています。

(ハ)　営業及び広告宣伝

　　当社における営業と販売については、営業統括部がグローバルな営業戦略の企画立案を行い、顧客の新車販売計画に関する情報の収集や顧客への新製品の紹介を行っています。また、

海外営業部では、日系顧客の海外進出計画や販売計画等に関する情報収集を行い、各国の国外関連者へ収集した情報を提供しています。

広告宣伝部では、グループ全体の広告宣伝の戦略を策定し、業界専門誌への掲載や展示会への参加などを積極的に行いながら、国外関連者が行う広告宣伝活動の管理も行っています。

(ニ) 研究開発

研究開発については、当社は大規模な研究施設を備えた○○研究所を○県○市に所有しており、そこでグループの研究開発業務を一括して行っています。同研究所にある研究開発部では、基礎研究、新製品の開発、製造技術の開発を行っていますが、製品Xは成熟した製品のため、近年は基礎研究よりも応用研究が中心となっており、製品Xに使用する素材の研究や製造技術の低コスト化が課題となっています。

また、同研究所には、新製品の企画や設計を担当する設計部があり、製品の金型の設計や製作を行うほか、製造工程上の重要な部分を担う機械設備の設計も行っています。当社の設計した図面に基づいて組み立てられる機械設備（組立は第三者）は、国内外の製造拠点で使用されています。なお、同研究所で設計した機械設備以外の機械設備については、すべて第三者から購入した機械設備になります。

ロ リスク

当社は、研究開発、原材料等の価格変動、製造物責任・製品保証、為替変動に関するリスクを負っています。

添付資料16 当社の組織図に所属員数表、業務分掌表（又は規定）を追加したもの
添付資料17 国外関連取引に係る当社及びA社の機能に関する整理表
添付資料18 国外関連取引に係る当社及びA社のリスクに関する整理表

(2) A社について

イ 機能

(イ) 製造

A社では、当社から購入した金型、機械設備及び原材料を使用し、当社から製造技術等の提供を受けて、製品Xを製造しています。A社の製造設備は、以前、当社が国内で稼働させていた製造ラインをA社の工場に移管したものです。現在、A社はA国内に2か所の工場を所有していますが、どちらも顧客である甲社のA国内の工場に近接した地域に建設しています。

A社の工場の増設等の設備投資については、当社の○○工場の製造部と海外事業部が検討し、当社が最終的に決定しています。

(ロ) 営業及び広告宣伝

営業と販売については、営業部が、顧客である現地の自動車メーカーへ新製品の紹介を行うほか、新車販売計画に関する情報の収集を行い、当社の関係部署へ情報をフィードバックしています。また、これまで取引のなかったA国内の自動車部品供給業者に製品を紹介することや、当社の広告宣伝部と協力して展示会を開催するなど、当社グループの製品の売り込みのために新規顧客の開拓に力を入れています。

　製品の紹介に用いる商品のパンフレット等の資料及び展示会等の具体的な内容については当社の広告宣伝部の承認を受けています。

　なお、A社は、B社に製品Xを販売していますが、特に営業は行わず、B社からの注文に応じて販売する形態となっています。

ロ　リスク

　A社は、原材料等の価格変動、市場価格の変動、製造ラインの操業度、製品の在庫、信用、製造物責任・製品保証、為替変動に関するリスクを負っています。

添付資料17　国外関連取引に係る当社及びA社の機能に関する整理表

添付資料18　国外関連取引に係る当社及びA社のリスクに関する整理表

添付資料19　A社の組織図に所属員数表、業務分掌表（又は規定）を追加したもの

ハ　その他

　上記イに記載したA社が果たす機能に係る費用についてはA社が全て負担しており、当社が負担している費用はありません。

(3)　無形資産の形成への貢献

　当社は、日系自動車メーカーから高い評価を獲得しており、この評価が当社グループの利益の源泉のひとつになっていると考えています。

　具体的には、当社グループは、日系自動車メーカーの部品供給業者として、安全性に必要不可欠な高い品質とともに、納期の信頼性が日系自動車メーカーに広く認知されており、これらが売上拡大に貢献してきたと自ら評価しています。これは、当社が、設立当初から日本における自動車部品業界で確固たる地位を築くために、多額の設備投資を繰り返し行い、品質の向上と安定供給に努めてきた成果であると考えています。また、日系自動車メーカーの海外進出に合わせて、進出先に自社工場を建設し、日系自動車メーカーの国内での生産活動と同様の効率的な製造工程の整備に協力しながら、均一で高品質な製品を安定して提供し続けてきたことも、日系自動車メーカーからの高評価の獲得に大きく貢献したものと考えています。

　当社のこれらの活動は、上記3(3)ハで説明している無形資産と同様に、基本的な製造や販売等の活動だけでは生み出すことができない利益の発生に貢献する独自の機能を果たす一定の無形資産を形成したものと考えています。

添付資料20　当社の有価証券報告書【企業情報】【事業の情報】【研究開発活動】

添付資料21　国外関連取引において使用している無形資産に係る整理表

5　当社及びA社の事業方針等

(1)　当社の事業方針等

　自動車部品業界の特徴として、高品質の製品を納期どおりに恒常的に納品することがメーカーから強く求められるということが挙げられますが、このようなメーカーからの要求に対して長年対応し続け、自動車メーカーの収益拡大に貢献してきたことが、当社が顧客から高評価を獲得してきた最大の理由と考えています。

　当社が製造する製品Xは、その構造が比較的簡易なため、類似した製品を製造できる業者は自

動車部品業界にも多く存在しています。しかし、顧客から高評価を獲得するためには、単に製品を製造する能力だけではなく、高品質の製品を恒常的に納品できる製造能力や顧客の要望を適時に収集して設計の変更を行っていく開発能力（短期間の開発で高品質な製品を安定して提供できること）が非常に重要となっており、これらの点が当社の競争力の源泉となっています。

　また、当社が、日系自動車メーカーとの間で信頼関係を築いてきたことも、当社の競争力をバックアップしてきた点であり、今後も引き続き顧客からの情報収集に励み、製造技術の向上や顧客のニーズに合わせた研究開発を行っていくことで、信頼関係をより強固なものにしていきたいと考えています。

⑵　A社の事業方針等

　A社は、当社とその顧客である日系自動車メーカーとの信頼関係を背景に、A国内の日系自動車メーカー間での知名度は高いといえます。しかし、A国内にある日系以外の自動車メーカーにとっては、A社の知名度はまだ低いため、A国内にある大手自動車部品供給業者への納入実績を上げていくことで、日系以外の自動車メーカーに対する知名度の向上を図りたいと考えています。そのために、A社では、大手自動車部品供給業者で営業経験のある者を多く採用し、大手自動車部品供給業者への営業に力を入れています。これらの方針は前事業年度から掲げており、当事業年度の営業担当者の人員は1.5倍となっています。

　A社の事業方針については、当社の海外事業部で方針の策定と決定が行われた後、具体的な活動計画をA社の営業担当が作成し、当社の海外事業部が承認を行っています。

　このような事業方針を実行したことによって、販売費のうち人件費関連の費用が増加しましたが、事業方針の実行に伴う国外関連取引に係る対価の額や損益への影響額については、特に計算していません。

　添付資料22　当社の事業方針等を検討した社内会議資料、議事録

6　市場等に関する分析

⑴　A国市場に関する分析

イ　A国の経済情勢の概況

　A国は、2017年に国内総生産（GDP）の実質成長率が○％を記録するなど、世界的な不況からの回復が続いていると考えられますが、近年の回復傾向は不安定であると考えられます（GDPの実質成長率は、2015年が○％、2016年が○％）。

　また、2017年第4四半期は、○国における災害や○国における景気後退など、A国経済にマイナス要因となる出来事が続いたため、A国内での設備投資や輸出が停滞しました。

ロ　A国内における主要な自動車メーカーの動向

　自動車部品供給業者の業績は、顧客である自動車メーカーの業績の影響を強く受けますので、A国内の自動車メーカーについて、次のとおり分析しています。

　自動車メーカーの業界は、世界的不況の影響を受けた業界といえますが、その中で、特にA国内の主要自動車メーカーは、売上高の減少や多額損失の計上など、大きな影響を受けたとい

えます。これらの影響は、現在では一定の改善を見せるまでに至っており、2017年におけるＡ国内の主要自動車メーカーの新車販売台数は、世界的不況の直前の水準の約○％にあたる○万台まで回復しています。

　また、Ａ国内の主要自動車メーカーにおける平均設備稼働率は、2009年に最低稼働率○％を記録した後、回復傾向にあり、2017年では○％を示しています。この平均設備稼働率の上昇は、新車の販売台数の上昇に繋がり、結果として主要自動車メーカーの収益性の回復に繋がっているといえます。

　さらに、Ａ国内の日系自動車メーカーにとっては、為替の大幅な変動も業績に大きな影響を与えたといえます。特に、2017年第１四半期における大幅な円安は、業績に大きなプラスの影響を与えており、今後、日系自動車メーカーがＡ国に拠点を設立する方針にも影響があるのではないかと考えられます。

　なお、日本では１つの潮流となっている、代替エネルギーを使った次世代型自動車の普及については、Ａ国内では、それほど大きな潮流とはなっていないため、あくまでも長期的なトレンドであると認識しています。

　主要自動車メーカーのＡ国内におけるシェア及び販売台数は以下のとおりです。

法人名	2017年Ａ国内シェア	2017年販売台数	2016年Ａ国内シェア	2016年販売台数
Ｅ社				
Ｆ社				
Ｇ社				

ハ　2017年における自動車部品供給業者の動向

　自動車部品供給業者の業績が、自動車メーカーの業績と連動することについては、上記ロで説明しているところですが、顧客である主要自動車メーカーの業績が好調だったため、自動車部品供給業者の業績も、全般的に好調であったといえます。2017年の自動車部品供給業者業界の利益率は売上高総利益率約○％、売上高営業利益率約○％であり、市場規模は○億ドルです。

　Ａ社と類似の主要自動車部品供給業者のＡ国内における売上高は次のとおりです。

法人名	2017年売上高	2016年売上高	売上高増加率	主な製品
Ｈ社				
Ｉ社				
Ｊ社				

添付資料23　市場分析レポート（○出版）

⑵　その他の分析

　Ａ国における地理的に特有な事情、許認可、政府の政策が、各国外関連取引の損益等に与える影響は、次の点を除いて他にありません。

イ　Ａ社が適用している優遇税制

(イ) 優遇税制の具体的内容
・・・・・・

(ロ) 優遇を受けるための要件及びＡ国の根拠法令
・・・・・・

(ハ) 各年度においてＡ社が受けた租税の減免額等

年度	○年度	
内容	税目	減免額等

(ニ) Ａ社の営業利益に与える影響

　　当優遇税制が営業利益に与える影響は軽微であると判断しています。

□　為替の影響

　　添付資料24　当社の2017年度決算説明会資料「為替の影響」

7　独立企業間価格の算定方法等

⑴　独立企業間価格の算定方法

項　目	内　　容
1　選定された独立企業間価格の算定方法	取引単位営業利益法に準ずる方法と同等の方法 ・検証対象：Ａ社の製造販売取引に係る損益（Ａ社のＢ社への販売損益を除きます。Ａ社のＢ社への販売取引については別途検証しており、独立企業間価格で取引を行ったことを確認しています。詳細は次の8を参照してください。） ・検証する利益指標：売上高営業利益率
2　1が最も適切である理由等	金型、機械設備及び原材料の輸出取引、無形資産を使用させる取引、役務提供取引の各国外関連取引は、Ａ社の製品Ｘの製造販売事業に当たり一体として行われていますので、独立企業間価格についても、一の取引として算定することが合理的であると判断しました。 　独立企業間価格の算定方法を検討したところ、独立価格比準法、再販売価格基準法及び原価基準法については、Ａ社がＡ国内で第三者と同様の取引を行っておらず、また、公開データからも租税特別措置法に規定する比較可能な取引を把握できなかったため、適用していません。 　利益分割法については、比較対象取引に係る所得の配分に関する割合及び対象となる国外関連取引に係る所得の発生に寄与した程度を推測するに足りる適切な要因について把握できなかったため、並びにこれらの各国外関連取引が、グローバルトレーディングや共同事業体における活動のように高度に統合されたものではなく、国外関連者の当事者のいずれか一方を検証対象とする算定方法よりも利益分割法の方

	が適合すると考えられる取引形態に該当しないため、適用していません。したがって、1の方法が最も適切であると判断しています。 　検証対象をA社とすることについては、A社は国外関連取引について製造販売機能を有していますが、当社が国外関連取引について果たす機能より単純であり、また、所得の源泉となる無形資産も保有していないため、比較対象取引を抽出することが容易であると考えられますので、A社としています。 　なお、取引単位営業利益法に準ずる方法と同等の方法を合理的な方法と判断した理由については、比較対象取引が複数あり、それら複数の取引に係る利益率の幅を用いて独立企業間価格を算定することが適切であると考えられたためです。
3　選定された独立企業間価格の算定方法を当該国外関連取引に適用した算定結果	取引単位営業利益法に準ずる方法と同等の方法に基づいて算出した比較対象取引に係る売上高営業利益率は○％～○％の範囲（フルレンジ）となり、その平均値は○％となります。A社の製造販売取引に係る2017年12月期の営業利益率○％はその範囲内にありますので、各国外関連取引は独立企業間価格で行われたと考えます。なお、検証対象取引が○であるのに対し、比較対象取引は○であるという差異が売上高営業利益率に重大な影響を及ぼすと認められることから、差異調整を行っています。 添付資料25　検証対象損益（B社への販売損益を除くA社の損益） 　　　　　　　（添付資料14①参照） 添付資料26　検証結果 添付資料27　差異調整関連資料（差異調整の対象、差異の内容、その差異が売上高営業利益率に影響を及ぼすことが客観的に明らかであると判断する理由、具体的な差異の調整方法、使用した財務データを明示）
4　その他の項目	選定した算定方法を適用するに当たって、重要な前提条件となるような事業上又は経済上の条件はありません。

(2)　**比較対象取引の詳細**

項　目	内　容
1　比較対象取引の選定に係る事項	(1)　比較対象取引候補の特定 　　次の方法で入手した企業を比較対象取引候補の母集団としています。 〔方法〕 　　2018年3月時点における企業情報データベースである○○を用いて、業種分類コード（SICコード）を参考に、×××、×××、×××及び×××といった業種に属する企業 (2)　比較対象取引の選定過程 　　選定に当たっては、定量基準及び定性基準に基づき、比較可能性のない法人を除外し、最終的に○社を選定しています（分析時期は

94

	2018 年 3 月)。
	イ　定量基準
	①・・・・
	②・・・・
	③・・・・
	ロ　定性基準
	①・・・・
	②・・・・
	③・・・・
	添付資料 28　母集団の法人リスト（法人名、事業概況、検証指標の利益率等を明記）
	添付資料 29　当選定基準を設けた理由
	添付資料 30　選定除外法人リスト（法人名及び除外理由を明記）
2　選定された比較対象取引等の明細	(1)　選定された比較対象取引を行う法人数：○社
	(2)　検証に用いる利益率
	比較対象取引を行う○社の 2016 年の売上高営業利益率は○％〜○％の範囲（フルレンジ）となり、平均値は○％となります。この利益率の範囲を独立企業間価格として、A社の製造販売取引に係る売上高営業利益率を検証しています。
	添付資料 31　比較対象取引を行う法人の概要資料
	（事業概要・取扱製品・機能等・市場・決算期・損益等）
	添付資料 32　国外関連取引と比較対象取引との比較可能性に関する検討資料
	添付資料 33　利益率の範囲の算定資料

8　A社との国外関連取引に密接に関連する取引について

上記 2 で記載していますが、B国に所在する当社の国外関連者であるB社は、B国内においてA社から輸入した製品Xを、そのままB国内の代理店へ販売し、最終的に自動車ユーザーへ販売する再販売取引を行っています。B社で扱う製品Xは、アフターマーケット用としてB国内の自動車ユーザーが修理等の際に使用するためのもので、現地の自動車メーカーや自動車部品供給業者へ販売されることはありません。B社の2017年12月期における売上高は○億円（うち製品Xに係る売上高は○億円）で、従業員数は○人となります。

B社は、A社と「製品販売契約」を締結していますが、取引価格については、同契約の中で、B国内の代理店への販売価格から考えてB社の売上高営業利益率が○％となるように設定することとしています。

なお、B社がA社から購入する製品Xの取引価格には製品Xに係る無形資産のロイヤルティが含まれています。

このA社とB社の間の取引は、A社から輸入した製品Xに係るB社の損益を検証対象とした取引単位営業利益法に準ずる方法により検証しており、独立企業間価格で取引されたことを確認しています。さらに、B社の2017年12月期から2021年12月期までの 5 期について、B国の税務当局からB社が申し出た独立企業間価格の算定方法どおりの内容でユニラテラルの事前確認を受けており、

Ｂ社の2017年12月期の税務申告も、この事前確認に従って適切に行っています。

添付資料34　Ｂ社の組織図

添付資料35　Ａ社とＢ社の間の契約書「製品販売契約」

添付資料36　Ｂ社の財務諸表（単体）

添付資料37　Ａ社から輸入した製品Ｘに係るＢ社の損益

添付資料38　Ｂ社がＢ国の権限ある当局から受けているＡ社との取引に関する独立企業間価格の算定方法についての確認通知（Ａ社とＢ社の間の取引に係る独立企業間価格の算定方法の詳細を明示）

各国外関連取引の取引図

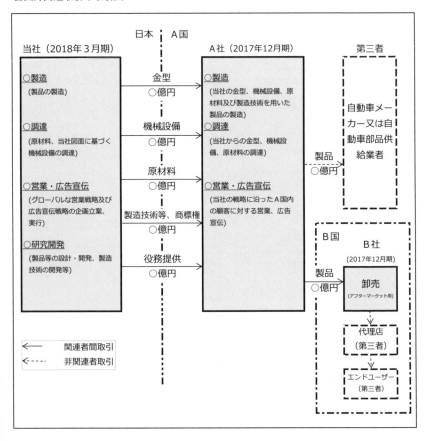

添付資料11

各国外関連取引に係る取引金額等の詳細

製　品	単価	年間取扱数 量	年間仕入金額 （単価×数量）	販売単価	年間販売価格 （年間取引金額）	売上総利益	売 上 総利益率
金型	○○円	○○	○○○円	○○円	○○○○円	○○○円	○%
機械設備							
原材料							
製造技術等、商標権の使用許諾料	－	－	－	－			
役務提供							

添付資料15

当社の各国外関連取引に係る損益の作成過程（図）

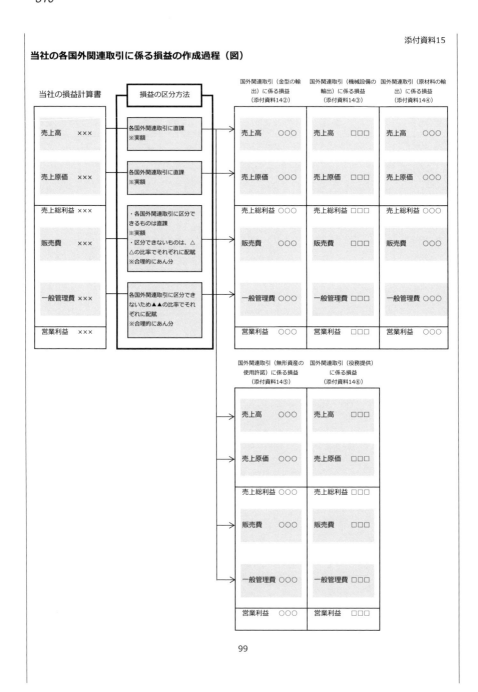

国外関連取引に係る当社及びA社の機能に関する整理表

活動区分	当社の機能		A社の機能	
	部署（人員）	内容	部署（人員）	内容
製造	○○工場 （○名）	▶製品Xの製造 ▶国外関連者の製造拠点への支援(工場の立上げ時や新しい製造工程の導入時等の技術支援、国外関連者の従業員へのトレーニング実施等)	□□工場 （○名） △△工場 （○名）	▶当社からの金型、機械設備、原材料及び製造技術等を用いた製品Xの製造
調達	購買部 （○名）	▶製品製造に係る ・原材料、部品等調達 ・国外関連者の部品の調達先の選定	資材部 （○名）	当社からの金型、機械設備及び原材料の購入
	製造管理部 （○名）	▶製品製造に係る ・機械設備の組立先、調達先の選定 ・国外関連者に対する機械設備の販売、据付け等指導	購買部 （○名）	非関連者からの部品の購入
営業・広告宣伝	営業統括部 （○名）	▶グローバルの営業戦略の企画立案 ▶国外関連者の販売管理	なし	
	海外営業部 （○名）	▶日本の顧客からA国のニーズに係る情報収集 ▶日本の顧客のA国での製品仕様の検討及び契約締結の準備	営業・販売部 （○名）	▶当社の戦略に沿った、A国の顧客への営業 ▶A国の顧客のニーズに係る情報収集及び当社へのフィードバック ▶販売までの在庫管理(平均60日)
	広告宣伝部 （○名）	▶グローバルの広告宣伝戦略の企画立案及び実行	広告宣伝部 （○名）	▶当社の戦略に沿った、A国における広告宣伝
研究開発	研究開発部 （○名）	▶国外関連取引を含む事業に係る ・基礎研究 ・製品開発 ・製造技術の開発	なし	
	設計部 （○名）	▶製品の ・企画、設計 ・仕様変更時の対応 ▶金型、機械設備の設計、製造		

国外関連取引に係る当社及びＡ社のリスクに関する整理表

リスクの種類	リスクの内容	リスクの負担者（リスクを引き受けるために果たす機能）	リスクが顕在化した場合の影響(額)・対応策（顕在化した事例）
研究開発	顧客のニーズの変化、新機種の導入時期の変更等の要因により、研究開発費用が回収できないリスク	当社（顧客のニーズに係る情報収集）	・当該研究開発の規模にもよるが、○億円～○億円程度となる可能性が高い。 ・顧客及び市場の情報収集。 （大きく顕在化した事例はない。）
原材料の価格変動	原材料や部材の価格の高騰が販売価格に転嫁できず吸収できないリスク	当社（原材料の調達先の選定及び価格交渉、製造コスト削減のための研究開発） Ａ社 ※主となる原材料は当社からの輸入であり、価格設定は当社の調達価格ベースであるものの、著しい価格の高騰分は一定程度当社が負担する契約となっているため、Ａ社の負担は限定的	・価格の高騰する幅によるが、○千万～○千万円程度となる可能性がある。 ・主たる原材料については、当社が一括して購入することから、一定程度の価格交渉力を有している。 （大きく顕在化した事例はない。）
市場価格の変動	市場における競争の激化による販売条件の悪化、需要の悪化等により費用が回収できない又は利益が獲得できないリスク	Ａ社（取引条件等に係る顧客との交渉） ※販売する拠点が負担	当該製品の搭載車種の生産期間に合わせて契約を締結しているため、当該製品の製造中に大きな影響があるというより、次期製品の契約条件に悪影響があることが多い。 （大きく顕在化した事例はない。）
製造ラインの操業度	生産稼働率が不十分な場合、生産休止期間が生じた場合、又は生産過剰の場合に製造に係る費用負担がかさみ、利益が獲得できないリスク	Ａ社（顧客の生産予測計画に係る情報収集） ※製造する拠点が負担	操業度が下がった程度、期間により影響は大きく異なる。 （大きく顕在化した事例はない。）
製品の在庫	棚卸資産を保有していることによる陳腐化、減耗、除却等の経済的損失を被るリスク	Ａ社（顧客の生産予測計画に係る情報収集） ※顧客の厳しい納期要求に対応するため、一定程度の在庫を保有	基本的に顧客仕様の特注品であり、当初の生産計画に基づいて製造されていることから、顧客事情による当該製品の搭載車種の生産中止がない限り、除却等は発生しない。 （大きく顕在化した事例はない。）
信用	顧客が当該製品に関する支払を支払期日に行わず、対価を回収できないリスク	Ａ社（顧客の与信管理） ※製造した拠点が負担	顧客は日系、米系の大企業であり、信用リスクはほとんどない。 （大きく顕在化した事例はない。）
製造物責任・製品保証	製品が顧客との契約書上の仕様どおり機能しなかった場合等における顧客からのクレーム対応に伴う損失を負担するリスク	Ａ社、当社（製造技術の開発、Ａ社への技術支援） ※一義的にはＡ社だが、設計や製造工程の指導による不具合は当社	自動車部品の中でも人命に関わる部品ではないことから、莫大な損害になる可能性は少ない。 （大きく顕在化した事例はない。）
為替変動	Ａ国の取引通貨Ｃと日本円との為替変動に係るリスク（Ａ社にとって、販売の取引通貨はＣであり、当社からの調達の取引通貨は日本円であることから発生）	短期的にはＡ社、中長期的には当社（3か月に1度為替変動に応じ取引価格の見直しを行う。）	・急激な為替変動が起きた場合には、最終的に当社の損益に影響する。 ・当社では取引の80％についてヘッジを行っている。 （大きく顕在化した事例はない。）

添付資料21

国外関連取引において使用している無形資産に係る整理表

無形資産の区分	当社の無形資産 内容・契約条件等	A社の無形資産 内容・契約条件等
製品 に係るもの	▶製品に係る研究開発の成果 　（特許権、製造技術、ノウハウ等） ▶製品を製造する金型、機械設備の仕様に係るノウハウ	なし
製造 に係るもの	▶製造に係る特許権、ノウハウ等 　・製造方法に係る特許、ノウハウ等 　・工場レイアウト、製造ラインに係るノウハウ等 　・機械設備の使用方法に係るノウハウ等 　・従業員へのトレーニングに係るノウハウ等	なし
商標権	▶ブランドを保有 ▶製品等の商標権（ロゴマーク等を含む）を保有	なし
マーケティング に係るもの	▶当社の高品質で安定した製品の供給と納期の信頼性への努力によって構築された自動車供給業者としての高い認知度	なし

※　規則第22条の10第1項第1号ハに該当する使用した無形資産だけではなく、同号イに該当する
　国外関連取引の対象となる無形資産についても、整理のため記載

102

＜最後に＞

● 移転価格税制を学ぶ上で必ず目を通す必要がある法令や文書

　法令については「電子政府の総合窓口 e-Gov」、通達以下は国税庁の HP から見ることができます。

1. 租税特別措置法第66条の4、第66条の4の2、第66条の4の3、第66条の4の4、第66条の4の5

2. 租税特別措置法施行令第39条の12、第39条の12の2、第39条の12の3、第39条の12の4

3. 租税特別措置法施行規則第22条の10、第22条の10の2、第22条の10の3、第22条の10の4、第22条の10の5

4. 租税特別措置法関係通達（法人税編）第11章

5. 移転価格事務運営要領の制定について（事務運営指針）

　＊これは、調査官に向けた記載になっていますが、一般的に企業はこれに基づいて移転価格の運用を行っています。

6. 別冊移転価格税制の適用に当たっての参考事例集

7. ローカルファイル作成に当たっての例示集

8. 移転価格ガイドブック（平成29（2017）6月　国税庁）

　Ⅰ　移転価格に関する国税庁の取組方針～移転価格文書化制度の整備を踏まえた今後の方針と取組～

　Ⅱ　移転価格税制の適用におけるポイント～移転価格税制の実務において検討等を行う項目～

　Ⅲ　同時文書化対応ガイド～ローカルファイルの作成サンプル～

9. OECD 多国籍企業及び税務当局のための 移転価格ガイドライン 2017 年版

https://www.nta.go.jp/taxes/shiraberu/kokusai/oecd/tp/pdf/2017translated.pdf

　＊事務運営指針1－2（3）では基本方針として、「必要に応じて OECD 移転価格ガイドラインを参考にし、適切な執行に努める」とあります。日本の法令や事務運営指針で触れられていないことなどがガイドラインに載っていますので、疑問がある場合などにご覧いただくと、かなり参考になると思います。

● 参考文献等

（ウェブサイト）

・国税庁ホームページ　https://www.nta.go.jp

・経済産業省ホームページ　https://www.meti.go.jp

（書籍）

・2017 OECD モデル租税条約コメンタリー逐条解説 第4版（川田剛 徳永匡子　税務研究会出版局）

・移転価格税制詳解（羽床正秀ほか　大蔵財務協会）令和2年版

・独立企業間価格算定の実例とポイント（木村直人　第一法規）平成30年

・アジア進出・展開・撤退の税務（佐和周　中央経済社）

・企業価値評価の実務 Q&A（株式会社ブルータス・コンサルティング編　中央経済社）

（資料等）

・別冊移転価格税制の適用に当たっての参考事例集（国税庁）

・独立企業間価格を算定するために必要と認められる書類（ローカルファイル）作成に当たっての例示集（令和2年6月　国税庁）

・移転価格ガイドブック（平成29（2017）6月　国税庁）

 Ⅰ　移転価格に関する国税庁の取組方針

  ～移転価格文書化制度の整備を踏まえた今後の方針と取組～

 Ⅱ　移転価格税制の適用におけるポイント

  ～移転価格税制の実務において検討等を行う項目～

 Ⅲ　同時文書化対応ガイド

  ～ローカルファイルの作成サンプル～

・OECD 多国籍企業及び税務当局のための 移転価格ガイドライン 2017 年版（OECD）

・新興国における税務人材の現状と課税事業への対応に関する調査（EY 税理士法人）（2015年3月　経済産業省委託調査・平成26年度アジア産業基盤

強化等事業)

・新興国における課税問題の事例と対策(詳細版)(平成 25 年 9 月　経済産業
省貿易経済協力局貿易振興課)

・IES APMA FICD Memorandum ― March 1, 2019

・Functional Cost Diagnostic Model[XLSM]

memo

memo

【著者紹介】

山田　晴美（やまだ　はるみ）

　東京国税局において事前確認審査（APA）、TP調査、外国法人調査、金融法人調査、調査部所管一般法人調査、署においては源泉税・消費税・印紙税に特化した調査など調査事務に27年間従事。医薬品・医療機器・金融・損保・建設業を中心とした国際税務調査経験を有する。平成27年1月、国際情報第二課国際税務専門官を最後に退官。平成28年4月より月刊国際税務に「チャレンジ！移転価格税制」を連載。平成30年6月より太陽グラントソントン国際移転価格部。日本企業を税務の面から応援したいというコンセプトのもと、国際税務クリニック院長として、様々な企業の悩みに寄り添っている。

　国際税務クリニックでは、日本企業の税務担当者をサポートする様々な取組みを行っています。ご興味のある方は下記までお問い合わせ下さい。
harumi.yamada@jp.gt.com

本書の内容に関するご質問は、ファクシミリ等、文書で編集部宛にお願いいたします（fax 03-6777-3483）。
　なお、個別のご相談は受け付けておりません。

チャレンジ！移転価格税制

| 令和3年1月25日　初版第1刷印刷 | （著者承認検印省略） |
| 令和3年2月5日　初版第1刷発行 | |

©著者　山　田　晴　美

発行所　税務研究会出版局

週刊「税務通信」「経営財務」発行所

代表者　山　根　　　毅

郵便番号100-0005
東京都千代田区丸の内1−8−2
鉄鋼ビルディング
振替00160-3-76223
電話〔書 籍 編 集〕　03（6777）3463
　　〔書 店 専 用〕　03（6777）3466
　　〔書 籍 注 文〕　03（6777）3450
　　（お客さまサービスセンター）

●━━ 各事業所　電話番号一覧 ━━●

北海道 011（221）8348	神奈川 045（263）2822	中　国 082（243）3720
東　北 022（222）3858	中　部 052（261）0381	九　州 092（721）0644
関　信 048（647）5544	関　西 06（6943）2251	

当社HP → https://www.zeiken.co.jp

乱丁・落丁の場合はお取替え致します。　印刷・製本　㈱光邦
ISBN978-4-7931-2601-7